国家社科基金项目　项目编号：17BTY052

冬奥会
奥林匹克教育模式
的构建研究

周丽萍　著

南京师范大学出版社

图书在版编目(CIP)数据

冬奥会奥林匹克教育模式的构建研究 / 周丽萍著. ——南京：南京师范大学出版社，2025.1
ISBN 978-7-5651-5690-8

Ⅰ.①冬… Ⅱ.①周… Ⅲ.①冬季奥运会－体育文化－中小学教育－教育模式－研究－中国 Ⅳ.①G811.212－4 ②G639.281

中国国家版本馆 CIP 数据核字(2023)第 006375 号

冬奥会奥林匹克教育模式的构建研究
DONGAOHUI AOLINPIKE JIAOYU MOSHI DE GOUJIAN YANJIU

著　　者	周丽萍
责任编辑	涂晓明　陈祝峰
出版发行	南京师范大学出版社
地　　址	江苏省南京市玄武区后宰门西村 9 号(邮编：210016)
电　　话	(025)83598919(总编办)　83598412(营销部)　83371351(编辑部)
网　　址	http://press.njnu.edu.cn
电子信箱	nspzbb@njnu.edu.cn
照　　排	南京开卷文化传媒有限公司
印　　刷	江苏凤凰数码印务有限公司
开　　本	787 毫米×960 毫米　1/16
印　　张	12
字　　数	221 千
版　　次	2025 年 1 月第 1 版
印　　次	2025 年 1 月第 1 次印刷
书　　号	ISBN 978-7-5651-5690-8
定　　价	88.00 元

出版人　张　鹏

南京师大版图书若有印装问题请与销售商调换
版权所有　侵犯必究

序　言

周丽萍博士是江苏海安人,在南京师范大学体育科学学院、教育科学学院先后取得硕士和博士学位,师从田雨普教授。我跟周博士亦师亦友,并且还是邻居,经常一起在南师大随园校区操场散步,边走边聊,一些带有启迪性的思想观点和学术灵感,恰是在这样的交流中产生,并且形成了物化的学术研究成果。

北京冬奥会申报成功以后,她从专业所学和专业所长的角度,也可能受使命担当的责任驱动,开始思考怎样乘着北京冬奥会举办的春风,在中国开启一轮奥林匹克教育新征程,萌发了申报一个与此有关的国家社科基金项目的想法,并命题为"2022冬奥会奥林匹克教育模式的构建研究",最终成为国家社科基金项目。经过几年的勤耕细作,她已经完成了该项目的研究任务,顺利结项,研究成果即将出版面世。

教育模式的建构是一个较为复杂的教育学理论问题,其落脚点在于所建构的教育模式得具有教育理论上的可借鉴性、教育实践中的可操作性和教学运用中的可推广性。因此,教育模式建构更多的落实在其实用性上,即教育模式一般是用来指导具体的教育工作的。同理,构建冬季奥林匹克运动教育模式,亦需要如此。

国际奥林匹克运动会的宗旨是"通过没有任何歧视、具有奥林匹克精神——以友谊、团结和公平竞争的精神和相互理解的体育活动来教育青年,从而为建立一个和平的、更美好的世界做出贡献。即可高度概括为:和平、友谊、进步"。而我国建构的人类命运共同体的外交政策主张,是中国领导人对走和平发展道路、奉行合作共赢的开放战略、维护世界和平、促进共同发展外交宗旨的承诺,包括共同、综合、合作、可持续的安全观,公平、开放、包容、共赢的发展观,和而不同、兼收并蓄的文明交流,以及尊重自然、环境友好的生态文明。人类命运共同体的宗旨是"建立持久和平、普遍安全、共同繁荣、开放包容、清洁美丽的世界"。从两者的宗旨出发,这也同样契合了国际奥林匹克运动的精神内涵。所以,基于我国承办冬季奥林匹克运动大赛的契机,借鉴他国承办大型奥林匹克运动赛事之经验和运作模式,建构有中国特色的冬季奥林匹克教育模式具有较大的理论和实践意义。

  冬季奥林匹克的教育模式的建构亦基于对冬季奥林匹克运动精神的理解,冬季奥林匹克运动项目的认知,冬季奥林匹克运动项目的推广,冬季奥林匹克运动项目的创新,冬季奥林匹克运动项目及运动知识的转化等一系列体育教育问题的探求。特别是对于冬季奥林匹克运动的教育宣传推广、教育目标的确定、教育方法的选择、教育形式的预建、教育主题的探讨、教育内容的创新、教育成果的总结等多方位的观照。最终,从冬季奥林匹克运动教育模式的教育思想、观念、理念、价值观层面,教育体制、制度和政策层面,教育计划、操作层面等三个维度,通过对举办地不同区域的中小学校、教师、教练员、学生的实地调研,找寻在冬季奥林匹克运动教育模式中当前中小学校体育教育的实际推广路径。作为本书的作者,可谓用心良苦,也值得赞许和得到充分的肯定。

  冬季奥林匹克运动教育模式研究的路径包括:宏观的研究,即在中国首倡的人类命运共同体的外交政策和奥林匹克运动精神的指导下,展开对于冬季奥林匹克运动教育模式的发展战略、教育体系、教学体系等方面的研究;也有中观研究,即着眼于现有的奥林匹克运动教育模式,诸如蒙特利尔"系列计划"教育模式、卡尔加里"知识普及"教育模式、日本长野"知识+活动"教育模式、都灵"五环特色主题"教育模式、加拿大温哥华"1+1+1"教育模式、俄罗斯索契"课程引导"教育模式、韩国平昌"体验式"教育模式,以及我国2008年夏季国际奥林匹克运动会、2014年国际青年奥林匹克运动会等中观层面的研究;同时,亦有奥林匹克运动专项项目、学校教育,搭建教育平台、设置教育课程、培育运动技能、提升体育运动素养等微观层面。研究的视角多元而统一,同时需兼顾我国在推行国际奥林匹克运动教育模式的过程中所遇到的问题,比如:教学资源配备的欠缺、教育政策法规的失范、教师素养的偏颇、再教育手段的失当、教育要素的混乱、教育评估系统的虚无等诸多因素。最终达到建构多元、开放、立体、共享、互动等多维度、高度统一的冬季奥林匹克运动教育的中国模式。

  一个教育范式的建立,需要做出大量的基础性研究工作,根基扎实了,才能够滋养思想的嫩芽,也才能够成长为参天大树,作为冬季奥林匹克运动教育模式的个案研究同样逃不出这个窠臼。我国今天的体育教育,在如何提升学生的核心素养,让学生真正喜欢体育，乃至发展为全民体育运动教育，达到实现最终的终身体育之目的，还有很多的事情要做，还有很长的路要走。可喜的是，已经有众多的学者奔赴在这条不尽平坦且意义重大的道路之上。作者本人亦如此！

作为同道中人，冬季奥林匹克运动教育，体育教育应存有相通之处，因此欣欣然，是为序！

程传银

2024 年 9 月 8 日于南京

目 录

序 言 ·· 001

绪 论 ·· 001
 一、研究意义与研究价值 ·· 002
  (一)研究意义 ·· 002
  (二)研究价值 ·· 003
 二、研究述评与概念界定 ·· 004
  (一)研究述评 ·· 004
  (二)概念界定 ·· 007
 三、研究目的与研究方法 ·· 010
  (一)研究目的 ·· 010
  (二)研究方法 ·· 011
 四、研究创新之处与不足 ·· 013
  (一)创新之处 ·· 013
  (二)不足之处 ·· 014

第一章 抛砖引玉:人类命运共同体构建与国际体育赛事教育功能关系阐释
  ·· 015
 一、人类命运共同体的价值和意义 ···································· 015
  (一)人类命运共同体之阐述 ·································· 015
  (二)人类命运共同体的价值 ·································· 017
  (三)人类命运共同体的意义 ·································· 017
 二、国际体育赛事教育功能的阐释 ···································· 018

（一）国际体育赛事的概念界定 ················· 018
　　（二）国际体育赛事的教育功能 ················· 018
三、两者关系辨析 ································· 019
　　（一）人类命运共同体对国际体育赛事教育功能的独特要求 ······· 019
　　（二）国际体育赛事对实现人类命运共同体承载的教育功能 ······· 019
本章小结 ······································ 020

第二章　史海钩沉：冬奥会奥林匹克教育的历史梳理 ········· 021
一、历史演变：冬奥会奥林匹克教育的前世今生 ············· 021
　　（一）启蒙传承教育模式（中世纪—1923年）：自发无序的民间生存
　　　　方式 ····································· 021
　　（二）规范建造教育模式（1924年—1960年）：逐步完善的神圣庆典
　　　　赛事 ····································· 022
　　（三）专业拓展教育模式（1961年—1975年）：组织推广教育理念和
　　　　研究 ····································· 023
　　（四）构建体系教育模式（1976年至今）：努力扩大冬奥会教育实效 ··· 023
二、异域撷要：国外冬奥会奥林匹克教育经典案例与分析 ········ 025
　　（一）蒙特利尔"系列计划"教育模式 ················ 025
　　（二）卡尔加里"知识普及"教育模式 ················ 025
　　（三）日本长野"知识＋活动"教育模式 ··············· 026
　　（四）都灵"五环特色主题"教育模式 ················ 026
　　（五）加拿大温哥华"1＋1＋1"教育模式 ·············· 027
　　（六）俄罗斯索契"课程引导"教育模式 ··············· 027
　　（七）韩国平昌"体验式"教育模式 ················· 028
三、他山之石：域外经验对构建2022年冬奥会奥林匹克教育模式的启示
　　 ··· 029
　　（一）开发举办国的冰雪历史文化 ·················· 030
　　（二）设置奥林匹克教育专项项目 ·················· 030
　　（三）融合冬奥会教育与学校教育 ·················· 031
　　（四）搭建奥林匹克教育网络平台 ·················· 031
本章小结 ······································ 032

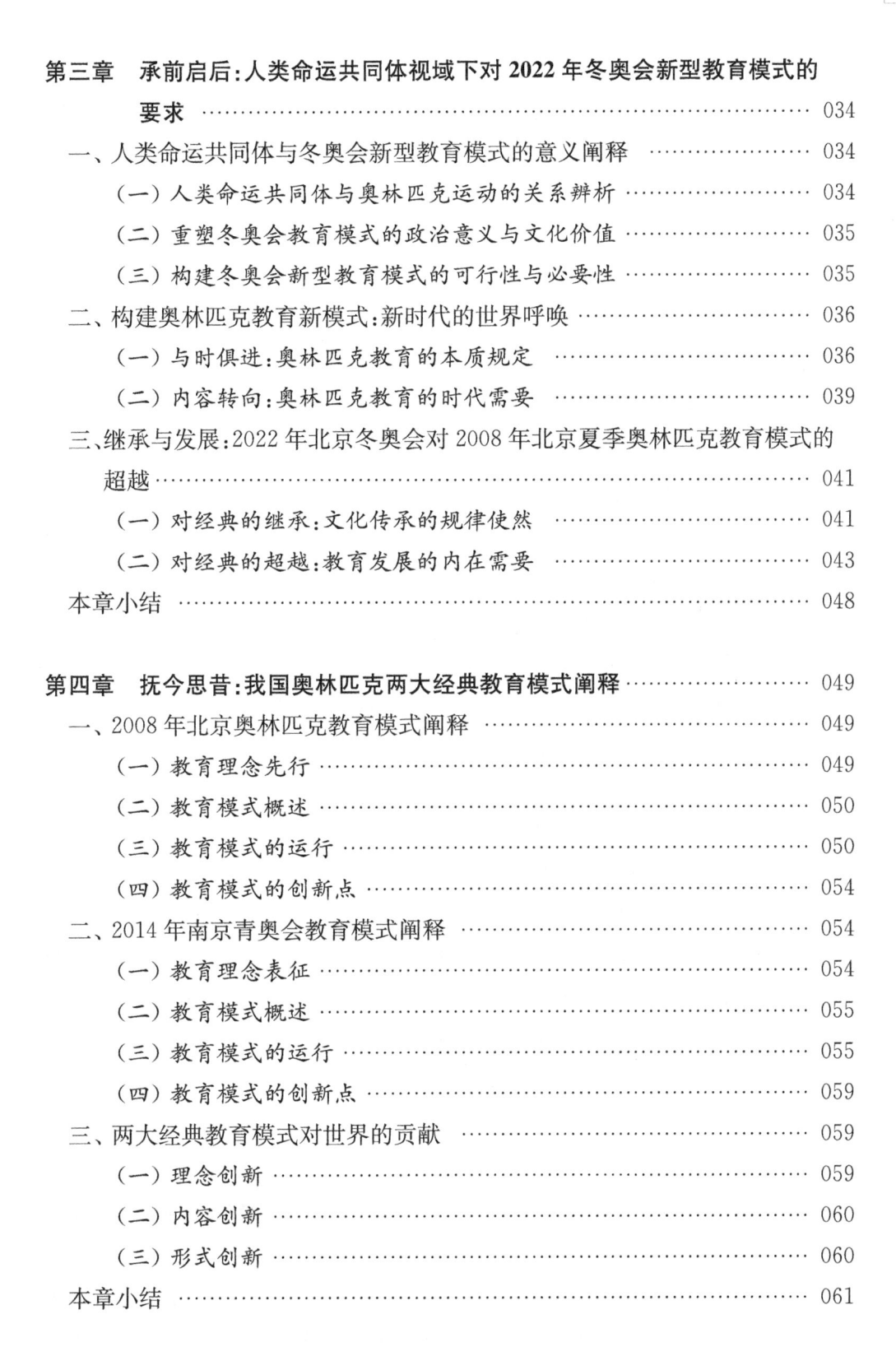

第三章 承前启后:人类命运共同体视域下对2022年冬奥会新型教育模式的要求 ············ 034

一、人类命运共同体与冬奥会新型教育模式的意义阐释 ············ 034
（一）人类命运共同体与奥林匹克运动的关系辨析 ············ 034
（二）重塑冬奥会教育模式的政治意义与文化价值 ············ 035
（三）构建冬奥会新型教育模式的可行性与必要性 ············ 035

二、构建奥林匹克教育新模式:新时代的世界呼唤 ············ 036
（一）与时俱进:奥林匹克教育的本质规定 ············ 036
（二）内容转向:奥林匹克教育的时代需要 ············ 039

三、继承与发展:2022年北京冬奥会对2008年北京夏季奥林匹克教育模式的超越 ············ 041
（一）对经典的继承:文化传承的规律使然 ············ 041
（二）对经典的超越:教育发展的内在需要 ············ 043

本章小结 ············ 048

第四章 抚今思昔:我国奥林匹克两大经典教育模式阐释 ············ 049

一、2008年北京奥林匹克教育模式阐释 ············ 049
（一）教育理念先行 ············ 049
（二）教育模式概述 ············ 050
（三）教育模式的运行 ············ 050
（四）教育模式的创新点 ············ 054

二、2014年南京青奥会教育模式阐释 ············ 054
（一）教育理念表征 ············ 054
（二）教育模式概述 ············ 055
（三）教育模式的运行 ············ 055
（四）教育模式的创新点 ············ 059

三、两大经典教育模式对世界的贡献 ············ 059
（一）理念创新 ············ 059
（二）内容创新 ············ 060
（三）形式创新 ············ 060

本章小结 ············ 061

第五章 直面当下：冬奥会奥林匹克教育模式现状调查 ········ 062
一、冬奥会教育模式开展的现状描述 ········ 064
（一）学科课程教育模式 ········ 064
（二）传播知识教育模式 ········ 065
（三）项目技能教育模式 ········ 067
（四）主题活动教育模式 ········ 068
（五）国际理解教育模式 ········ 070

二、教育模式的核心要素解析 ········ 071
（一）冬奥会教育者概况 ········ 071
（二）冬奥会受教育者概况 ········ 073
（三）冬奥会教育课程开设概况 ········ 074
（四）冬奥会教育教学实施概况 ········ 075
（五）冬奥会教育内容概况 ········ 076
（六）冬奥会教育途径概况 ········ 077

三、冬奥会奥林匹克教育模式面临的困境 ········ 079
（一）政府职能：宏观政策需要强化，资源配置存在短板 ········ 079
（二）学校功能：冬奥教育有开展，水平参差不齐 ········ 081
（三）机构关系：教育网络有编织，资源整合缺完善 ········ 083
（四）人才状况：冰雪师资有队伍，现实水平令人忧 ········ 085
（五）传播效应：传统媒体犹见长，网络话语权不足 ········ 086

四、影响形成冬奥会教育模式的社会文化原因剖析 ········ 090
（一）制度层面：政府政策有要求，相关规范未建成 ········ 090
（二）执行层面：宏观微观有边界，厚此薄彼低效益 ········ 091
（三）保障层面：三位一体有考量，支撑效应不立体 ········ 092
（四）评价层面：效果评估太机械，科学标准待建立 ········ 093

本章小结 ········ 094

第六章 继往开来：人类命运共同体视域下2022年冬奥会奥林匹克教育模式的构建和推广 ········ 096
一、人类命运共同体视域下2022年冬奥会奥林匹克教育模式的构建 ········ 096
（一）人类命运共同体理论：冬奥会教育模式理念之源 ········ 096

（二）理念、内容、方法与策略：构建要素及其逻辑考量 ……………… 098
　　（三）立体化＋系统化：冬奥会奥林匹克教育模式构建 ……………… 106
　　（四）运行机制：冬奥会奥林匹克教育模式的规律透析 ……………… 118
　　（五）制约机制：冬奥会奥林匹克教育模式的条件保障 ……………… 127
　二、人类命运共同体视域下2022年冬奥会奥林匹克教育模式的推广
　　 ……………………………………………………………………………… 129
　　（一）体育专业组织：冬奥会奥林匹克教育模式推广的主体身份 …… 129
　　（二）国际体育赛事：冬奥会奥林匹克教育模式推广的客体场域 …… 130
　　（三）生态＋科技＋绿色：冬奥会奥林匹克教育模式推广内容要求 … 130
　　（四）线上线下融合：冬奥会奥林匹克教育模式运行的技术保障 …… 133
　　（五）传承创新发展：冬奥会奥林匹克教育模式发展的策略需要 …… 137
　　（六）应然路径探寻：冬奥会奥林匹克教育模式功能的科学保证 …… 141
　本章小结 ……………………………………………………………………… 144

主要参考文献 …………………………………………………………………… 146

附件一　中小学冬奥会奥林匹克教育调查问卷（学生版） ………………… 151

附件二　冬奥会奥林匹克教育调查问卷（教师版） ………………………… 155

附件三　冬奥会奥林匹克教育调查问卷（教练员版） ……………………… 158

附件四　冬奥会奥林匹克教育调查问卷（大学生版） ……………………… 161

附件五　冬奥会奥林匹克教育调查问卷（公职人员版） …………………… 166

附件六　冬奥会奥林匹克教育模式的构建访谈提纲 ……………………… 168

附件七　2022年冬奥会奥林匹克教育优秀案例 …………………………… 171

后　记 …………………………………………………………………………… 178

绪　论

2022年北京冬奥会是北京与奥运会的第二次握手,是中国在建设人类命运共同体的大背景下,在特定时期、特定文化背景下举办的体育盛会。冰雪项目又是中国古老的流行项目,在特定的历史机缘下,应建立不同于以往、又高于以往的教育模式,与中国特定的古老文明和现代文化相匹配。所以,在人类命运共同体理念的指导下,2022年冬奥会奥林匹克教育模式的构建是本书研究的重中之重,冬奥会教育模式体系是2022年实施冬奥会奥林匹克教育的前提,也是一个重大的国际性教育议题。

自2018年平昌冬奥会结束以来,2022年冬奥会教育有条不紊地向前推进,虽然世界遭受疫情的侵袭,但中国政府的高效运行,并不影响冬奥会奥林匹克教育的顺利推进,通过传统媒体和新媒体,获得了许多优秀的奥林匹克教育成果。我国体育学术界对冬奥会教育模式的相关理论阐述尚未体系化,本书在阐明冬奥会奥林匹克教育模式内涵和外延的基础上,努力建构一套逻辑清晰、论证有力的2022年冬奥会奥林匹克教育模式体系,为全球冬奥会奥林匹克教育模式的"中国方案"的供给提供支撑,为人类命运共同体目标的建设贡献力量。当前,中国正处于努力构建人类命运共同体的时代背景下,冬奥会奥林匹克教育模式作为奥林匹克运动事业的一部分,有自身独特的理念和运行机制,由点到面地向其他国际体育赛事推广2022年冬奥会奥林匹克教育模式,在构建人类命运共同体的事业中发挥着重要作用,具有深远的理论和实践意义。

本书运用文献资料法、专家访谈法、比较研究法、问卷调查法、数理统计法,将调研分为三个层次:第一,对冬奥会举办地中小学校、教师、教练员、学生的奥林匹克教育模式的客观调研(北京市和河北省);第二,对北方非冬奥会举办地的奥林匹克教育模式的现状调研(吉林省吉林市和黑龙江省哈尔滨市);第三,对南方地区(南京市和上海市)中小学校、教师、学生奥林匹克教育模式的现状调研。通过实地调研,客观地呈现中小学校奥林匹克教育模式的现状,在客观事实的基础上寻找奥林匹克教育模式对当前中小学校体育教育的实际推广路径。

通过人类命运共同体视域下2022年冬奥会奥林匹克教育模式的构建研究,广大中小学生不仅能够了解和掌握奥林匹克教育的知识及文化内涵,而且有助于其自身人格的完善、奥林匹克文化素养的提升、自身价值观的内在建设。对奥林匹克教育模式的深刻理解,对于推进和丰富我国中小学校体育学科建设、提高我国中小学生身心健康和社会适应能力、深化我国中小学体育教育改革以及推动中小学体育教育事业的发展都具有积极意义。本书不仅注重冬奥会奥林匹克教育历史梳理、理论思考,而且强调对冬奥会奥林匹克教育模式理论和实践内容体系、运行体系、保障体系、模式借鉴、比较优化等实践问题的探讨。

一、研究意义与研究价值

(一) 研究意义

2015年7月31日,中国北京和张家口获得2022年冬奥会举办权。习近平总书记明确提出"以冬奥会重燃冰雪运动热情,带动3亿人从事冰雪运动"的战略目标。冬奥会是冬季体育运动中最高层次的国际综合赛会,是国际奥林匹克运动会的重要组成部分,在其发展历程中也更加注重在运动会举办期间的教育与文化活动。国际奥委会明确表示:奥运会当然要有比赛,但也应该注重对运动员的教育。2022年冬奥会奥林匹克教育是国际奥委会要求每一个奥运会举办国及相关举办城市必须开展的一项"规定动作",其目的意在弘扬奥林匹克理念和精神,强调举办冬奥会的国家和城市必须具有推广和拓展奥林匹克教育的义务和责任。

从奥林匹克教育发展和冰雪运动人才培养的迫切需求看,奥林匹克教育模式的发展有重要的现实意义。奥林匹克教育体验在冰雪运动人才培养中发挥着独一无二的作用。21世纪中国冰雪运动强国梦,对冰雪运动提出了更高要求。从国际和国内冰雪运动的发展比较来看,我国冰雪运动行业的群众基础还存在一定的差距,我国学校学生的冰雪运动基础较弱,如何缩小与西方的差距?如何提高我国学校体育的冰雪运动教育规模和水平?如何培养出更具国际视野的学生?这些是我们应该认真思考的问题。从我国奥林匹克教育开展的现状看,奥林匹克教育实践改革与优化的内在驱动长期存在,需要从奥林匹克教育模式的视角给出专业化建议。当前,我国关于奥林匹

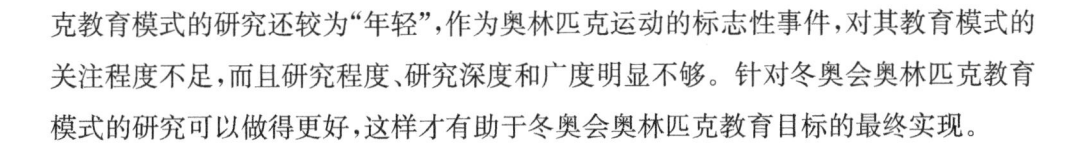

克教育模式的研究还较为"年轻",作为奥林匹克运动的标志性事件,对其教育模式的关注程度不足,而且研究程度、研究深度和广度明显不够。针对冬奥会奥林匹克教育模式的研究可以做得更好,这样才有助于冬奥会奥林匹克教育目标的最终实现。

(二) 研究价值

当前学界对于人类命运共同体视域下2022年冬奥会奥林匹克教育模式的构建研究的文献并不多见。本书可以丰富我国奥林匹克教育理论体系研究成果,弥补当前学界对冬奥会奥林匹克教育立体化模式研究的不足,为冬奥会奥林匹克教育模式的构建得到学术界更多的关注创造一定的条件,为我国奥林匹克教育理论的再完善贡献力量。

奥林匹克教育模式体系既是2022年实施冬奥会教育的前提,也是一个重大的国际性教育议题。我国体育学术界已从教育层面肯定了2008年北京奥运会的理论体系,但是与冬奥会相关的教育理论阐述尚未体系化,本书将在阐明冬奥会教育内涵和外延的基础上,努力建构一套逻辑清晰、论证有力的2022年冬奥会奥林匹克教育模式体系,为全球冬奥会奥林匹克教育模式的"中国方案"的供给提供支撑。本书还尝试与哲学、教育学等研究相结合,探讨跨学科、交叉研究的新思路。研究中与西方相关研究积极对话,比较借鉴,具有一定的方法论意义,力图对已有的奥林匹克教育模式诸成果进行比较,并对以往冬奥会奥林匹克教育模式进行扩充、补缺、优化,继续对冬奥会奥林匹克教育模式和教育学的综合、交叉研究进行探索,在人类命运共同体大背景下,构建冬奥会奥林匹克教育模式体系。

人类命运共同体带来了奥林匹克教育领域多样化发展的契机,对奥林匹克教育模式产生了深刻而持久的影响。本书在人类命运共同体背景下研究奥林匹克教育模式的成果,有助于增强奥林匹克教育的实效性,为奥林匹克教育模式提供了研究与实践的新视角,对推进我国奥林匹克教育、优化冬奥会奥林匹克教育体系、力保实施我国体育强国冰雪战略,具有现实的指导意义。

本书不仅注重理论思考,而且强调对冬奥会奥林匹克教育模式实践内容体系、模式的借鉴、比较和优化等实践问题的探讨,研究成果可以为相关部门提供参考。这一方面,有利于丰富和完善我国冬奥会奥林匹克教育模式的内容体系;另一方面,有助于增强冬奥会奥林匹克教育模式发展的感召力,有助于冬奥会奥林匹克教育工作的有效展开和推广,实现奥林匹克教育。这不但有助于政府和各相关教育机构形成冬奥会奥林匹克教育各具特色的内容和实施措施,完善冬奥会奥林匹克教育模式,而且有助于冬奥会奥林匹克教育理念的推广,鼓励更多的学生和人民大众积极投身冬季各类型体育活动和赛事。

二、研究述评与概念界定

(一) 研究述评

1. 国外研究述评

教育模式是社会发展到一定阶段的产物,经历了一段不断变革发展的历史过程。从奴隶社会到封建社会相当长的时间内,早期初具雏形的教育模式被统治阶级所垄断,是服务特权阶层的象征。欧洲从 14 世纪的文艺复兴运动到 17 世纪初的科学革命,工业化时期产生了功用性教育模式,教育模式从贵族走向普通大众。二战后,信息化时代到来,教育模式转型升级,我国教育理论界从 20 世纪 80 年代中期开始研究各种创新型教育模式。

三环理论创始人、美国心理学家兰祖利认为,教育模式分为两种:一种是理论模式;另一种是行政模式。理论模式是由若干原则构成,安排课程内容,指导学习过程,运用教学策略,采用评估体系,以及教育者评价受教育者学习强度、学习程度和学习质量的方式。行政模式主要是学校的组织方式,帮助学生分组、计划课程进度、分派时间、分拨财力和分配人力的程序,为整个教学服务。教育模式包含课程和教学模式。

《中国小学教学百科全书·教育卷》认为:第一,教育模式是教育在一定社会条件下形成的具体式样。日本学者村井实把社会历史发展中先后出现的教育模式概括为:手工模式、农耕模式、生产模式和人类模式。第二,教育模式是反映某个国家教育制度特点的模式,如俄罗斯模式、美国模式、中国模式。第三,教育模式是某种教育和教学过程的模式,反映活动过程的程序和方法。"教育模式"一词常在文献中出现,但对不同的人,可以有不同的意义,具有各种表达方式和描述。很多学者认为教育模式是对教育进行有效实践而采取的一种教育策略的集合体系。其特点主要是体现一定的程式,包括:教育课程体系,教育过程结构,教育策略系统,教育评价体系,教育目标体系等。

现代奥林匹克运动创始人,法国教育家顾拜旦于 1888 年创立了体育锻炼与教育推广委员会(CPEPE),用于推广英式体育锻炼方式。顾拜旦习惯于用运动教育来阐述自己的教育理念和模式,即通过奥运会这一运动赛会形式来进行和平仪式教育与道德价值观教育,最终培养具有坚定信仰的运动员。他在1922年出版了著作《运动教育》(Pedagogie sportive),鼓励法国政府在学校以外的领域推动运动参与并使之成为完整教育系统的一部分。这种表达的哲学基础在于顾拜旦开创的奥林匹克主义及其价值观念体系,远远超出了在学校范围内传播的局限而具有了人群、地域、民族等普遍适用性。

国际奥林匹克学院的创建是对顾拜旦体育教育思想的践行与延伸。1961年,德国人卡尔·迪姆(Carl Diem)创建了国际奥林匹克学院。1964年,奥林匹克青年营在东京奥运会期间开营,为全世界青少年提供奥林匹克文化交流和奥林匹克教育的机会。按照德国奥林匹克学家诺伯特·穆勒(Norbert Muller)的观点,奥林匹克教育作为一个学术话语出现的时间并不是很长,1975年,穆勒教授首次以"奥林匹克教育"为题的德文文章被收录在纪念奥地利奥林匹克学家约瑟夫·里卡拉(Josef Recla)的文集当中,论文将体育教育的组织化、系统化、传承化作为研究重点,凸显了国际奥林匹克学院在推动奥林匹克教育模式过程中的历史贡献。1983年,国际奥委会形成一个决议,号召各国奥委会创建国家奥林匹克学院,在本国青少年中传播奥林匹克教育理念。2000年,国际奥委会新组建了"文化与奥林匹克教育委员会",提倡当前的奥林匹克教育应该建立在《奥林匹克宪章》的基本原则之上,紧紧围绕奥运会展开,并且愈发需要采用志愿行为、仪式呈现、媒体介入等多种方式,从而区别于学科分化日益严重的专业化教育模式。2007年,国际奥委会启动了一个庞大的奥林匹克教育计划项目——"奥林匹克价值观教育计划"。

冬奥会奥林匹克教育模式的研究也在不断发展。2014年12月,国际奥委会召开了第127次非常全会,一致通过《奥林匹克2020议程》提出的全部40项改革建议。本次改革有9项与奥林匹克教育相关,分别是第14、19、20、21、22、23、24、25、26条,强调奥林匹克主义教育、建立奥运频道、网络合作、加强宣传、价值观教育、与社团合作、希望工程、青奥会教育、推进体育与文化的交流等宣传与教育活动,一系列的改革措施均指向奥林匹克教育的未来,努力践行以奥林匹克主义为核心的思想体系。近年来,世界各国的冬奥会奥林匹克教育模式都各有亮点,2006年意大利都灵冬奥会的"绿色环保"教育模式,2010年温哥华冬奥会"创造遗产"教育模式,2014年索契冬奥会"课程引导"教育模式,2018年韩国平昌冬奥会的"体验式"教育模式,冬奥会教育发展日新月异,唯有不断学习借鉴,才能不断丰富、完善新型冬奥会奥林匹克教育模式。

2. 国内研究现状

我国是奥林匹克教育模式的大力倡导者,也对创新教育模式进行了有益探索。虽然奥林匹克教育模式研究还较为"年轻",从研究成果的形式来看,有对国际奥林匹克教育"北京模式"的专著(耿申等,2009),相关论文基本议题涉及概念和内涵的界定(孟俊庆等,2006;田恩庆,2008;张建华,2008)、理论依据的论证(裴东光,2009)、教育模式的选择(裴东光,2010)、中外观念比较及关系(湛冰、裴东光,2013)。此外,奥林匹克教育思想、奥林匹克教育价值、奥林匹克教育遗产、2008年北京奥林匹克教育、2014年青奥会教育研究中也有部分涉及奥林匹克教育模式问题。

平昌冬奥会结束后,冬奥会奥林匹克教育进入北京、张家口教育周期,作为奥林匹克周期内的"规定动作"。2008年北京奥运会的奥林匹克教育做得相当成功,其理念、组织、运作、实施、效果在北京、全国及全世界引起了很大反响,其规模前所未有。2014年后,社会的发展日新月异,中国进入了新时代,正努力践行人类命运共同体理念,人们的需求、教育的水准、办赛的水平都在发生变化,在国际风云变幻的今天,冬奥会奥林匹克教育模式作为奥林匹克教育的一部分,当然应该发挥其独特作用。同时,2022年冬奥会,中国作为承办国,在政治生态、经济发展、文化繁荣、教育进展、科技进步、网络信息化等领域都取得了长足进步,如何在新时期将其最新主要成果与冬奥会教育相结合既是一个新课题,也是所有奥林匹克教育工作者应该认真思考和探索的重要工作。

总体来说,2022年冬奥会奥林匹克教育模式的研究已经开始,且处于新的探索阶段,但缺乏适合新时代背景的全面、系统的研究和实施计划。学术界对人类命运共同体视域下2022年冬奥会奥林匹克教育模式的研究给予了关注,分析近年来的研究成果发现:第一,少数成果是关于冬奥会申办的初探,或针对冬奥会申办城市的研究,对申办城市的评估研究,缺乏对2022年冬奥会奥林匹克教育模式理念的研究。第二,理论阐述较多的是对2008年北京奥运会教育模式的思考。对人类命运共同体视域下冬奥会奥林匹克教育模式全面整体的研究较少,社会调查和数理统计的文章也较少。第三,关于冬奥会奥林匹克教育的研究,目前主要关注运动、训练、竞赛、争夺金牌,而忽视冬奥会奥林匹克教育模式的具体研究。第四,关于冬奥会奥林匹克教育模式的研究,以"冬奥会奥林匹克教育模式"为主题,共搜得相关论文10篇,其中2篇涉及奥林匹克教育模式,2篇关于2022年冬奥会奥林匹克教育计划,2篇关于国外奥林匹克教育实践的研究,其他4篇关于冬奥会奥林匹克教育实践的研究。第五,与其他研究领域相比,其关注程度不足,而且认识程度、研究深度和广度明显不够。我国从事体育、奥林匹克研究的人员及机构可谓队伍庞大,理论成果也是有目共睹。关于冬奥会奥林匹克教育模式的研究可以做得更好,这样才能更好地促进冬奥会奥林匹克教育目标和教育价值的最终实现。

因此,探寻与我国当前历史时期和体育发展形态相适应的"人类命运共同体视域下2022年冬奥会奥林匹克教育模式的构建"研究,存在着宽阔的理论研究空间和实践需求。2022年北京冬奥会是北京与奥运会的第二次握手,是特定时期、特定文化背景下的盛会,冰雪项目又是中国古老的流行项目,所以在人类命运共同体的历史背景下,应该建立不同于以往、又高于以往的教育模式与中国特定的古老文化相匹配,才能更好地促进冬季冰雪运动的发展。

(二) 概念界定

1. 教育模式

叶立群认为,教育模式是在一定教育思想指导下形成的,与一定教育目标和教育内容相适应的教育活动程序及其实施方法的策略体系。它既具有概括性、完整性和系统性,又具有具体性、简明性和操作性,是沟通教育理论和教育实践的重要中介。朱小蔓研究表明,教育模式是在一定的教育理念支配下,在教育实践中逐步形成的、相对稳定的、较系统而具有典型意义的教育体验,加以一定的抽象化、结构化的把握所形成的特殊理论模式。以上观点无疑从某一方面反映了教育模式的内涵和本质。教育模式通常由三大基本部分组成,即培养目标、培养过程和支撑条件,且这三大基本构成因素之间表现出互相联系、互相制约的关系。

当前,对于教育模式的基本组成因素并没有明确界定,已有的研究成果中,有些将选择人才目标、课程体系、教学方法、支撑条件等作为主要指标(王桂丽,2013;吴婧姗,2014);有些从目标体系、教育内容和教学方式基础上,引进时间维度构成四维静态教育模式(魏发辰,2010)。

本书致力于构建冬奥会奥林匹克教育模式。教育模式构建有多种方法,如演绎法、归纳法等。演绎法是指从一种科学理论假设出发,推演出一种培养模式,然后用严密的实验证实其有效性,它的起点是科学理论假设,形成的思维过程是演绎;归纳法是指从经验中总结归纳出来的培养模式,它的起点是经验,而模式研究通常涉及多种具体方法的合理组合。本书旨在研究冬奥会奥林匹克教育模式构建所蕴含的要素框架和内在逻辑,希望能为冬奥会奥林匹克教育的推进提供指引。①

2. 奥林匹克教育模式

近年来,虽然每届奥运会都开展奥林匹克教育活动,但并非每届奥运会都能够形成相对稳定的、具有完整性和系统性特征的奥林匹克教育模式。一个世纪以来,国际环境在不断变化,奥林匹克运动也在与时俱进,不断向前发展,奥林匹克教育内容及任务也同样在不断变化和充实着。② 从当前所能搜索到的文献资料来看,有少量与奥林匹克教育模式相关的期刊论文,提到"奥林匹克教育模式"这个词,但对"奥林匹克教育模式"的概念界定非常少,本书尝试对"奥林匹克教育模式"进行概念界定,既要考虑"教育模式"自身内涵,也要考虑"奥林匹克"自身特点,涉及教育模式的范围是以奥林匹克教育为核心的。鉴于以上考虑,奥林匹克教育模式是指以奥林匹克教育为核心,与一定教育目标、教育内容相对应的实施教育活动的综合体系。

3. 冬奥会教育模式

1924年,第一届冬奥会成功举办,冬奥会运动发展初期,冬奥会以举办冬奥会运动庆典和艺术教育活动的教育模式教育广大优秀运动员;冬奥会运动发展中期,二战后,其教育模式随着社会和奥林匹克运动发展的需要而发生变化,1961年,随着国际奥林匹克学院的成立,开始向冬奥会教育的正规化和专业化方向发展,普及冬奥会知识和文化,传播奥林匹克宗旨和精神,是冬奥会教育模式的发展诉求;20世纪后期到21世纪初,冬奥会教育模式体系化发展越发完善,各国纷纷成立各自的奥林匹克教育和研究机构,加速了冬奥会教育模式的各类型的专业化尝试;2022年冬奥会采用"理论与实践相结合、二位一体"的教育模式,逐步形成以政府主管部门为主导,以学校教育为主阵地,大众参与的教育主线,努力创造人人参与的冬奥会教育效果。

所谓冬奥会教育模式,是指为了2022年冬奥会在我国顺利召开,就冬奥会的奥林匹克精神、冬奥会运动项目认知与普及、冬奥会运动项目创新发展等内容所进行的一系列教育宣传模式,特别是教育目标、教育方式、教育形式、教育主题的探索、创新与发展。③ 冬奥会作为一项对运动环境、场地具有极高要求和依赖的大型运动会,举

---

① 吴婧姗.基于集成的工程教育模式研究[D].杭州:浙江大学,2014:15-67.
② 耿申.国际视野中的奥林匹克教育"北京模式"[J].教育科学研究,2007(12):8-12.
③ 张月恒."出发"与"归宿"——2022年冬奥会奥林匹克教育模式构建着力点[J].体育科技,2018,39(5):3-4.

办国主要分布在冰雪资源丰富、冰雪文化和运动群众基础较好、冰雪产业配套齐全的欧美等国家和地区,这无疑使得冬奥会的影响力、冬奥会冰雪运动项目的普及与发展、世界性冰雪产业的建设与发展具有一定的局限性。随着亚洲国家的加盟以及2018年平昌冬奥会的成功举行,为冬奥会扩大世界影响力打开了新局面,做出了新尝试。2022年2月冬奥会在北京和张家口顺利举行,该赛事因为中国自身的冰雪文化影响力走出了不同的探索之路,成就了不一样的冬奥会盛况。与此同时,冬奥会在我国的顺利举行,不仅对于我国冰雪运动的普及和冰雪运动群众基础的跨越式发展具有重大价值,更对于我国冰雪产业的快速健全与完善、冰雪运动市场运行机制的飞跃式建设具有前所未有的时代价值。① 2022年冬奥会在我国顺利举行,在社会主义精神文明建设和小康社会的时代大背景下,采用优势教育模式和手段开展冬奥会教育,对推动冰雪运动普及、全面实施素质教育、促进各层级群众体育的全面发展,产生了积极推动作用。本书立足我国国情和冰雪运动发展需要以及对冬奥会运动发展的考虑,积极探索富有时代创新意义的冬奥会教育模式,旨在全方位、多层面地激发冬奥会社会热情,促进冬季奥林匹克运动在我国的发展。

中国的冬奥会教育模式是在学习和借鉴2008年夏奥会教育、2014年青奥会教育成功经验的基础上,不断学习国外经验,自我创新和突破,始终没有间断,不但进行冬奥会知识传播,将冬奥会元素与校园教育相结合,促使冰雪活动不断生活化,努力推动更多大众参与身边的冬奥活动,逐步形成以地区冰雪运动基地为背景,通力整合政府、中小学校、高校、企业、社会团体等多元力量参与的冬奥会教育模式。

4. 立体化教育模式

从系统的层次看,本书研究的"教育模式"分为三个类别:第一,冬奥教育思想、观念、理念、价值观层面的教育模式;第二,冬奥教育体制、制度和政策层面的教育模式;第三,冬奥教育计划、操作层面的教育模式。本书对教育模式的研究涉及宏观、中观、微观三个层次,分别是冬奥会教育事业发展战略、冬奥会教育系统、冬奥会教学系统。针对不同的研究目的,所涉及的研究对象各有侧重,其中,针对冬奥会教育战略、理念等方面的研究面向宏观层面的教育环境全系统;针对冬奥会教育模式构建主要是以中观层面的教育系统为主;具体案例分析和具体教育模块则以微观层面的操作系统为主。

---

① 罗雪."互联网+"与北京2022年冬奥会知识管理初探[J].成都师范学院学报,2017,33(5):79-83.

5. 人类命运共同体

人类命运共同体是关于人类社会的新理念,强调人类只有一个地球,各国共处一个世界,你中有我,我中有你,倡导"人类命运共同体"意识。中国是人类命运共同体的首倡者。2012年以来,人类命运共同体的理念不仅是十八大报告、十九大报告、二十大报告、宪法修正案草案、政府工作报告的重要内容,且多次被载入联合国决议。其基本内涵为利益共同体、价值共同体、责任共同体,核心为共赢主义,目标在于构建"大同世界"。以全人类为中心,以共同价值为引导,以共同利益为基石,以共同责任为保障,以共同发展为追求,兼顾不同群体的利益需求,兼容不同的价值理念是其创新之处。[①] 其实践路径是凝聚不同民族、不同信仰、不同文化、不同地域人民的共识,共建人类命运共同体的事业。[②]

三、研究目的与研究方法

(一) 研究目的

奥林匹克教育已成为举办冬奥会不可或缺的一个重要组成部分,通过举办冬奥会让更多的人了解冬季运动项目和参与冰雪运动是国际奥委会的目标之一,特别是《奥林匹克2020议程》颁布以来,可持续发展作为其三大理念之一,在习近平总书记"带动三亿人参与冰雪运动"的号召下,构建全新的奥林匹克教育模式,不仅有助于开展冬奥会奥林匹克教育活动,而且让更多人直接参与冰雪运动。对2022年冬奥会奥林匹克教育模式进行研究,既是更好开展冬奥会奥林匹克教育的需求,更是带动三亿人参与冰雪运动的现实之需。2022年冬奥会是《奥林匹克2020议程》颁布后的首届冬奥会,而我国并不是一个冰雪大国,创新性地开展奥林匹克教育不仅有助于奥林匹克运动更好推广,实现冬奥会的可持续发展,而且可以带动更多人参与冰雪运动,普及冬季奥林匹克运动的发展等。

---

① 闫雨,田园,曲扶摇,等.中国发展道路与人类命运共同体建设研究——基于文明演进的视角[J].技术经济与管理研究,2019(12):105-109.

② 郭明俊."以道观之"与构建人类命运共同体[J].中国延安干部学院学报,2019,12(6):29-36.

（二）研究方法

1. 文献资料法

从选题、立项、构思到成文，笔者查阅了大量文献资料，围绕研究选题搜索各类资料作为参考，通过南京审计大学图书馆、南京师范大学图书馆，利用 CNKI 中文期刊全文数据库、中国博硕士论文全文数据库、国际奥委会官方网站、中国奥委会官方网站、超星数字图书馆等搜索工具，查阅教育模式、奥林匹克教育模式、中国奥林匹克教育模式、人类命运共同体等主题文献，查阅文章近 400 篇，学术书籍近 50 本，获取有关本书研究对象的大量资料，这为本书研究对象的解读和相关理论分析提供了基本的资料保证。大量文献资料的整理、鉴别、分析和研究，有助于形成本书研究的基本认知。

查阅大量文献书籍的同时，对知网、维普、万方、龙源期刊等中文网站进行搜索，并就一些热点政策的解析与冬奥会教育活动的举办在百度、搜狗等网站进行了搜索。其中，有效论文、有效新闻共计 200 多条，都成为本书的第一手支撑材料。这些材料的视角主要集中在冬奥会运动项目赛事的普及、奥林匹克精神的弘扬、我国冰雪运动的发展与推动、冰雪运动对全民身体素质提升的价值和激励青年群体广泛参与等方面。

2. 专家访谈法

专家访谈法是指通过与专家的交流，加强对调查对象的了解，以获取第一手资料和信息的工作方法。我国奥林匹克教育模式必须注重教育实践，从学校体育教育实践中总结经验和吸取教训。据原拟定的访谈提纲，通过面谈、电话、电子邮件、微信、QQ 的方式对奥林匹克教育专家和学者、教育学专家、奥林匹克教育示范学校的教师进行访谈；并围绕教育模式、体育教育模式、奥林匹克教育模式、学校体育教育模式等问题，以期他们从自身教育教学经验认知和一线教育实践出发来回答，客观了解奥林匹克教育模式的认知水平和操作方式的构想，为本书研究提供客观可信的资料，为进一步寻求奥林匹克教育模式的构建提供有力的支撑和帮助。为获取 2022 年冬奥会各级社会组织与职能部门单位最新的教育开展模式第一手数据，我们还联系了多家文化事业单位，收集并了解冬奥会奥林匹克教育在教育组织、教育方法、教育内容、教育保障支持等领域的情况，总结方法，并对相关热点活动和冬奥会奥林匹克教育相关人员进行了访谈，以获得最真实的资料。

3. 问卷调查法

2022年北京冬奥会的成功申办,对全国中小学校的体育工作,特别是奥林匹克教育方面的工作是一次巨大的教育契机和促进。

基于中小学奥林匹克教育模式存在于实践性很强的教育活动中,中小学体育教育的教育者和受教育者作为奥林匹克教育模式的主体,他们对奥林匹克教育模式的客观想法对本书的研究非常重要。考虑到一些学生(特别是小学生)和教师可能对奥林匹克教育模式不是很了解,无法进行深度访谈,因此,采用问卷调查法,以便保持调查结果的真实性和客观性。

为了获得第一手的客观、真实的奥林匹克教育模式的相关资料,问卷调查采用匿名的方式进行,受访人信息要填写具体的省、市、县(区),但不涉及具体学校。调研分为三个层次。

(1) 第一个层次的调研:对冬奥会举办地的客观调研。对北京地区中小学校奥林匹克教育模式的调研、对河北地区中小学校奥林匹克教育模式的现状调研。

(2) 第二个层次的调研:对北方非冬奥会举办地(吉林省吉林市、黑龙江省哈尔滨市)的奥林匹克教育模式的现状调研。

(3) 第三个层次的调研:对南方地区(南京、上海)中小学校奥林匹克教育模式的现状调研。调研以下省、市、县(区)地区的中小学学校:北京市海淀区,北京市东城区,河北省张家口市崇礼区,吉林省吉林市昌邑县(区),黑龙江省大庆市肇州县,黑龙江省哈尔滨市呼兰区,江苏省南京市鼓楼区,江苏省南京市玄武区,上海市静安区,上海市松江区。

根据调研抽样的相关原理,我们于2020年11月底至2021年2月对以上区域学校进行调研,调查问卷内容涉及中小学生对奥林匹克教育的理解,学校是否开设冬季奥林匹克相关课程,开设了哪些冬季奥林匹克相关课程,参加或举办过哪些奥林匹克教育活动、参加此类教育活动的频次等。调查问卷内容主要涉及奥林匹克教育模式和奥林匹克教育模式实践途径等方面。

根据课题进展,同时根据当时疫情防控的实施要求,课题组采用了微信调查问卷的方式进行,涉及小学、初中和高中学校学生,共发放学生问卷600份,回收596份,回收率为99.3%,其中有效问卷590份,回收的有效问卷百分率为99.0%。发放教师问卷200份,回收195份,回收率为97.5%。

调查问卷的信度和效度检验,我们采用专家评议法对调查问卷进行量化评议,10

名主要从事奥林匹克教育研究的专家和教育学研究专家,对本书问卷内容效度进行了客观评定。对本书问卷的信度检测采用的是小范围内的再测法,首次调查后的第三周进行小范围的随机抽样再测。仔细再次计算先后两次测量的相关系数,分别为 $R=0.845$ 和 $R=0.889$。以上数据说明本书研究所制订的调查问卷的等价可靠性较高,其调查结果能够比较客观、真实地反映出被调查者的情况。

4. 比较研究法

本研究通过比较国内、国外奥林匹克教育模式的不同特点,分析冬奥会奥林匹克教育模式现状,立足客观现实,指出其存在的不足之处,探讨构建人类命运共同体视域下 2022 年冬奥会奥林匹克教育模式。

5. 数理统计法

我们对调查问卷进行了编码并输入计算机,采用 SPSS 统计软件处理数据;对体育教师和中小学生的部分资料尽可能编码和输入计算机,以求数据的快速和有效获得。

四、研究创新之处与不足

(一) 创新之处

学术思想创新之处。第一,在中国努力构建人类命运共同体的背景下,2022 年冬奥会奥林匹克教育模式作为反映人类体育教育国际化的重要形式,把冬奥会奥林匹克教育模式发展的精华加以理论概括和总结,围绕冬奥会奥林匹克教育模式的核心,对 2022 年冬奥会奥林匹克教育模式从构建的理念、内在逻辑,以及教育模式的构建体系、运行、保障机制等实践视角,从广度和深度上对 2022 年奥林匹克教育模式进行构建,并向国际体育赛事进行推广,为人类命运共同体的实现作出贡献。第二,人类命运共同体是基于人类世界的全新理念,对奥林匹克教育模式产生了深刻而持久的影响。本书是对人类命运共同体背景下奥林匹克教育模式的研究成果,有助于增强奥林匹克教育的实效性,为奥林匹克教育模式提供了研究与实践的新视角,对推进我国奥林匹克教育,优化冬奥会奥林匹克教育模式体系,具有重要意义。第三,从教育哲学高度,比较研究的角度,通过多维视角、多种研究方法综合运用,在人类命运共同体的框架下,从 2022 年冬奥会奥林匹克教育模式的视角出发,探讨人类命运共同体视域下2022年冬奥会奥林匹克教育模式研究过程中的各个层次的理论和实践问题。

学术观点创新之处。第一，在人类命运共同体理念的指导下，围绕2022年冬奥会奥林匹克教育模式，在借鉴国内外现有研究成果的基础上，针对冬奥会奥林匹克教育模式过程中的现实不足之处，对该领域研究内容进行剖析与创新，提出一系列观点。第二，人类命运共同体视域下2022年冬奥会奥林匹克教育模式的推广研究。体育专业组织是推广主体，国际体育赛事是推广客体，线上线下融合是推广技术，全球传承创新是推广路径。

（二）不足之处

本书的不足之处：第一，从理论上看，较少从系统论视角去审视2022年冬奥会奥林匹克教育模式的组织与开展，对奥林匹克教育体验所涉及的要素、维度的全面性和代表性研究较少；第二，从应用上看，由于正处于疫情防控特殊时期，数据获取渠道有限，相关分析数据只能宏观反映整体状况，对某一特定区域的数据获取不足。第三，从方法上看，主要采用实证方法，关于深度实践的方法应用得不够。

第一章　抛砖引玉：人类命运共同体构建与国际体育赛事教育功能关系阐释

一、人类命运共同体的价值和意义

（一）人类命运共同体之阐述

何谓"人类命运共同体"？2015年3月，习近平总书记在博鳌亚洲论坛上提出推动建设人类命运共同体的倡议，并且指出迈向人类命运共同体的"四个坚持"：坚持各国相互尊重、平等相待；坚持合作共赢，共同发展；坚持实现共同、综合、合作、可持续的安全；坚持不同文明兼容并蓄，交流互鉴。自此以后，2017年，人类命运共同体理念走向联合国，被多次写入联合国相关文件和决议。2018年，人类命运共同体理念通过宪法修正案，其理念顺应了时代潮流，回应了时代发展要求，凝聚了各国共识，绘制了人类社会发展蓝图。

人类命运共同体是指在追求本国利益时照顾他国关切，在谋求本国发展中促进各国共同发展，是一种全球价值观。人类命运共同体是一种全新的时代构想，它源于中华民族优秀传统文化和马克思共同体思想，积极吸收古希腊、古罗马关于"城邦共同体"思想和但丁"世界主义"思想，其基本内涵为：利益共同体、价值共同体、责任共同体，核心为共赢主义，目标在于构建"大同世界"。以全人类为中心，以共同价值为引导，以共同利益为基石，以共同责任为保障，以共同发展为追求，兼顾不同群体的利益需求，兼容不同的价值理念是其创新之处。[①] 其实践路径是凝聚不同民族、不同信

---

① 闫雨,田园,曲扶摇,等.中国发展道路与人类命运共同体建设研究——基于文明演进的视角[J].技术经济与管理研究,2019(12):105-109.

仰、不同文化、不同地域人民的共识，共建人类命运共同体的伟大事业。①

人类世界在人类文明和人类现代性的追求中，呈现出了不同的文化模式和治理模式。当前，全球化过程中的不公平、不平衡、不共享事件时有发生，时代呼唤一种全新的全球现代性方案，从而为探寻全球现代性的不同文化和道路模式提供新的选择。习近平总书记首次提出人类命运共同体的理念，开启了中国以空间维度审视全球多元现代性的话语可能，打开了一种不同于西方以时间叙事的现代性的叙事方式。人类命运共同体理念打破了西方世界单一的现代性理论与实践，也突破了西方世界妄图塑造以"中心—边缘"理论为哲学基础的单一的世界格局，并对这种旧有的全球化理念引起当前的全球性困境和治理失灵、失序现象给予了有力的回应和解答。世界上本就没有固定的、统一的、一成不变的现代性模式。鼓励各个国家和民族探寻基于本民族特定地理空间和时间的多元现代化路径。目前，中国已快速成长为世界第二大经济体，在全球政治格局中有着举足轻重的国际责任与义务，人类命运共同体所倡导的全球现代性的空间叙事方式，就是希望不同民族和国家从自身多样化的文化秉性和历史传承出发，寻求适合自身的多元现代性方案。全球话语秩序的中国方案是把空间维度纳入全球现代性的视野，强调实现现代性，一定要基于自身特定历史、文化和传统，提倡不同民族和国家基于自身多样空间的全球现代性多元图景，不同民族互相尊重、合作共赢、交流互鉴，以全新视野开启多元现代性发展道路、和谐统一的世界格局，为世界其他民族和国家立足于自身特定历史文化语境，实现自我愿景提供了鲜活的"中国智慧"和"中国方案"。

构建人类命运共同体理念，致力于在不同国家、民族、文化、制度、政治、经济、宗教间的相互合作、共担责任，实现全世界的和平与发展。我们应以文化自信为基础，让全世界感受到中国的诚意，实实在在地看到中国的努力，意识到构建人类命运共同体思想是解决世界性问题的出路，从而最终在世界范围内达成"人类命运共同体"的共识。

人类命运共同体指明了全球治理体系的合作基础，那就是全球治理体系的公平与正义。面对现行全球治理体系的种种不公正表现，人类命运共同体内含的公平、正义的全人类共同价值观，立足于全球治理体系的合作困境，顺应世界人民对公平、正义的向往，人类命运共同体坚定不移地推动全球治理体系朝着公平正义的方向发展。②

---

① 郭明俊."以道观之"与构建人类命运共同体[J].中国延安干部学院学报,2019,12(6):29-36.
② 张鷟.人类命运共同体与全球治理体系的变革[J].社会主义研究,2021(6):140-147.

中国倡导的人类命运共同体理念强调人类文明的多元化特征,认为全球化视野下的现代化既不是西方化也不是东方化,不同国家和民族应按照自身意愿构建具有本民族特征的文明观念和价值体系。具有"和而不同"精神内涵的人类命运共同体理念,在认可"世界一体性"的同时尊重人类文明的多样性。以文明共存与对话应对文明差异与冲突。世界文明并非"一元文明"的专制统治,而是"多元文明"在互动中走向融合。① "人类命运共同体"有别于西方的"人类价值共同体",它所倡导的"以文明交流超越文明隔阂、文明互鉴超越文明冲突、文明共存超越文明优越"的文明理念,实现了对"西方文明中心主义"的重大超越,也展示了中国推动构建人类命运共同体的文化追求。②

(二)人类命运共同体的价值

人类命运共同体是基于人类世界的全新的治理理念,具有重要的时代价值。人类命运共同体理念不仅兼顾了个体的自由全面发展,也兼顾人类社会发展的客观规律,从更高的视域考虑符合人类社会发展的共同利益、共同追求,从而获得世界不同文明间的共同价值。世界历史的车轮滚滚向前,人类命运共同体思想突破了西方文化中的零和博弈的霸权主义思想,打破了只顾一己私利的全球化,提倡互相尊重、和而不同、合作共赢的国际交往新范式。西方现代化的主要思想是"中心—边陲"理论,此理论认为西方国家是世界的中心,非西方国家属于边陲地带,这种国别、民族等的不平等一直存在,秉承个人本位、国家本位,阻碍了世界的发展,而人类命运共同体思想实现了对西方现代化理论的超越,它是超越国家、民族、意识形态的全球观思想,具有重要的理论价值。当然,人类命运共同体也有实践价值。它希望全世界可以超越种族、民族、肤色、宗教、隔阂、冲突等,大家携起手来,共同建设多元、多彩、和谐、包容、美好的家园。

(三)人类命运共同体的意义

21世纪以来,世界经济增长乏力,发展鸿沟日益加深,冷战思维和强权政治"你方唱罢,我登台",重大传染性疾病、气候变化、恐怖主义、难民危机、环境危机等威胁

---

① 范周,周洁."一带一路"战略背景下的中国文化软实力建设研究[J].同济大学学报(社会科学版),2016,27(5):40-47.
② 刘志刚.从"文明冲突论"到人类命运共同体——中西方对待文明冲突的不同逻辑[J].学术界,2021(10):201-209.

持续蔓延,人类面临的风险与挑战日趋凸显。当前,随着后疫情时代的到来,人类共住地球村,更是"你中有我,我中有你"。于是,如何携手各国共同面对和解决当今时代面临的各种全球性问题,捍卫人类共同利益和整体安全,是维护世界和平与发展这一重大命题的关键所在。因此,构建人类命运共同体,建立相互依存的利益、价值、责任共同体,有助于人类共同维护人与自身、人与社会、人与自然的和谐关系,能更好地应对各种风险和挑战。事实上,构建人类命运共同体的"中国方案",揭示了未来人类休戚与共的客观规律,无疑对人类社会发展理念以及全球社会风险治理具有重大意义。

二、国际体育赛事教育功能的阐释

(一)国际体育赛事的概念界定

国际体育赛事是洲际甚至是世界性的各类综合性运动会,一般是指由国际性的体育组织举办的具有相当影响的单项或综合的运动会。国际体育赛事有自身基本特征:规模大,项目多,参与人员多,影响面很广,政府参与度广,竞技水平高,从申办到举办周期长。国际体育赛事范畴很广,包括全球性的运动会:夏奥会、冬奥会、残疾人运动会、友好运动会等;世界性运动会:世界大学生运动会、世界中学生运动会、世界青年运动会;各洲际运动会:亚洲、美洲、非洲、东南亚运动会等;各单项国际性赛事:足球世界杯、排球世界杯、世界一级方程式锦标赛、网球锦标赛等。国际体育赛事自身具有"大事件效应",以其独特的国际关注度和国际影响力,受到世界各国人民的关注和热爱。

(二)国际体育赛事的教育功能

国际体育赛事都具有一定的教育功能。它不但可以促进个人的社会化,强调规则意识、公平竞争意识,提倡人的自由、全面、和谐的发展,促进个人从生物人到社会人的转变,促成个体良好个性的养成,发挥并提高个人在运动、体能、体格、心理、社会适应等方面的能力,而且可以发挥好国际体育赛事对整个社会的教育功能,包括:竞技教育功能、思想教育功能、健康教育功能、社会经济教育功能、审美教育功能、娱乐功能等。国际体育赛事的发展具有一定的历史性,在其漫长的发展过程中积累了广泛的群众基础,拥有高超的竞技水平和广泛的国际性,并形成各自精彩的赛事文化形

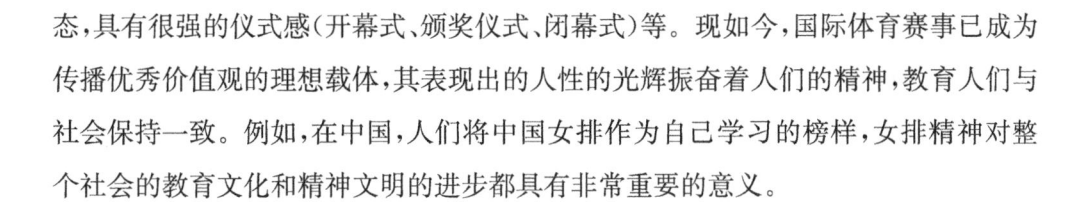

态,具有很强的仪式感(开幕式、颁奖仪式、闭幕式)等。现如今,国际体育赛事已成为传播优秀价值观的理想载体,其表现出的人性的光辉振奋着人们的精神,教育人们与社会保持一致。例如,在中国,人们将中国女排作为自己学习的榜样,女排精神对整个社会的教育文化和精神文明的进步都具有非常重要的意义。

三、两者关系辨析

(一) 人类命运共同体对国际体育赛事教育功能的独特要求

目前,中国正处于努力构建人类命运共同体的时代大背景下,我们要运用教育资源帮助推动人类命运共同体的实现。当前,人类命运共同体要求国际体育赛事能够承载着人类命运共同体理念、思维、价值、意义的传播功能,在国际典型的体育赛事中,挖掘并发现国际体育赛事的普适的教育功能,达到促进构建人类命运共同体的目标。

(二) 国际体育赛事对实现人类命运共同体承载的教育功能

国际体育赛事,冬奥会、夏奥会、世界杯、世界一级方程式锦标赛、世界高尔夫巡回赛等,要实现自身的教育功能,都需要一个和谐的国际环境,历史上曾经因为战争或自然灾害,国际体育赛事也随之取消或延期,所以国际体育赛事自身的实践也需要构建人类命运共同体。国际体育赛事与人类命运共同体互为经纬,二者均蕴含"共生"精神——人类命运共同体理念是共生思维的行动纲领,国际体育赛事是实现人类命运共同体共生共建的实践方法。国际体育赛事作为人类社会独特的实践活动,基于共生思想并致力于人类命运共同体的建设,其作为一种独特方法对于实现主体间"和谐共生"目标具有积极意义。

冬奥会教育模式作为冬奥会事业的一部分,有自身独特的教育理念、价值和运行机制。冬奥会是国际体育赛事中的一个典型代表,其本身四年一届,周期较短,可以帮助我们学习、探索、研究冬奥会奥林匹克教育模式,推动人类命运共同体的实现。然而,当冬奥会结束了,我们该从点到面,从冬奥会这个点到国际体育赛事这个面,继续学习、借鉴、总结并在各类国际体育赛事中进行推广,共同努力,让国际体育赛事在构建人类命运共同体的事业中继续扮演着重要角色,这具有非常深远的理论和实践意义。

【本章小结】

1. 人类命运共同体理念兼顾了个体的自由全面发展,同时兼顾人类社会发展的客观规律,从更高的视域考虑符合人类社会发展的共同利益和共同追求,从而获得世界不同文明间的共同价值。其提倡互相尊重、和而不同、合作共赢的国际交往新范式,实现对西方现代化理论的超越。如何携手各国共同面对并解决当今时代面临的各种全球性问题以捍卫人类全球性共同利益和人类整体安全,是维护世界和平与发展这一重大命题的关键所在。人类命运共同体具有重要的理论价值和实践意义。

2. 国际体育赛事是洲际甚至是世界性的各类综合性运动会,是指由国际性的体育组织举办的具有相当影响的单项或综合的运动会。国际体育赛事自身具有"大事件效应",以其独特的国际关注度和国际影响力,受到世界各国人民的关注和热爱。国际体育赛事具有教育功能,其展现的高超的竞技水平、广泛的国际性、各自的赛事文化,具有很强的仪式感,再加上广泛的群众基础,从而使其可以成为传播优秀价值观的理想载体。

3. 中国正处于努力构建人类命运共同体的时代大背景下,而构建人类命运共同体则要求国际体育赛事能够承载人类命运共同体理念、思维、价值、意义的传播。国际体育赛事范畴广泛,要从典型的国际体育赛事中,挖掘并发现国际体育赛事普适的教育功能。国际体育赛事与人类命运共同体互为经纬,二者均蕴含"共生"精神,人类命运共同体理念是共生思维的行动纲领,国际体育赛事是实现人类命运共同体共生共建的实践方法。人类命运共同体的构建也能更好促进国际体育赛事的进一步推广,两者互相促进,共同发展。

第二章　史海钩沉：冬奥会奥林匹克教育的历史梳理

一、历史演变：冬奥会奥林匹克教育的前世今生

（一）启蒙传承教育模式（中世纪—1923年）：自发无序的民间生存方式

冰雪运动历史悠久。早在11世纪，英国、瑞士、荷兰以及斯堪的纳维亚半岛的早期文献中就有将动物骨骼绑在脚上在冰上快速移行的记载。12世纪，英国的手抄文献记载过去伦敦居民用简单的兽骨在冰上滑行。荷兰的古雕刻画、斯堪的纳维亚半岛的叙述文学、瑞士的古文献发掘中都有此类记载。据《山海经·海内经》记载，早在春秋战国时期，滑雪已在中国新疆阿勒泰地区的古钉灵族中流传。中世纪，冰嬉和北方使用滑雪板的片段记载，在隋唐、五代和宋朝的古文献中可以找到。乾隆年间（1736—1796）的《冰嬉赋》是对当时盛行于宫廷内的各种冰嬉形象的记录，其中有花样滑冰、射天球、冰上舞幡等。冰上蹴鞠和速度滑冰在八旗子弟军中盛行。清代民间的冰嬉活动也颇为普遍。①19世纪以来，冬季运动在民间有了较大发展，冰嬉被列入军事训练科目，建立了相应的组织机构。

冬奥会教育理念源于古希腊柏拉图和亚里士多德的身体教育观念，其哲学基础是身体和精神的二元统一，这是其基本立足点。这一时期冰雪运动的教育只是一种启蒙，没有实质理论教育相关内容，更多表现为生存技能或娱乐活动。在冷兵器时代，统治者将冰雪运动的技能发展为一种军事用途。总的来说，启蒙时期的冰雪教育

---

① 王仁周.冬季奥林匹克(1924—1994)[M].哈尔滨：黑龙江人民出版社，1996：268.

有生存性、娱乐性、军事性等特性。这一时期,由于生产力低下、恶劣天气、地缘战争,冰雪运动为民间、宫廷自发的活动方式,后来冰雪运动从无到有,渐渐在国内外都得到了良好发展,为冰雪运动的规范发展奠定了基础。

(二) 规范建造教育模式(1924年—1960年):逐步完善的神圣庆典赛事

冬季奥林匹克教育是在夏季奥林匹克教育理念和方式发展完善的基础上进行的。前七届夏奥会和奥林匹克教育的基础,为冬奥会和冬奥会奥林匹克教育的启动做了非常成功的引领和铺垫。夏奥会奥林匹克教育模式为冬奥会奥林匹克教育模式的建立和发展提供了很好的参考和示范。1924年第八届夏季奥运会(5月4日—7月27日)成功举办,法国决定在举办夏季奥运会之后,在夏蒙尼举行一次冬季运动会(1月24日—2月4日),由于当时对比赛结果及可能产生的影响不明,所以将夏蒙尼的比赛定名为"奥林匹克周冬季运动会"。冰雪运动从此真正进入冬季奥运会,冬奥会由此翻开了历史篇章,冬季运动的奥林匹克理念、精神和氛围由此盛行①。在1925年布拉格的第22次国际奥委会上,追认1924年夏蒙尼"奥林匹克周冬季运动会"为第一届冬奥会。1952年2月,第六届冬奥会在挪威首都奥斯陆举行,在那届冬奥会开幕式上,首次在主运动场点燃奥林匹克圣火。大会上,挪威奥委会向国际奥委会赠送了一面五环的奥林匹克旗,这面旗帜后来成为历届冬奥会的专用会旗。冬奥会教育是建立在《奥林匹克宪章》的基本原则之上,紧紧围绕冬奥会展开,并且愈发与志愿行为、仪式呈现、媒体介入等多元方式紧紧相连。

这一时期的冬奥会教育目的并不强,还处在探索阶段,但在完善冬奥会仪式上做出了很多努力和开创性贡献。这种崇尚自然精神,形式上继承古代奥运会的仪式,还加入了当时的新元素,包括:奥林匹克标志、冬奥会旗帜、格言、徽章、会歌、圣火、运动员宣誓、颁奖仪式等②。1924年—1960年,共成功举办了8届冬奥会,参赛运动员人数由最初的293人增长到665人,增长近127%;参赛国家从16个增加到31个,增长近94%;比赛项目从14项增加到28项,增长100%;但这一时期的参赛运动员仅限于欧美国家,还不完全是国际赛事。1924年—1948年,冬奥会的仪式感凸显了庄严、神圣,冬奥会价值观教育逐步涉及,冬奥会开始追求唯美主义的文化活动,不仅包括文化、教育交流活动,而且有各类艺术竞赛和交流活动。在教育家顾拜旦的构想中,

---

① [澳]K·吐依,[澳]A·J·维尔.真实的奥运会[M].北京:清华大学出版社,2004:73-77.
② [澳]K·吐依,[澳]A·J·维尔.真实的奥运会[M].北京:清华大学出版社,2004:75-77.

奥运会是体育与艺术的结合,包括戏剧、建筑、文学、舞蹈、装饰、雕刻、绘画、音乐等各种艺术形式。由于两种形式的比赛离顾拜旦希望的体育和艺术合二为一的设想还有较大距离,1952年后,艺术只以展览和表演形式出现,不再进行比赛。① 这时期奥林匹克教育活动比较孤立,尚未形成规模,且不具有连续性。

(三)专业拓展教育模式(1961年—1975年):组织推广教育理念和研究

1961年,国际奥委会创建了国际奥林匹克学院,召开第一届学术会议,这是冬奥会教育走向规范化的标志性事件,表明冬奥会教育向理论与教育研究的方向进展,将向普及奥运知识、传播奥运精神的教育常态化发展,并规定定期举行青年研讨班,一般持续两周的时间。其主要包括奥林匹克学术研讨、演讲、辩论、体育、游戏、参观古代奥林匹亚遗址等。1964年东京奥运会期间,国际奥林匹克青年营在东京夏奥会期间正式开营,为全世界青少年提供教育文化交流和教育促进的机会。同年,冬季奥运会的圣火也在希腊奥林匹亚的神庙前点燃,冬季奥林匹克运动会和夏季奥林匹克运动会一起承担着奥林匹克运动的教育功能。

冬奥会教育的跨学科、民主化、多元化、国际主义都是奥林匹克运动一贯坚持的理念。1968年,国际奥委会成立文化委员会,着重强调奥林匹克运动的文化教育价值。1970年开始,每年举办希腊教师或教育家会议。1972年,首次使用"奥林匹克科学大会"名称,促进奥林匹克科学理论与运动实践的结合。1973年起,召开国际教育家会议,在第一次会议上所有参与者签署一份宣言,支持世界范围内的奥林匹克日庆祝活动。1975年,穆勒教授在他的博士论文中使用"奥林匹克教育"一词,这是该词第一次出现在奥林匹克和体育教育研究中。他梳理了教育家顾拜旦复兴、创建奥林匹克运动的教育理想,坚定地在国际奥林匹克运动体系内创立专业的教育组织,阐述了体育教育的系统化、组织化、传承化,突出国际奥林匹克学院在推动奥林匹克教育方向的全球化历史贡献。②

(四)构建体系教育模式(1976年至今):努力扩大冬奥会教育实效

1976年,蒙特利尔冬奥会开始制订正式的奥林匹克教育计划。1983年,国际奥委会最终形成决议,号召各国奥委会创建自己国家的奥林匹克学院,在本国青少年中

---

① 王润斌,贺冬婉.国际奥林匹克教育的理念发微与实践达成——康斯坦丁诺斯·乔治亚迪斯教授学术访谈录[J].体育与科学,2016,37(2):7-12.
② 余莉萍,任海.北京冬奥会环境教育研究[J].体育文化导刊,2018(3):13-17,33.

传播奥林匹克教育理念和精神。世界范围内,各国的奥林匹克学校开始建立,各国的奥林匹克研究中心开始组建。这些研究中心主要在大学校园,从事奥林匹克现象的研究,如瑞士洛桑奥林匹克博物馆的奥林匹克研究中心、澳大利亚新南威尔士大学的奥林匹克研究中心、加拿大西安大略大学的国际奥林匹克研究中心、西班牙巴塞罗那大学的奥林匹克研究中心。

1984年洛杉矶奥运会以前,各国冬奥组委的教育项目仅限于倡导性的、临时性的、运动式的教育活动,在覆盖面和影响力上的实际效果一般。美国洛杉矶奥组委通过教育志愿者与当地学校合作,推出了作为教育良机的奥运会"拓展单元"教育计划,开启社会活动与学校活动相融合的教育新篇章。

冬奥会教育发展不是单纯的体育事件,它也是政治的、文化的、经济的综合表现,是促进世界和平和国际相互理解的一股重要力量。以冬奥会为核心的教育不同于院校化、领地化、区域性的运动教育方式,显得更加多元和开放。冬奥会奥林匹克教育体系继承于奥林匹克教育,立足于人类社会的基本价值观念,即尊重、竞争、友谊,追求卓越,致力于提供一种普世的教育价值和个人全面发展的教育,区别于学科分化日益严重的专业化教育。

1988年的卡尔加里冬奥会组委会经过慎重考虑,设计了名为"携起手来:奥运会与你我他"(Come together: The Olympics and you)的教育项目,在小学、初中和高中开展。1994年的利勒哈默尔冬奥会组委会设计了名为"身边的奥运会:背景、信息与活动"(The Olympics in your own back yard: Background, information and activities)的教育项目,在全国学校中开展。2012年伦敦奥组委启动的教育活动名为"准备出发",其主要工作是打造网络课程平台推进奥林匹克教育。如果按照布鲁斯·基德(Bruce Kidd)的观点,这些奥林匹克教育项目具有相似之处,都特别重视青少年群体积极参与以实现顾拜旦所说的"身体民主",将体育作为教育的重要手段从而培养身心和谐的青少年,追求奥林匹克文化交流和奥林匹克价值传递作为根本目标从而推动国际的理解与和平。

文化教育交流活动已成为体育比赛以外的附加活动。1992年起,原本只在奥运会期间举行的文化活动扩展为两届冬奥会之间四年时间里持续举行的文化教育活动。而且,国际奥委会的下属机构,如奥林匹克研究中心、团结基金、奥林匹克博物馆、神圣休战基金会、世界反兴奋剂机构等都具有开展奥林匹克教育的职责与任务。

中国深入推进奥林匹克教育,介绍国际体育运动发展动态,普及奥林匹克运动知识,响应国际奥委会号召,在中国国内高等院校开设"奥林匹克运动"课程。1992年10月,我国决定在全国各体育学院编写"奥林匹克运动"课程教材。1993年前后,北京体育大学就创建了奥林匹克研究中心;2000年,中国人民大学成立人文奥运研究中心;2011年,南京体育学院奥林匹克学院成立;2017年,首都体育学院成立北京国际奥林匹克大学。2022年,北京冬奥会的成功举办为中国冬奥会教育发展提供契机,注入动力,为冬奥会教育的理论研究和实践开展提出了更专业的要求。作为北京2022年冬奥会讲师团团长,首都体育学院的裴东光教授带领一个奥林匹克教育(执行)团队,在全国各地义务宣讲冬奥会知识,开展冬奥会教育体验活动,为冬奥会奥林匹克教育实践的深度推广继续贡献中国智慧。

二、异域撷要:国外冬奥会奥林匹克教育经典案例与分析

(一)蒙特利尔"系列计划"教育模式

1976年加拿大蒙特利尔冬奥会教育意义重大,它开启了奥林匹克教育的先河,第一次进行有目的、有组织、有计划的"学校推行奥林匹克主义"的教育活动。其教育目的是加深广大青少年对蒙特利尔冬奥会的意义理解,对奥林匹克运动有进一步了解,促进大众参与体育运动,支持高水平体育竞赛,鼓励人们参与创新性活动。"系列计划"的教育者主要为魁北克省广大体育教师和学校教育者。受教育对象主要为魁北克省在校老师和学生。教育内容以奥运知识、体育活动、文化艺术活动为主。奥林匹克教育以学校教育为主要教育途径,以"让我们一起玩"为口号,采用奥林匹克海报《传奇和历史》《理解和理念》及刊物、奥运会电影、各种体育竞赛、各类体育节,围绕冬奥会的造型艺术比赛、艺术竞赛等表现形式,以英、法两种语言对外进行宣传,为后来的奥林匹克教育模式提供了最初蓝本。①

(二)卡尔加里"知识普及"教育模式

1988年加拿大卡尔加里冬奥会在蒙特利尔冬奥会教育基础上有了新的进展,卡尔加里冬奥会奥林匹克教育模式实施范围更广,内容更系统,并将"知识普及"教育模式运作成奥林匹克教育史上的经典之一。那届冬奥会教育目标更加明确:普及奥运

---

① 耿申,张蕾,任海,等.国际奥林匹克教育中的"北京模式"研究[M].北京:北京体育大学出版社,2009:51-56.

知识，弘扬奥林匹克精神。"知识普及"的教育者主要是加拿大全境的广大体育教师和学校教育者；全境13 500所中小学校的学生和儿童为教育对象；专门成立了奥林匹克教育的组织机构青年教育部，卡尔加里冬奥组委成立了教育课程委员会，请课程专家组针对小学、初中、高中学生分别开发了1套奥林匹克教育资料，教育内容以奥运知识和文化艺术活动为主；教育形式丰富多彩，相关组织部门配有电视机和幻灯片，声图并茂，同时突出"冬天"这个主题，开发出艺术展览和音乐戏剧等；开拓教育途径，与红十字会合作，通过友谊集邮册计划，以与奥运会参与国学校交换照片、绘画、地图、问候等方式促进国际友谊，加快推动奥林匹克教育进程。①

（三）日本长野"知识＋活动"教育模式

1998年长野冬奥会奥林匹克教育在1972年札幌冬奥会基础上做了精心准备，冬奥会组委会联合日本长野市教委等组织机构共同推广奥林匹克教育。长野冬奥会的教育目标是加深学生对冬奥会的了解和掌握，激发青年对冬奥会的兴趣，进而参与奥林匹克运动；教育活动主要面对日本的中小学生；教育内容不仅包括常规的奥运知识教育，还包括组织发放教育资料、建立青年俱乐部、开发"一校一国"三个主要的奥林匹克教育活动，以及开展环保意识教育活动；奥运教育资源包括《冬季奥运会》彩色读本、奥运时事通信刊物、奥运会和残奥会系列教科书，另外网站建有儿童广场栏目，专注于奥林匹克教育。长野冬奥会教育的亮点为开创了"一校一国"的教育活动，此活动只在长野市76所中小学校进行，日本中小学校与交流国学校开展文化、艺术等方面的交流，将培养世界公民与奥林匹克教育连接在一起，出席交流对象国在奥运村的升旗仪式、为对应交流国的运动员加油，同时为对应国代表团参赛提供相应的服务。"一校一国"活动教育效果卓越，后被国际奥委会确定为奥运会举办国的传统教育项目。

（四）都灵"五环特色主题"教育模式

2006年，意大利都灵冬奥组委提出了"2006年都灵奥林匹克教育计划"，教育计划以道德、自然、社会为中心。其教育目标为教育青少年关注体育价值和奥林匹克主义，以促进青少年的成长，通过积极引导，使青年人更愿意参与冬奥会和冬残奥会；在中小学校开展奥林匹克教育，其教育内容由都灵冬奥会组织委员会决定，最终采用了

---

① 耿申,张蕾,任海,等.国际奥林匹克教育中的"北京模式"研究[M].北京:北京体育大学出版社,2009：51-61.

五种与体育、奥运会和冬季体育运动原则相关的活动,红色环对应体育和体育文化,绿色环对应体育与环境,黄色环对应体育、科学和技术,蓝色环对应体育和健康教育,黑色环对应国际文化和语言等,每个领域都包含各自的教育主题和活动。教育资源包括多媒体包,致力于将奥林匹克内容融入意大利中小学体育课程中,同时包括与"五色环"相对应的教育辅助工具,设计自己的教育网站——儿童村,使每个年龄段的学生都能在奥林匹克教育过程中得到快乐,有助于推广奥林匹克运动。[①]

(五)加拿大温哥华"1+1+1"教育模式

2010年加拿大温哥华冬奥会启动了"加拿大奥林匹克学校计划",其教育目标为传播奥林匹克教育理念和精神;教育主体为加拿大奥委会、残奥委会、中小学教师、教育项目合作机构等;教育对象以加拿大8—18岁的中小学生为主。加拿大奥委会开展的奥林匹克教育内容是以冬奥会为背景的运动教育,主要包括以"1+1+1"为主要内容框架的"加拿大奥林匹克学校计划",即1个交互式课堂"加拿大队冠军聊天室"、1个特色主题教育活动"同一支队伍"和1个互联网线上奥林匹克课程"图书馆",包含98个线上不同主题不同年级的互联网奥林匹克课程,教学手段多样,知识性与参与体验性并重,从知识学习、运动参与、科学研究、角色扮演、心理适应等多重维度对中小学生进行立体教育。[②] 2010年加拿大开展"动起来"项目,此项目为学校及教师提供教学设备和指导,学生通过学校及教师制定个性化的运动计划,鼓励着广大学生多参与体育活动,以便他们更好地健康发展。在7年的教育活动的执行中,有超过1 400所学校的59.5万名学生参与并从中受益。

(六)俄罗斯索契"课程引导"教育模式

2014年俄罗斯索契冬奥会奥林匹克教育丰富多彩,自2010开始就展现了俄罗斯一年一度的"文化奥运"的精彩,呈现系统化和多元化特点,每年的"文化奥运"都专注于不同领域:2010年电影之年,2011年戏剧之年,2012年音乐之年,2013年博物馆之年。索契奥林匹克教育目标是在年轻一代中普及奥林匹克和残奥会理想和精神,促进青少年健康成长,提倡健康的生活方式,展示俄罗斯民族的历史和文化,重塑国家形象;教育主体为中小学教师、高校教师、体育明星、奥运冠军、艺术家、

---

① 张岩."都灵2006奥林匹克教育计划"的目的和主题[J].中国学校体育,2003(2):78-79.
② 王润斌,李慧林,贺冬婉.2010年温哥华冬奥会背景下加拿大奥委会的奥林匹克教育实践及启示[J].首都体育学院学报,2020,32(3):214-220.

奥运会志愿者、合作公司员工、其他层面的诸多人士、相关文化教育机构等；教育对象从小学生到研究生，是以广大青少年为主体的全民化教育，从冬奥会举办地索契到整个克拉斯诺达尔地区，包括在俄罗斯联邦各级政府中均实施了奥林匹克教育项目；学校奥林匹克教育内容以"课程引导"的教育模式进行，开设奥林匹克课程，奥组委专家组共准备了11门奥运课程教辅材料教育资源，所有教育材料均发布在冬奥会官方网站上，任何人均可下载并开展课程组织与培训；开发奥林匹克教育重点项目，如青年和奥林匹克休战方案、2014年"索契教师"大赛等。从"奥运课程"教育计划到国际奥林匹克大学的设立，借助奥林匹克运动，加强俄罗斯与世界的沟通。

（七）韩国平昌"体验式"教育模式

2018年韩国平昌冬奥会奥林匹克教育和2022年北京冬奥会有相似之处，都有举办夏奥会奥林匹克教育的经验，在1988年第一次大规模传播奥林匹克运动和民族文化的基础上，如何再次以冬奥会为载体，向世界传播奥林匹克理念和实践？平昌冬奥会借助虚拟现实、人工智能等科技的力量，为平昌冬奥会教育注入新鲜血液。其教育目标是通过一系列的教育项目和教育活动，将全国青少年的目光聚焦奥林匹克知识、奥林匹克价值、奥林匹克休战，鼓励青少年在冬奥会中发挥积极作用；以平昌冬奥会组委会、韩国中央政府、外交部、韩国教育部、文化体育观光部、全国公立学校等为教育主体；以韩国中小学生为重点教育对象；其通过开设教育门户网站的形式使分享教育资源得以实现，公立学校必须组织学生学习网站内容，并向广大师生推广，该网站也向全体国民开放，意在韩国乃至全球范围内传播冬奥会历史和项目知识。其在教育内容上，有平昌冬奥会、奥林匹克知识、价值、神圣休战、冬季项目、各类文化庆典体验、国际冬奥项目运动体验等；在教育手段上，冬奥会知识性内容的传播以冬奥会宣传馆为基本阵地，展示冬奥会项目运动员模型，以虚拟现实技术为普通公众提供逼真的4D体验，使参与者获得各种冬季运动体验，举办雪雕比赛、传统滑雪、马拉松、徒手抓鱼等多项体验活动，各种体验活动达到1 200场，奥林匹克"休战项目"成功吸引来自42个国家和地区的100多万学生参与，促进世界和平。[①]

---

① 刘正,曹宇,孙宇辰.2018平昌冬奥会奥林匹克教育研究[J].北京体育大学学报,2019,42(2):115-125.

表 2-1 冬奥会经典教育模式简表

年份和地点	名称	教育对象	教育内容	特点
1976年蒙特利尔	"系列计划"教育模式	魁北克省在校学生和老师	奥运知识教育、体育、文化艺术	首次专门教育计划,具有公益性
1988年卡尔加里	"知识普及"教育模式	整个加拿大中小学	奥林匹克知识教育成为学校课程中的内容,开发了文化艺术计划	展示加拿大传统文化、艺术魅力
1998年长野	"知识+活动"教育模式	整个日本中小学及特殊学校	奥运知识教育、国际理解教育活动、环保教育	首创"一校一国"教育活动、第一个建有网站的冬奥会
2006年都灵	"五环特色主题"教育模式	6—18岁的儿童与青少年	提升对冬奥会的认知和实践,健康的运动文化,奥林匹克价值观和意义	运动、教育与文化的融合
2010年温哥华	"1+1+1"教育模式	学校学生	1个交互式课堂、1个特色主题教育活动、1个互联网线上奥林匹克课程"图书馆"	运用新科技普及冬奥会教育
2014年索契	"课程引导"教育模式	以青少年为主	教育内容的大众化、学术化和专业化相结合	覆盖了从小学到研究生的所有教育层次
2018年平昌	"体验式"教育模式	全国青少年	普及和推广冬季项目,传播和平理念和助残意识,通过体育发现自我价值	采取在线"导师制",为学校提供线上、线下教学资料

三、他山之石:域外经验对构建2022年冬奥会奥林匹克教育模式的启示

七种域外教育模式,是研究者为了便于研究的需要,把它理解为教育模式,实际上从穿越历史的时空来看,这些所谓的教育模式并不成熟,或者说,它们整体上是一个教育模式,只不过域外教育模式各有各的特点,同时融入本国的历史、文化、价值观、体育观,为本国体育事业服务,为奥林匹克事业服务。我们研究的教育模式,不仅要将中国的历史文化特点、奥林匹克运动考虑进去,同时要在人类命运共同体的理念下构建2022年冬奥会奥林匹克教育模式。

（一）开发举办国的冰雪历史文化

冰雪历史文化是地区的区域文化，是一种独特的体育文化资源，体现了冬奥会举办国独有的历史，也是冬奥会能够举办的基本条件。近几十年来，冬奥会每四年到一个国家，总是能激发当地民众、研究者对自身冰雪民族文化、冰雪民俗文化、冰雪传统文化、冰雪艺术文化、冰雪运动文化、冰雪旅游文化、冰雪产业文化等的关注，不仅能促使人们继续挖掘、传承自己的冰雪历史文化，同时也推动了该区域冰雪历史文化的大发展。举办国总是利用冬奥会奥林匹克教育的契机，向世界讲述自己的冰雪运动、历史和文化，同时各国的冰雪文化也在不断与时代结合，融入新的内涵，促进本国体育文化、冰雪文化的大发展。以2018年平昌冬奥会开幕式为例，开幕式以"和平"为主题，展现了韩国历史与传统文化、传统的韩国形象和现代的韩国形象，激发广大学生参与冬奥、体验冬奥、认知冬奥。韩国平昌和江陵的奥林匹克公园内设有展示韩国传统文化和当代韩流文化的场馆。冬奥会期间，在场馆中举办大大小小各种演出1 000多场。平昌抓住机会，将冬奥会打造成5G试验田，三星体验馆中虚拟现实技术的代入感，让游客和世界感受着韩国现代文化。

（二）设置奥林匹克教育专项项目

20世纪下半叶以来，奥林匹克运动在全世界得到了长足发展。1994年开始，国际奥委会要求申办奥运会的城市在相关报告中提交教育和文化计划，在举办地的学校中，开展各类型、多形式的奥林匹克教育和相关活动。例如：加拿大温哥华冬奥会奥林匹克的"1＋1＋1"学校教育计划，不仅有特定的主题教育活动、专门的加拿大冠军课堂，还有网上图书馆等。日本在1964年东京奥运会开展了"奥林匹克青年营"教育活动，得到了参赛运动员的一致好评；1998年，日本长野冬奥会实施"一校一国"的奥林匹克教育计划，成为当年奥林匹克教育最大的亮点，并很快成为奥林匹克教育的国际范本；2020年4月，日本奥委会颁布了《学校奥林匹克教育实施纲要》，在传承历届奥运会奥林匹克教育经验的基础上，进一步促进日本学校奥林匹克教育的开展。2022年冬奥会学习历届域外冬奥会奥林匹克教育的成功经验，在奥林匹克教育周期内设计并大力开展了奥林匹克教育专项项目和相关教育活动，如冰雪运动进校园、奥运冠军进校园、"同心结"活动、冰雪运动竞赛、冬奥系列课程、冰雪冬奥主题绘画、中国体育博物馆(线上＋线下)展厅、"冬奥有我"奥林匹克教育工具包、冬奥直播等，这些作为教育项目和载体进一步传播了冰雪文化，影响并鼓励更多的人参与其中。对于一些南方地区,也开展了冰雪文化进校园、旱地冰上项目体验等活动,鼓励广大学生在冰雪运动中享受乐趣、增强健康体质、健全和完善人格、锤炼坚强意志。

(三) 融合冬奥会教育与学校教育

冬奥会教育为学校教育的发展带来了契机,学校教育的蓬勃发展为冬奥会教育的发展提供了载体和平台。纵观冬奥会教育的历史,其与学校教育、学校体育教育的发展息息相关。奥林匹克运动自身庞大的教育体系、教育价值,不仅促进了学生的身心发展,提升了个人价值,也积极推进社会的进步,具有强大的社会价值,在维护人与自然的和谐关系上不遗余力,帮助广大学生树立公平、公正、和平、发展、拼搏、进取等健康的价值观。学校教育中"以人为本"的教育理念与奥林匹克教育高度一致,冰雪运动以其特有的文化底蕴丰富、优化、完善学校教育,与学校各学科,如音乐、绘画、英语、地理、历史、思想政治、体育等学科深度融合,开阔学生的视野,尝试、创新多元的教育理念、内容、方法,极大地丰富学校教育的人文底蕴,提高学生的综合素养。冬奥会冰雪运动内涵丰富,自身也在不断改革和发展。2021年7月20日,国际奥委会第138次奥林匹克全会上通过的"更快、更高、更强、更团结"的新格言,体现了在竞技运动中不畏强手、敢于竞争、敢于胜利、团结友爱、朝气蓬勃、锐意进取、超越自我的精神境界……这些都极大地丰富了学校教育的内涵,提升了学校的校园文化水平,给学校教育带去了健康、竞争、集体意识等等。

(四) 搭建奥林匹克教育网络平台

近年来,互联网信息技术的快速发展为奥林匹克教育的发展提供了技术支持。2010年温哥华冬奥会网络教育平台上线,使奥林匹克教育不受地理、环境、距离等的限制,让更多学生运用互联网技术得到更好的奥林匹克教育。2014年索契冬奥会、2018年平昌冬奥会都建立了奥林匹克教育网络平台,2022年北京冬奥会建有中国奥委会官方网站,内设中国奥林匹克博物馆平台,其中也设有体育文化教育平台。2021年9月初,开设冬奥直播课堂。由北京冬奥组委新闻宣传部指导,首都体育学院会同北京市青少年冬奥教育基地首都图书馆共同开展以"从东京夏奥到北京冬奥——圆梦夏奥,相约冬奥"为主题的冬奥直播课堂活动:主题一是从东京夏奥到北京冬奥——圆梦夏奥,相约冬奥;主题二是让奥林匹克点亮青年梦想。另外北京冬奥组委新闻宣传部在全媒体平台推出系列冬奥直播课程,邀请教育领域专家、优秀运动员代表,与青少年展开互动,多角度、立体化推广奥林匹克基础知识和冰雪运动项目,助力青少年成长。2021年9月底,北京冬奥组委为全国奥林匹克教育示范校和冰雪运动特色校配发"冬奥有我"奥林匹克教育工具包。为适应校园疫情防控工作需要,促进学校持续开展丰富多彩的冬奥主题教育活动,积极推广普及冰雪运动知识,吸引青少年关注、参与、支持北京冬奥会和冬残奥会,营造热烈的冬奥会氛围。"冬奥有我"奥林匹克教育工具包的内容包括北京2022年冬奥会及冬残奥会会徽、吉祥物、火炬、冬奥会冰雪运动项目等。同时,按照绿色办奥运的要求,"冬奥有我"奥林匹克教育工具包既可用于布置"冬奥宣传栏"和"冬奥留言板",也可用于开展冬奥主题教育活动,最大限度提升了使用率,避免了临时景观搭建所造成的资源浪费与环境污染。

【本章小结】

1. 从冬奥会奥林匹克教育历史看,奥林匹克教育可以追溯到11世纪,那时就有一些简单的、珍贵的文献记载,19世纪以后,中国冬季运动在民间有了较大发展,冰嬉被列入军事训练科目,建立了相应组织机构。中世纪至1923年,属于自发无序的民间生存方式,此时的冰雪运动教育只是一种启蒙,没有理论教育相关内容,更多表现为一种生存技能、军事活动和民间娱乐活动。

2. 自1924年第一届冬奥会以来,冬奥会奥林匹克教育正式进入规范建造教育模式阶段,紧紧围绕冬奥会的开展,冬奥会教育模式是建立在《奥林匹克宪章》的基本原则之上,紧紧围绕冬奥会展开,并且愈发与志愿行为、仪式呈现、媒体介入等多元方式紧紧相连。

3. 1961年,国际奥委会创建国际奥林匹克学院,这是冬奥会教育走向规范化的标志性事件,表明冬奥会奥林匹克教育模式向理论研究与教育方向拓展和延伸,将冬奥会奥林匹克教育模式逐步发展到组织推广奥林匹克教育理念和研究阶段,将普及奥运知识、传播奥运精神的奥林匹克教育模式逐渐常态化,始终坚持在国际奥林匹克体系内创立专门的教育组织,阐述了冬奥会教育模式的组织化、系统化、传承化,突出国际奥林匹克学院在推动奥林匹克教育走向全球化的历史贡献。

4. 1976年,蒙特利尔冬奥会开始制订正式的奥林匹克教育计划。世界范围内,各国的奥林匹克学校开始建立,各国奥林匹克研究中心开始组建,传播奥林匹克运动的种子,催生了奥林匹克精神的力量,努力扩大全球的冬奥会教育实效。

5. 国外冬奥会经典奥林匹克教育模式案例,各有特点。比较典型的有:蒙特利尔"系列计划"教育模式,卡尔加里"知识普及"教育模式,日本长野"知识+活动"教育模式,都灵"五环特色主题"教育模式,加拿大温哥华"1+1+1"教育模式,俄罗斯索契"课程引导"教育模式,韩国平昌"体验式"教育模式。每种教育模式都是针对当地的国情和教育基础而形成的,各有特色,既有助于奥林匹克教育的推广,也提升了本国人民的奥林匹克文化素养。

6. 域外经验对构建2022年冬奥会奥林匹克教育模式的启示:第一,开发举办国的冰雪历史文化;第二,设置奥林匹克教育专项项目;第三,融合冬奥会教育与学校教育;第四,搭建奥林匹克教育网络平台。

第三章　承前启后:人类命运共同体视域下对2022年冬奥会新型教育模式的要求

2018年2月25日,平昌冬奥会落下帷幕。2018年1月30日,中国教育部、国家体育总局、北京冬奥组委联合印发《北京2022年冬奥会和冬残奥会中小学生奥林匹克教育计划》的通知,明确提出将奥林匹克教育纳入学校常规教学工作。全国中小学要将奥林匹克教育纳入学校教育教学内容,通过体育课程、德育活动、综合实践活动课程等方式,开展奥林匹克主题教育。

一、人类命运共同体与冬奥会新型教育模式的意义阐释

(一)人类命运共同体与奥林匹克运动的关系辨析

构建人类命运共同体是指在构建中华民族共同体的同时,为促进国际秩序更加和平、正义、友好、安全、互利,所提出的具有中国特色的全球治理理念。奥林匹克运动是在奥林匹克主义指导下,以体育运动和四年一度的奥林匹克庆典——奥运会为主要活动内容,促进人的生理、心理和社会道德全面发展,帮助各国人民相互了解,在全世界普及奥林匹克主义,维护世界和平的国际社会运动。两者分属不同层次,人类命运共同体,其内涵更为广阔,包括政治、经济、文化、教育等领域,其中人类命运共同体是奥林匹克运动的上位概念,奥林匹克运动是现代人类社会最具影响和共享价值的宏大的体育文化活动,两者都是全球化的产物。两个领域的追求目标一致,都希望建立更加和谐美好的世界。两者人文价值一致。奥林匹克运动是独特的,代表了人类追求卓越人生和美德的共同理想。任何合理正当的竞争都是基于平等参与、公平

正义的秩序,让来自不同国家和地区的优秀体育者们超越种族、肤色、政治、经济、文化差异,寻求相互认识、沟通和理解,促进人类的大团结,这也是人类命运共同体所追求的人文价值。人类命运共同体秉持的是对全人类社会及其文明进步的共同责任和理想,建立共享、共建、共荣的大家庭。奥林匹克运动步入现代一百多年来,无论是在和平年代还是在战争年代,人们只要来到奥林匹克竞技场,就都是"奥林匹克村"村民,只要遵循《奥林匹克宪章》及其精神,人们都可以交到朋友,感受人类尊重、团结和共享的氛围。

(二) 重塑冬奥会教育模式的政治意义与文化价值

冬季奥林匹克教育模式体系是实施冬奥会教育的基础,人们在阐述冬奥会教育模式内涵的基础上,努力建构一套逻辑清晰、论证有力的2022年冬奥会教育模式体系,为全球冬奥会教育模式的"中国方案"提供理论支撑,其亦有独到的应用价值。对2022年冬奥会教育模式理念、内容、模式、优化等实践问题进行探讨,其研究成果可以为相关职能部门提供参考。一方面,这有利于丰富和完善我国冬奥会教育模式体系;另一方面,有助于增强冬奥会教育模式的感召力,助力冬奥会奥林匹克教育理念的推广,推动冬奥会奥林匹克教育的有效展开,鼓励更多的学生和民众积极投身各类体育活动和赛事。这有助于政府和各相关教育机构形成冬奥会教育各具特色的实施措施,对推广和实现奥林匹克教育有着政治意义和文化价值。

(三) 构建冬奥会新型教育模式的可行性与必要性

人类命运共同体是人类各种文明在互相理解和尊重的基础上,基于共同利益与价值认同,面向未来不断实践的建构过程。构建冬奥会新型教育模式,其可行性和必要性显而易见,涉及冬奥会奥林匹克教育模式的历史、冰雪体育文化、冬奥会奥林匹克教育模式的过去、现在和未来。整体而言,笔者从2022年冬奥会教育模式的现状出发,客观审视2022年北京冬奥会奥林匹克教育自身条件和优势,试图结合国内外冬奥会奥林匹克教育的成功经验,借鉴以往冬奥会奥林匹克教育经典的基本要素,指出2022年冬奥会奥林匹克教育模式构建中的各种挑战和不足,努力构建人类命运共同体视域下的2022年冬奥会奥林匹克教育模式体系。这些问题的深度思考为构建新型教育模式提供了很好的可行性思路。冬奥会教育模式作为冬奥事业的一部分,在构建人类命运共同体的事业中扮演重要角色。一方面,在构建人类命运共同体过程中,冬奥会新型教育模式的构建需要与之对应的理念、机制作为保障支撑,在国家构建人类命运共同体的伟业中推动冬奥会教育的交流和合作；另一方面，冬奥会教育模式有自身独特性，可为构建人类命运共同体作出贡献。首先，建立冬奥会教育模式。以冬奥知识传播和创新为主导，更多继承并创造为人类体育文明传承的公共体育知识成果，更多服务于社会进步，更多促进民生的冬奥教育。其次，构建开放合作的新型冬奥会教育共赢模式。合作共赢本是多主体、多领域、多层次的，既包括国家间的开放合作、中小学校与政府的开放合作，也包括政府与大学、社会的开放合作，形成全方位的开放合作共赢模式。最后，形成公正平衡的冬奥会新型教育的普惠模式。我国正在从体育大国向体育强国迈进，将奥林匹克运动之光撒向世界各个角落与人群，不断扩大冬奥会教育的覆盖面，提高各国参与度，共同构筑以人类命运共同体为指导的冬奥会教育模式体系。

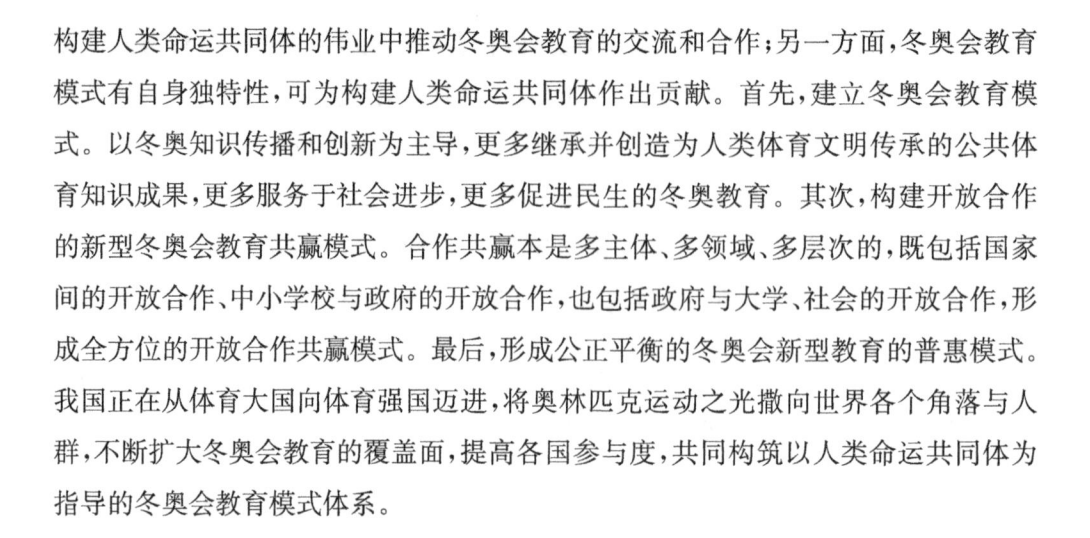

二、构建奥林匹克教育新模式：新时代的世界呼唤

（一）与时俱进：奥林匹克教育的本质规定

第一，冬奥会奥林匹克教育模式要因事而化，遵循奥林匹克教育工作规律。因事而化，指根据冬奥会奥林匹克教育中不同的事情、教育任务、教育对象等采取不同的教育措施，这也说明冬奥会奥林匹克教育模式不是一成不变的，事实上奥林匹克教育模式也是不断变化的，其外延和内涵都在不断扩展，这就需要我们以积极行动去应对冬奥会奥林匹克教育模式中的各种新变化。第二，冬奥会奥林匹克教育工作要因时而进，构建与时俱进的冬奥会奥林匹克教育模式。奥林匹克运动发展的历史充分说明，在发展的不同阶段和时期，只有奥林匹克的教育主体、教育客体、教育内容、教育方法、教育形式等不断推陈出新，不断改进，不断借鉴各种优秀的、经典的教育模式，才能使冬奥会奥林匹克教育历史、教育过程、教育效果等越来越适应时代的发展。第三，冬奥会奥林匹克教育模式要因势而新，努力创新应对国际、国内新形势的发展需要。在推进冬奥会奥林匹克教育模式的过程中，既要考虑内部、外部环境的客观因素，也要考虑未来的发展趋势，比如，2021年7月，国际奥委会更新了奥林匹克格言，加入了"更团结"，这是基于目前特殊的国际环境发出的积极倡议，希望国际社会团结在一起，共同应对挑战，这与我国希望构建的人类命运共同体目标高度一致。"因事、因时、因势"之间既相互贯通又互相裨益，是一个互相发生作用的有机整体。

中国进入新时代。党的十九大胜利召开,为党和人民事业发展进步指明了前进方向。习近平总书记是全民健身的倡导者、践行者,亲自推动全民健身上升为国家战略,并就落实全民健身国家战略、广泛开展全民健身活动、推动全民健身与全民健康深度融合、以北京冬奥会举办为契机带动三亿人参与冰雪运动作出重要指示。平昌冬奥会刚刚结束,冬奥会奥林匹克教育进入冬奥会教育周期,作为奥林匹克周期内的"规定动作",势必以不同于以往而又高于以往的教育方式进行。2008年北京夏季奥运会的奥林匹克教育做得相当成功,其教育理念、教育组织和运作、教育实施、教育效果在北京、全国及全世界都得到了很大反响,其规模前所未有。十几年过去了,中国进入了新时代,人民的需求、教师的教育水准、奥运会办赛的水平都已发生变化,在国际风云汹涌变化的今天,在中国勇举全球化大旗并努力践行"一带一路"倡议的时刻,冬奥会奥林匹克教育,作为奥林匹克国际教育的一部分,当然应该发挥其独特作用。同时,中国作为承办国,其网络、科技、教育领域都取得了长足进步,如何在新时期将其最新主要成果与奥林匹克教育相结合,是所有奥林匹克教育工作者应该认真思考的重要问题。

从国际形势的变化看,目前,国际社会处在大变革、大调整之中,科技发展日新月异,国际社会之间的合作面临的阻力、困难、不确定性有所上升。

从国际奥林匹克运动看,随着信息化、全球化速度的加快,以奥运会为代表的优质赛事资源以自己独特的品牌优势受到各国的青睐,奥林匹克运动的职业化、市场化、商业化、国际化进程加快。为了与多元化发展的国际社会趋势相适应[①],奥林匹克教育在奥林匹克运动文化的不断发展过程中,越发注重奥林匹克教育文化的多样性。

2014年底,国际奥委会第127次全会通过《奥林匹克2020议程》提出的改革提案。其中,第14、19、20、21、22、23、24、25、26条,共9项方案与改革奥林匹克教育相关,强调奥林匹克主义教育、网络合作、加强宣传、建立奥运频道、与社团合作、加大价值观教育力度、进行青奥会教育和希望工程建设、开展推进体育与文化的交流等宣传与教育活动。

2021年,中国进入"十四五规划"年,中国从体育大国向体育强国推进。2022年北京冬奥会、冬残奥会国际标志性体育活动的成功举办,意义非凡。"冬奥之约"点燃中国冰雪运动的火炬,由体育大国向体育强国迈进,搭建起冬季冰雪运动全新的发展坐标,是中国社会体育发展的重要标志,也是国家综合国力、软实力的体现。习近平

---

① 《体育大国向体育强国迈进的理论与实践研究》课题组.体育强国的战略研究[M].北京:人民体育出版社,2010:27.

总书记考察北京冬奥会筹办工作时,强调建设体育强国,是全面建设社会主义现代化国家的一个重要目标。体育强国的基础在于群众体育。要通过举办北京冬奥会、冬残奥会,推动我国冰雪运动跨越式发展,补缺项、强弱项,逐步解决竞技体育强、群众体育弱和"夏强冬弱""冰强雪弱"的问题,推动新时代体育事业高质量发展。在中华体育精神和奥林匹克精神的共同激励下,带动更多国人参与冰雪运动,促进群众性冰雪运动的蓬勃发展,这是我国申办2022年冬奥会时做出的承诺。当前,冰雪运动氛围逐渐浓厚,中国三亿人参与冰雪运动的愿景正在逐步变为现实。

北京是一座有着3 000多年历史的古都,是全球拥有世界文化遗产最多的文明城市之一,拥有很多历史名胜古迹和人文景观。北京是中国首都,面积约1.6万平方公里,全国政治和文化中心,作为一个蒸蒸日上的全球国际化大都市,目前常住人口2 100多万人,2020年"中国百强城市"位列第一。2022年的冬奥会,是北京时隔14年第二次与奥林匹克大家庭握手。

张家口位于河北省西北部,冰雪自然条件得天独厚,地处高纬,雪季时间较长且降雪多,滑雪期150多天,冬季平均气温为-12 ℃,山地坡度在5°—35°,平均风速为二级,拥有举办滑雪项目比赛的优越自然条件,可以开展各类国际奥林匹克竞技滑雪运动。2019年12月,京张高铁正式开通运营,北京到张家口仅需50分钟左右,交通非常便捷。张家口有数十载滑雪运动历史,已建成设备齐全的云顶、万龙、太舞、多乐美地、长城岭五大特色鲜明的滑雪场,雪场集聚度高,与冰雪产业相关的产业链正在逐步建设中。伴随着冬奥会的举办,张家口地区冰雪旅游特色逐渐成为张家口旅游业的新支柱,成为推动张家口地区经济发展的中坚力量。

北京和张家口联合举办冬奥会,不仅对于我国体育的发展有着重大的影响力,更对政治、经济、文化建设具有前所未有的促进价值,推动我国冰雪体育运动进入全面快速发展和不断创新的时期。体育与教育和文化相结合一向是现代奥林匹克精神的核心,也是我国冬奥会教育发展的核心。因此,探索冬奥会教育,我们必须以教育成效的稳步推进为考量的主要标准,以人文教育、环境教育为主线,以文化与人文的传承为重要载体,开展有效的奥林匹克文化、精神教育。在京津冀一体化背景下采用联合筹办冬奥会的模式,有力地推动了该区域文化、经济、教育、冰雪产业的联合发展。因此,冬奥会奥林匹克教育模式的新探索必须要回归以教育成效的稳步推进为最终考量标准,特别是要以人文教育、环境教育为主线,建立长效机制。

当然,2022年冬奥会的成功举办,北京、张家口市是奥林匹克教育的核心,中国其他省份、地区都在以自己特定的方式积极支持,全国各地因时因地制宜,积极参与冬奥会教育,在中国大地上进一步推广冬奥会。

冰雪体育文化包括冰雪体育认识、冰雪体育情感、冰雪体育价值、冰雪体育理想、冰雪体育道德、冰雪体育制度和冰雪体育的物质条件等,由冰雪物质文化、冰雪行为文化、冰雪制度文化、冰雪精神文化四种形态构成。

世界各地的冰雪文化一般是以冰雪运动为先导,以民俗和地域特色文化为内容,以旅游和居民参与为形式,以文化交流为背景。冰雪体育文化是人们在冰雪的自然环境中,从事社会实践过程中所创造出的物质和精神财富的总和。

中国冰雪运动文化是伴随冬奥会申办成功而逐渐走入公众视野的,"冰雪运动文化是指以冰雪生态环境为基础所采取和创造的具有冰雪运动符号的生活方式,包括冰雪运动的历史文化、意识形态文化、场馆器材文化、竞技文化、艺术文化、健康文化、娱乐文化等"。当前,中国冰雪运动文化是以冬奥会冰雪运动为核心的物质和精神文化体系,而冰雪文化传播包括在场的实践传播和媒介传播,并以媒介化传播为主。[1]

中国冰雪体育文化是中国体育文化的重要支撑。中国冰雪体育运动起步较晚,普及程度不够,从古至今,中国冰雪体育文化呈现出不同的发展状态,随着时间发展,中国冰雪体育文化得到传承与发展,也是中国冰雪体育文化发展的内在要求。新中国成立初期是中国冰雪体育文化的自我觉醒时期,以东北三省的健身、民俗体育项目为主;从1978年至20世纪后期,除了东北三省地区,北京、新疆积极加入,丰富了中国冬季体育文化,推动了中国冰雪体育文化的发展;21世纪以来,随着中国体育文化转型的内在需求,中国政府、社会、学校和家庭对冰雪体育文化产生了新的认知和探索,开创了自我创建阶段,推动了中国冰雪体育文化的发展和有效传播,增强了中国国家体育文化的软实力。[2]

中国进入新时代,中国冰雪运动进入新时代,世界也进入新时代,奥林匹克运动也进入了新时代。

(二)内容转向:奥林匹克教育的时代需要

冬奥会教育对象从专业人士转向普通大众。冬奥会教育对象随所处发展阶段的不同而变化。从1924年至二战期间,冬奥会运动员是直接教育对象,冰雪运动竞赛

---

[1] 费郁红,张稼旭,姚小林,等.文化自觉与我国冬季体育文化的传承与发展[J].沈阳体育学院学报,2016,35(1):55-58.

[2] 费郁红,张稼旭,姚小林,等.文化自觉与我国冬季体育文化的传承与发展[J].沈阳体育学院学报,2016,35(1):55-58.

不仅培养身心和谐的运动员,而且培育他们公平公正、追求卓越、友爱互助的骑士精神,优秀运动员表现的优秀体育精神具有示范性作用而感召大众,促进人们互相交流,消除隔阂,传递友好,实现世界和平。随着国际奥林匹克学院成立,冬奥会教育对象由奥运选手扩大至广大青年。随着奥林匹克运动的自身专业化发展,第一届国际奥林匹克学院青年研讨班开幕,共有 30 名委员和 175 名学生,随后越来越多的青年教师、学生、杰出运动员、教练员、体育官员、奥林匹克研究者和工作人员等加入此教育行列。20 世纪 80 年代,冬奥会教育进入全球化发展阶段,冬奥会教育对象继续扩大至学校青少年和儿童。申奥条件中,国民参与度亦是一项重要指标。2007 年,国际奥委会奥林匹克教育计划得到推广,使冬奥会教育普及更加广泛和深入。2022 年冬奥会,我国运用传统媒体和新媒体大力宣传,①鼓励人人参与冬奥会教育。

  冬奥会教育内容从相对单一到多样化转变。冬奥会教育内容根据自身的发展需要而变化。从初期冬奥会的文学艺术性内容,到二战后,冬奥会的政治教育内容,直至 20 世纪 70 年代国际奥林匹克教育计划的兴起,冬奥会教育内容越来越丰富,不但有冬奥会知识的教育,还有冬奥会文化教育活动,并逐渐向学校体育延伸。

  自 2018 年平昌冬奥会结束以来,2022 年冬奥会教育就有条不紊地推进,虽然有新冠病毒感染疫情的干扰,但由于中国政府的高效运行和中国人民的大力支持,奥林匹克教育顺利推进,结出了许多优秀奥林匹克教育硕果。随着时代发展提出新要求和新需求,2022 年冬奥会奥林匹克教育模式也表现出以下五个新特点。第一,新鲜的教育理念。2022 年冬奥会的教育理念包括生态教育理念、可持续发展理念、节俭教育理念,不同于 2008 年奥运会的教育理念,也不同于 2014 年青奥会的教育理念,不同于以往的奥林匹克教育理念,基于国情、奥林匹克运动的基础和实际情况,理念本身具有一定的时代价值和意义。第二,泛化的教育对象。奥林匹克的教育对象从初期只针对参赛运动员,到如今发展成面向全球普通大众,教育对象范围的广度越发宽泛,欢迎人人参与。第三,扩大的教育内容。奥林匹克的教育内容广泛,任何与奥林匹克运动相关的赛事、活动、榜样人物、价值观等都可以成为奥林匹克教育的内容。在奥林匹克教育的实践过程中,经过不断的改革和创新,教育内容不断扩展,不仅在体育领域,还在多学科领域,都已开发出与奥林匹克运动相关的教育内容,其教育内容的广度随着时代的发展还将不断扩大。第四,深化的教育范畴。奥林匹克教育不

---

① 郭兆霞.奥林匹克教育历史演变研究[D].北京:北京体育大学,2010:123.

是一成不变的,随着社会和时代的发展,不同时期均有不同的解读,人们对奥林匹克教育的研究越发深化,对奥林匹克教育内涵的挖掘越发深刻,由此深化了奥林匹克的教育范畴。第五,及时的教育要求。2008年奥运会是中国第一次举办的奥运会,奥林匹克教育比较注重基础性的知识教育,正因为2008年夏奥会教育打下的良好的奥林匹克文化基础,2022年冬奥会奥林匹克教育在2008年奥林匹克教育基础上,提出了更高的要求,更加强调奥林匹克精神内涵的传承,更加着重提升国际视野的世界公民教育等。

三、继承与发展:2022年北京冬奥会对2008年北京夏季奥林匹克教育模式的超越

(一) 对经典的继承:文化传承的规律使然

2022年北京冬奥会与2008年北京夏奥会都是以承办奥运会为载体实现奥林匹克教育的。两届奥运会教育都有各自的教育模式体系,有自身完整的教育者、受教育者、教育理念、教育内容、教育途径。两届奥运会都是以国际、国内广大高校的体育专家学者为引领,各层政府教育管理者积极推进,以全国的中小学体育教师为主力军,各条战线的教练员、运动员积极参加,共同组成奥运会的教育者。从受教育者层面看,其都是以广大的中小学生为主要教育对象,兼顾高校、家庭和社区,并不断扩大奥运会教育范围。从教育理念层面看,每一届奥运会都有每个时代明晰的教育理念。从教育内容层面看,其内容丰富多彩,形式多样,包括奥林匹克知识、活动、精神、价值观、思想和文化等,从各个层次对"完整的人"的教育进行再塑造,拓宽了学校体育教育的内涵和外延。从教育途径层面看,学校仍然是传授奥林匹克教育内容的主要场所。两届奥运会的教育计划都将奥林匹克教育纳入学校体育课程与教学,并组织开发奥林匹克教育课程资源,组织各高校、相关科研机构的奥林匹克专家学者开展专项研究,积极探索学校开展奥林匹克教育实践模式。

奥林匹克运动自1894年开始,创始人顾拜旦以其高屋建瓴的气概和胆略赋予了奥林匹克运动教育的内核,这也是奥林匹克教育的初心,希望教育人的身心,促进人和社会的和谐发展,改变世界,建立更加美好的世界。奥林匹克运动的后来人,一棒接着一棒,以自己的力量和智慧,将奥林匹克教育模式从无到有,不断丰富,不断发

展,不断传承。国际奥林匹克教育模式发展,经历了以下几个阶段。首先,因地制宜的继承。我们以日本为例,1964年,东京奥运会奥林匹克教育作为一种具有教育属性的宝贵遗产,是日本开展奥林匹克教育弥足珍贵的教学与科研素材,很多的经验也在后续举办的奥运会中得以传承与发展。1972年札幌冬奥组委联合诸多部门在冰雪运动知识、文化艺术、庆典仪式方面延续1964年东京奥运会奥林匹克的优秀成果①,1998年长野冬奥会奥林匹克教育的"一校一国"活动教育模式更是往届奥运会奥林匹克教育的积累和沉淀,成为当年奥林匹克运动中的闪光点。其次,与时俱进的探索。1976年,蒙特利尔"系列计划"教育模式是"知识普及"教育模式的雏形,是20世纪70年代进行奥林匹克教育的有益探索,但也只是在魁北克省一个小范围内摸索实施的一次创举。而到了12年后的卡尔加里冬奥会,加拿大的教育专家们、奥林匹克专家们、课程专家们在卡尔加里冬奥组委成立了教育课程委员会,在蒙特利尔"系列计划"教育模式的基础上,进行了与时俱进的改造升级,开创了卡尔加里奥林匹克教育"知识普及"的经典教育模式,对不同年龄段的学生、教育主体、教育内容、教育途径等等都进行了系统化的升级。这种经典的奥林匹克教育模式一直被后来的奥运会沿袭至今。最后,本土化的改进。本土化指奥林匹克教育体系的本土化,奥林匹克教育组织的本土化,奥林匹克教育活动的本土化,等等。每个奥运会举办国都有各自政治、经济、教育、文化等方面的国情,其体育文化、传统体育文化、学校体育教育文化等基础不同。如何使奥林匹克教育与之互相融合,丰富文化、教育和体育文化,促进人的全面发展,推动奥林匹克运动的发展,将奥林匹克精神广为传播,是每个教育者都需要认真思考的问题。2022年冬奥会奥林匹克教育模式不但传承国外经典冬奥会奥林匹克教育模式好的做法,还进行本土化的改进和实施,如探索知识普及教育模式、特色主题活动教育模式、奥林匹克课程教育模式等等。我们还要继承我国2008年北京奥运会奥林匹克教育模式的经典部分,如建立奥林匹克教育示范学校、"同心结"活动等等,同时继承2014年南京青奥会教育模式,如注重世界文化村、体育网络平台搭建等等,这些都对2022年冬奥会奥林匹克教育模式的构建有极大的借鉴价值。

---

① 董国忠,王润斌,周鹏程.2020年东京奥运会背景下日本学校奥林匹克教育的实施特征与镜鉴启示[J].体育学研究,2021,35(5):71-79.

(二) 对经典的超越:教育发展的内在需要

表 3-1 两届奥运会不同之处

不同点	2008年奥运会	2022年冬奥会
教育者	体育专家、学者、体育教师、教练员、运动员	体育专家、学者、体育教师、教练员、运动员
受教育者	全国中小学生(重点是北京和其他五个赛区,其他地区因地制宜,鼓励有条件地区开展奥林匹克教育工作)	全国中小学生
教育理念	绿色奥运、科技奥运、人文奥运	生态发展理念、可持续发展理念、节俭理念
教育目标	传播奥林匹克知识,弘扬奥林匹克精神、运动精神,形成北京奥运会教育遗产	人类命运共同体,促进"三亿人参与冰雪运动",大力普及青少年冬奥运动,形成具有中国特色的奥林匹克教育模式
教育内容	夏奥会教育价值内容(理念、知识、技能、活动)	冬奥会教育内容(理念、知识、活动、价值观)
教育途径	学校+传统媒体	学校、传统媒体、新媒体

奥运会之所以能够从众多世界性的体育赛事中脱颖而出,成为竞技体育的最高盛会和现代体育的发展核心,主要在于国际奥委会强大的项目支撑,以及知识普及和不断增强的群众运动基础,这些都为奥运会的世界影响力的形成及其高标准的发展创造了条件。因此,承办国进行冬奥会教育时,都要从冬奥会主项目入手,在竞赛常识、赛事内容、项目欣赏价值、体育精神的传递等层面普及冬奥会项目知识,这是历届冬奥会教育的最主要、最核心、最富有成效的教育模式,也是2022年冬奥会教育的主要宣传模式。

竞技运动与艺术、培养品德高尚公民的教育制度共同构成了古希腊文明的三大支柱[①],因此,奥林匹克精神教育既是奥林匹克运动的核心,也是实现奥林匹克教育的重要途径。1996年国际奥委会第105次全会上通过《奥林匹克宪章》,形成了包含奥林匹克主义、奥林匹克精神、宗旨、格言、名言等在内的具有完整体系的奥林匹克价值观。虽然数百年来经历着快速发展的国际环境、不同文化的冲突和竞技体育商业化、政治化等多重冲击,但"更快、更高、更强、更团结"的奥林匹克新格言和罗格的"卓越、友谊、尊重"的奥林匹克价值观都在影响着青少年树立正确的价值观,帮助青少年完

---

① 刘润珍,孙海泉.借冬奥契机推动张家口市冬季体育运动的发展研究[J].科技经济市场,2015(3):146.

善其内在人格和形成价值目标。历届冬奥会教育模式都注重冬奥会奥林匹克精神的弘扬。研究冬奥会奥林匹克教育模式,也有助于我们确定冬奥会教育目标,从多层面整合资源,探索新教育模式,对奥林匹克精神价值进行新的开发和完善。

2014 年,国际奥委会通过《奥林匹克 2020 议程》,这部改革方案进一步详细描述了奥林匹克价值体系,即卓越、尊重、友谊、宽容、平等对话、多元文化、没有歧视、公平公正、团结、发展、和平。《奥林匹克 2020 议程》的核心是可持续发展、提高公信力和人文关怀,强调以运动员为中心,树立"干净的运动员"和"干净的奥林匹克运动形象",发挥示范作用以影响青少年和全人类。国际奥委会主席托马斯·巴赫"希望这些价值观在社会中得到实现"。21 世纪以来,奥委会两次关键的奥林匹克价值观的完善,都特别注重人文教育的教育模式,不仅深化了奥运会的文化、价值影响,更使得奥运会在当代社会多元文化冲击下强化了对奥林匹克教育目标的遵循,扩大了影响力和获得了坚实的群众基础。历届冬奥会都注重冰雪运动活动的开展,这也是我们开展冬奥会教育的一个视角。

1. 建立环境奥运理念,力保高标准冬奥会环境建设

体育、文化和环境是奥林匹克运动的三大主要内涵,是奥林匹克运动的重要构成元素,环境作为举办国对外接待水平和能力的一个重要显性指标,是国际奥委会对申办国进行考核的"三大支柱"指标之一。在 20 世纪 90 年代初期,国际奥委会对环境问题的关注发生了根本性转变。奥运会决定将环境效应纳入奥运全球化发展的需求中,并将"环境"指标的考量纳入申办城市报告的分析当中,提出相应的环保要求。北京联合张家口之所以申办 2022 年冬奥会成功,其原因之一就在于通过了国际奥组委对于环境的考量。2022 年"北京—张家口"冬奥会申办城市的评估报告指出,北京承办冬奥会最主要的风险和质疑来自环境担忧,包括北京空气质量、张家口人工造雪对水资源的消耗与本地居民正常生产、生活之间的平衡矛盾,延庆赛区建设对生态系统带来的可能性破坏等几大主要问题。北京冬奥会的一大主要目标就是要解决北京、张家口环境问题。[1] 因此加强开展环境教育,提升全国上下环境意识和启迪环境保护智慧是北京冬奥会教育的创新内容。2022 年冬奥会教育模式的新探索首先从环境教育入手,以"可持续发展"理念为先导,发扬 2008 年北京绿色奥运理念,契合并践行《奥林匹克 2020 议程》。环境教育的开展在举国上下形成强烈的环境发展意识和理念,并影响着我国形成环境治理和环境保护性发展的重大工作思路,2022 年冬奥会

---

[1] 马晶.冬奥会背景下的成人双外语教育策略研究[J].学周刊,2017(1):12-13.

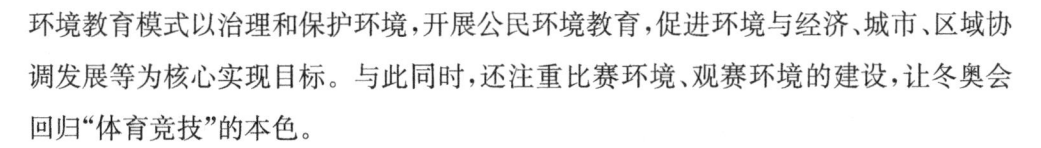

环境教育模式以治理和保护环境,开展公民环境教育,促进环境与经济、城市、区域协调发展等为核心实现目标。与此同时,还注重比赛环境、观赛环境的建设,让冬奥会回归"体育竞技"的本色。

2. 创新冬奥会教育参与主体,加强自上而下学校教育

由于特殊的地缘关系,冰雪项目一直是中国竞技体育的弱项,经过多年发展我国已经形成以短道速滑为优势项目,以速度滑冰、花样滑冰、自由式滑雪、冰壶为潜优势项目的发展格局,当今已具备较强的国际竞争力,并成功锁定第二梯队。但我国冬季项目存在南北籍贯构成、男女性别不均衡性发展和"北冰南移"发展思路难以落实等问题,使得我国民众对冰雪运动的认知和群众基础建设相对薄弱,虽然正在逐步改善,但成效并不显著,同时,这也是由于冰雪运动项目的教育对象过窄,教育参与主体过于强调专业化。因此,创新冬奥会环境教育模式的第二个思路就是要扩大冬奥会教育参与主体,加强自上而下的学校教育,扩大冰雪运动影响。2022年冬奥会以学校、学生为参与主体的教育模式扩大了冬奥会教育参与主体。姚家营中心小学奥林匹克教育的成功开展,为奥林匹克教育在农村小学的推广提供了有力参考和佐证,这是进入北京2022年冬奥会周期以来,奥林匹克教育的一次突破。之后,依托自上而下的学校教育快速整合政府、中小学、高校、企业等多方扩大力量的奥林匹克教育模式,无疑对于扩大冬奥会社会影响力、扩大冰雪运动的影响力有创新性的重要作用。[①] 实践证明,通过加强自上而下学校教育使得冬奥会运动项目的开展更加深入,对于激励青少年积极参与冬奥会是非常有时代价值的创新之举。

3. 优化语言教育手段,推进人文教育软实力建设

人文素养和人文精神对于冬奥会来说不仅意味着举办地环境的优化,更是承办国国家形象与软实力的集中展示。举办奥运会已成为开展国家营销、提升国家软实力和实施国家形象战略的重要举措。在以往的冬奥会中,承办国往往借助赛事赞助理论、认知心理学等相关领域研究成果,研究奥运会对国家形象影响力的作用机制,但很难在商业化、利益化中保持平衡。而人文教育却可通过人文环境的建设、人文素养的提升和人民体验度的提升等有效弱化现代竞技体育中的商业化、利益化元素所带来的不利影响,并能成功提升承办国、承办地的文化影响力。2022年冬奥会人文软实力的建设中,教育部支持有条件的北京普通高校与地方政府共建具备人才培养

[①] 修月,宗克强,张良祥,等. 新时期背景下黑龙江省"区域高校联盟"冰雪人才培养可行性研究和展望[J]. 青少年体育,2019(2):136-138.

集聚、科研成果转化等综合功能的创新服务基地,与河北省高校共建研发平台或分支机构。这些政府举措无疑为我国人文奥运的教育模式探索了新途径和新的努力方向。因此依托校内外丰富的教育资源,坚持共享共用、互惠互利发展原则,加强人文教育软实力建设探索,冬奥会必将取得前所未有的努力成效。2008年奥运会上,中国7万名奥运志愿者给全世界留下了极好的服务印象,他们在礼宾接待、语言翻译、交通运输、安全保卫、医疗卫生等方方面面的支持,已经成为北京对外窗口的一张亮丽的名片。其中外语的重要桥梁作用不可忽视。因此,在新形势、新需求下,创新冬奥会教育模式,推进人文教育软实力建设目标稳步实现的第三大创新探索可从优化语言教育方法入手。我们可在中小学、高校和社区等诸多层级教育单位和行政单位中加强普及奥运英语和法语的教育,以利于做好翻译、接待、医疗等服务,展现我国广大群众对奥运会的热情,使国际交流更方便与顺畅。

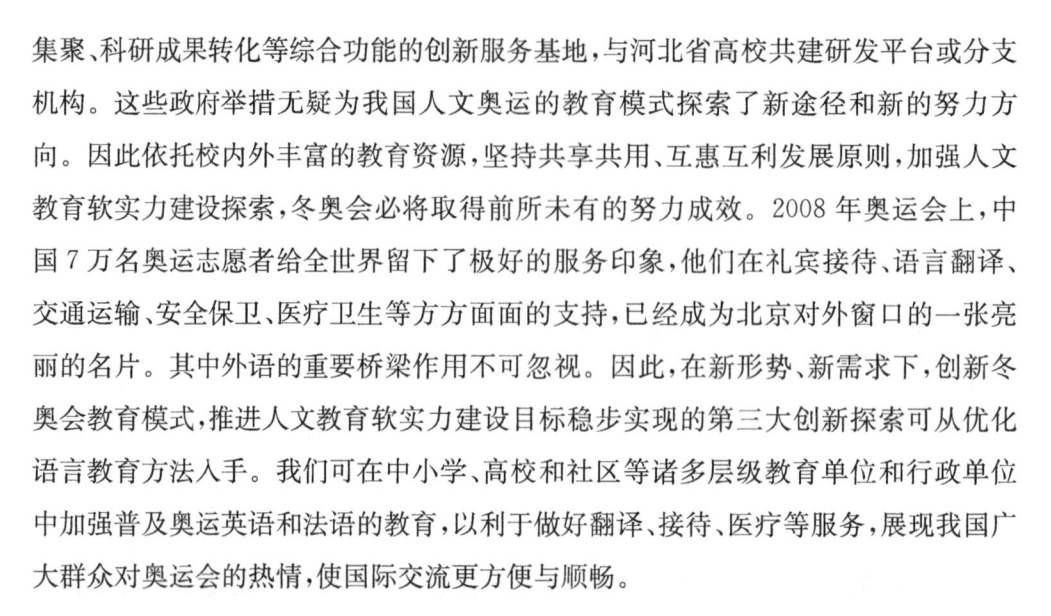

4. 创新奥运意识发展教育,落实多元发展理念

2022年冬奥会作为一个重要的奥运媒介,北京、张家口进行承办,并非只是单纯地完成承办一个高规格的国际赛事这一单维目标,而是借助冬奥会的举办契机和国际资源的合力,寻求更高层次的发展。创新冬奥会教育模式,我们最重要的探索应该是回归发展教育意识,以意识的创新与发展作为落脚点和归宿。2022年冬奥会的成功举办,给中国带来的最大收益就是创新能力和创新意识得到了前所未有的激发,成效也非常显著。冬奥会教育模式创新探索最为重要的一个方向和途径可放在奥运教育意识发展的创新探索上,主要是坚持科技奥运,落实人才、科技等多元发展理念。为此,需要强化冬奥会教育网络和课堂教育资源的完善和开发。不难看出,创新意识的激发对于冬奥会教育的开展有巨大价值。我们可以根据人群的接受能力采用逐级加强的举措进行创新意识渗透与激发,不仅可将冬奥教育纳入学校常规教学,开展丰富多彩的冬奥知识普及的文化活动和冬奥会运动项目宣传活动、主题班会、冬令营等,还可以组织青年学生参观冬奥展览馆,体验冬奥、残奥项目和青年大使选拔活动,通过具有一定能力要求的活动激发他们的创造与参与意识,唤醒奥运激情。参与冬奥会口号、火炬创意征集和火炬传递、开闭幕式等相关文化活动,组织各种冬奥艺术表演,开展我国南北方青少年的冰雪运动交流,开展"一带一路"沿途热带、亚热带国家冰雪运动交流、培训活动,邀请冰雪运动水平比较高的国家的教练、运动员来中国交流,做好志愿者招募、培训和保障等工作,不断提升服务水平和能力,以友好和微笑传递冬奥会的理念,弘扬奥运精神。

2022年北京冬奥会教育模式是在2008年夏奥会教育经验的基础上建立,即在积极借鉴国际、国内经典奥林匹克教育模式的基础上逐步构建的教育模式。

首先,继承奥林匹克原有教育理念。冬奥会教育一贯继承奥林匹克宗旨、格言、精神,教育是奥林匹克运动的核心观念,积极传播奥林匹克知识和教育理念,以运动为载体传播奥林匹克人文教育价值,并在此基础上,随时代发展需要,与时俱进,不断调整和发展。2022年冬奥会申办理念是:以运动员为中心、可持续发展、节俭办赛。2015年11月,习近平总书记提出"绿色、共享、开放、廉洁"这四个办奥理念,其中,"绿色办奥"理念从2008年夏奥会就一以贯之。

其次,发展奥林匹克教育内容。冬奥会的教育内容更加丰富多彩,除了奥林匹克知识体系、活动体系等,以北京、河北为中心,以东北、华北和西北等北方地区为重点,将冬季运动纳入学校体育教学内容,因地制宜,向全国辐射,大力推广冰雪项目教育、价值观教育,扩大中国冰雪文化教育范围,推动冰雪运动普及。

再次,更新奥林匹克教育手段。科技发展日新月异,早在2012年初,在"互联网+"背景下,奥林匹克教育也发生着更加多元的变化。不仅通过体育课堂教育等传统手段普及冬奥会常识,还应该加强现代科技教育手段对冬奥会教育进行探索,加强传统媒体与冬奥会教育的融合,新媒体的井喷式发展也为冬奥会教育创造了更多机会,青年一代对新媒体教育的运用相当普及,尤其在后疫情时代下,冬奥会教育需要因时因地制宜,科技加持,不断更新和创新教育手段。

最后,加速冬奥会教育周期。奥林匹克教育周期是指从这届奥运会到下届奥运会开幕,连续4年的时间,称为奥林匹克周期。2022年冬奥会很特殊,自2019年12月,疫情对人类的学习、生活、社会运行、各行各业均产生了重大影响,打乱了人们的正常生活,致使一些生活方式、学习方式发生了些许改变,人们对自身的生命健康尤其重视。2022年冬奥会时期,全国中小学校积极行动起来,采用"线上+线下""校内+校外"相结合的教育模式,为促进学生全面发展,推动学校冰雪运动的大力发展,加速冰雪体育运动的推广,为建设体育强国而努力。

2022年冬奥会的成功举办再一次验证了中国的实力,但后续还有诸多工作亟须我们进一步深入探索。2022年北京、张家口联合承办冬奥会正是中国在社会主义建设新阶段出于对区域经济与资源的协调、联动发展考虑而提出的,①因此面对新的发展需求和定位,我们2022年冬奥会的教育开展模式、教育定位、结构和开展成效都与

---

① 薛东."自主·探索·体验·力行"之冬奥教育[J].中国教育学刊,2019(5):106.

以往有所不同,是根据冬奥会的承办要求和我们自身发展要求进行创新与发展探索。在2022年冬奥会教育模式的新探索中,主要有以下四个方面的创新性与建设性探究:首先,提出建立环境奥运理念,以"自然—生态—城市"环境和奥运人文环境两大主线进行环境教育探索,坚实打造冬奥会环境教育基础,力保高标准冬奥会环境建设水平。其次,提出创新冬奥会教育参与主体,特别是加强利用好自上而下的学校教育这个优质的载体,以冰雪运动的发展为出发点,打通学校—社会—企业—科研单位院所的合作与融合发展,全方位、立体化、多视角扩大民众对冰雪运动的认知,提升我国冰雪项目上的综合影响力与竞争力。再次,创新优化语言教育手段,通过奥运外语教育和体育外语这两个切实可行的推广途径实现人文教育软实力建设的现实推进,以"人的发展"为最终归宿,提升我国人文教育的真正软实力。最后,创新性地提出奥运教育发展意识,通过发散性思维,全面创新我国冬奥会多领域、多行业、多层面的发展意识,特别是将科技奥运、人文奥运、绿色奥运等发展理念加以落实,真正兑现了我国冬奥会的申奥诺言和承办理念,使我国2022年冬奥会呈现了与众不同的特色与成就。

【本章小结】

1. 人类命运共同体是奥林匹克运动的上位概念,奥林匹克运动是现代人类社会最具影响和共享价值的宏大的体育文化活动,两者都是全球化的产物。两个领域的追求目标一致,人文价值一致,全球观一致。冬季奥林匹克教育模式体系是实施冬奥会教育的基础,重塑冬奥会教育模式具有自身的意义与价值,冬奥会新型教育模式的构建需要与之对应的理念、机制作为支撑,在构建人类命运共同体的事业中扮演重要角色。

2. 冰雪体育文化是指在冰雪地域的自然环境中从事日常生活的人们,以冰雪生态环境为基础所采取的或所创造的,具有冰雪符号的生活方式,包括冰雪体育的历史文化、冰雪意识形态文化、冰雪服饰文化、冰雪场馆器材文化、冰雪竞技文化、冰雪艺术文化、冰雪娱乐文化和冰雪健康文化等。

3. 世界呼唤新的奥林匹克教育模式,与时俱进是奥林匹克教育的本质规定,奥林匹克教育内容的转向是奥林匹克教育的时代需要。

4. 2022年北京冬奥会奥林匹克教育模式是对2008年北京夏奥会奥林匹克教育模式的超越,这不但是对经典奥林匹克教育模式的继承,更是对以往奥林匹克教育模式的发展。

第四章 抚今思昔:我国奥林匹克两大经典教育模式阐释

我国奥林匹克教育一直将传播普适性的奥林匹克知识、奥林匹克价值在一定程度上与本国国情、中华民族优秀文化相结合,在吸收西方优秀教育思想的基础上,在中国的教育大地上生根发芽,也结出了丰硕的教育果实。2008年北京奥运会教育模式、2014年青奥会教育模式,都是我国奥林匹克教育模式的经典,这两者都对2022年冬奥会奥林匹克教育模式具有一定的借鉴意义,它们为世界体育文化的繁荣发展做出了自己独特的贡献。

一、2008年北京奥林匹克教育模式阐释

(一) 教育理念先行

2008年北京奥组委在第二次申报第29届奥运会时,提出了"绿色奥运、科技奥运、人文奥运",这三大教育理念被郑重地写入《北京奥运行动规则》。北京奥运会的口号是:"同一个世界,同一个梦想",这寓意人类是一个整体。其中,人文奥运是灵魂,不但传播奥林匹克文化和思想,还充分展示了中国传统价值观与奥林匹克精神的融合,在中国传统文化基础上,更加体现体育文化的人文性、多样性、多元性,强调"以人为本",教育人们推动中外文化的交流,促进人与人、人与自然、人与社会的共同和谐发展。绿色奥运,代表着在奥林匹克运动发展过程中,对奥运会举办城市、场馆、交通、自然和生态环境的要求,也指与奥运会相关的物质和意识方面的"绿色",鼓励人们保护环境、保护生态。科技奥运是指把现代科学技术多角度、多渠道地融入奥林匹克运动,包括信息科技网络、新材料科技、信息服务系统、药物检测系统、节能技术等,体现了奥林匹克运动发展的时代性。

(二) 教育模式概述

2008年北京奥运会教育模式是指在政府强有力的教育动员下,制订教育计划,学校自发参与,充分发挥创造精神,从不同层次成立组织运行机构,围绕奥林匹克运动举行各式各样的具体活动,媒体参与大力宣传,开展以"奥林匹克教育示范校""同心结"等为中心的特色教育活动。要完成上述教育模式,需要后续的保障条件:首先,成立国内、国际的奥林匹克专家团队,全员培训教师队伍,编写奥林匹克教育读本、教材,指导学校奥林匹克具体工作,开展奥林匹克教育的行动研究;其次,学校通过"示范"和"辐射",将奥林匹克教育推向家庭和社区;最后,北京奥运会教育模式,不仅在国内大力推广,也通过"同心结"活动向国际社会推广。2008年北京奥运会教育模式运行非常成功,为奥林匹克运动多元化发展奉献了"中国力量",丰富了奥林匹克文化,留下了丰富的奥林匹克教育遗产。

(三) 教育模式的运行

1. 组织运行教育模式

国际奥委会重视奥林匹克理念和精神在全世界的推广,鼓励并支持各下属单位和相关部门积极开展多种形式的奥林匹克教育系列活动,国际奥林匹克学院聘请知名国际奥林匹克专家学者培养专业的奥林匹克人才,组成奥林匹克专家指导团队,为奥运会奥林匹克教育提供保障和指导。北京奥组委新闻宣传部、教育部基础教育司、政府是保证奥林匹克教育进学校的重要机构,是推动奥林匹克教育这种社会公共产品的重要战略机构,制订《"北京2008"中小学生奥林匹克教育计划》,全面贯彻"人文奥运、绿色奥运、科技奥运"三大理念,推动"同一个世界、同一个梦想",致力于中小学体育运动发展,培养青少年综合素质,弘扬奥林匹克精神,努力为北京奥运会营造良好的人文氛围。各省、各市、各地区教育委员会按照教育计划的要求组织实施,专家团队、中小学校、国家奥林匹克学院及研究中心、体育运动组织与机构、媒体、赞助商及机构等都是2008年冬奥会的具体实施方,根据2008年北京奥林匹克教育组织结构图显示,这四层组织对奥林匹克教育的上传下达、组织实施起到了承上启下的作用。从横向上来说,每一层级组织之间是互相影响、共同促进的关系;从纵向上来看,自上而下是层层推进、教育管理的指导职能关系,自下而上是层层向上反馈的关系,互相支持,共同形成 2008 年北京奥林匹克教育组织结构网络,形成组织运行教育模式,①保障了 2008 年奥林匹克教育的顺利开展并取得巨大成效。

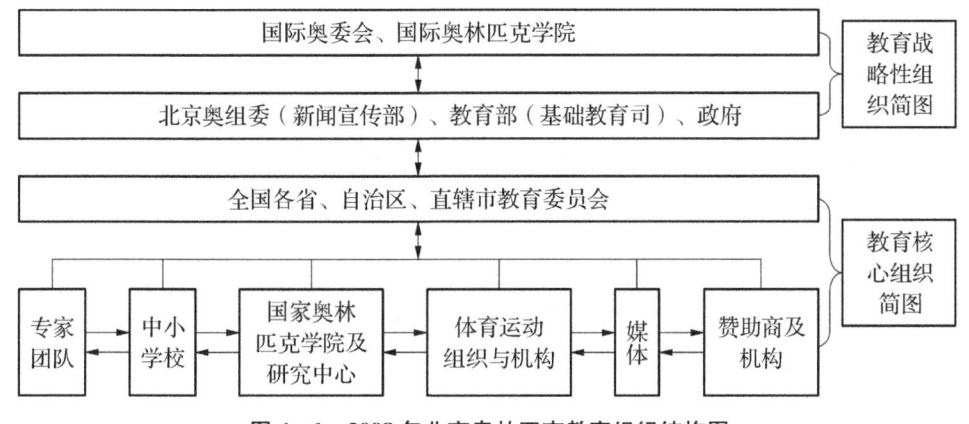

图 4-1　2008 年北京奥林匹克教育组织结构图

2. 具体活动教育模式

学者熊斗寅先生认为奥林匹克教育有广义和狭义之分。广义来说,一切奥林匹克活动都是奥林匹克教育,狭义来说,奥林匹克知识体系教育可以理解为狭义奥林匹克教育。2008 年奥运会具体教育活动精彩纷呈,按照各奥林匹克活动所属的不同类别,可分为下列三种类别。

(1) 奥林匹克知识体系教育模式。此教育模式紧紧围绕奥林匹克历史、思想、宗旨、宪章、原则、教育理想、教育价值等偏理论的教育,普及奥运知识,宣传举办北京奥运会理念等工作,北京奥运会和残奥会的竞赛项目、观赛知识等,进一步拉近广大中小学生与奥运会的距离,推动中小学校的体育运动发展,促使广大学生养成锻炼身体的好习惯。② 例如,北京市东方德才学校将奥运知识讲座分为奥运寻根、现代奥运会、中国与奥运三个部分共八讲,对广大师生宣传教育。

(2) 奥林匹克主题活动教育模式。它其实是一种实践模式,包含多种类别多种形式的主题活动:如与社会公德相融合的"奥运会礼仪教育",与国际教育相结合的"一班一国",与奥运历史相融合的"模拟奥运会",参观奥运博物馆,与音乐相关联的编唱奥运歌曲活动,与奥运相关的社会调查,与生态相关的环保教育,等等。它的特点是范围广泛,内容非常丰富。如:北京市第四中学采取"模拟联合国"主题教育活动,开阔学生国际视野;北京市第四十四中学召开"心理健康主题班会"教育活动,渗透奥林

---

① 郭兆霞.奥林匹克教育历史演变研究[D].北京:北京体育大学,2010:72-83.
② 郑秋荣.奥林匹克运动的文化教育[M].汕头:汕头大学出版社,2008:107-109.

匹克精神,学会与他人沟通技巧等。

(3)"同心结"国际交流教育模式。2006年12月,北京奥组委和教育部共同启动奥林匹克教育"同心结"活动,使北京200余所中小学校有机会与国际奥委会大家庭各成员国"携手",一一结对,学习结对国家和地区的语言、地理、人文、历史、民俗等知识,为成员国代表团举办欢迎仪式,学校的国际交流活动使多位大使级官员走进北京中小学校,推动了北京学校教育的国际化进程,为北京教育拓展全球视野提供了绝佳平台。如北京西城区民族团结小学与克罗地亚马可波罗故乡的一所学校喜结"同心结"姐妹校,克罗地亚大使亲自到学校,共同启动中国与克罗地亚的"同心结"活动。在学校,学生们与大使、奥运冠军高敏有多次互动:揭牌、典礼、艺术活动等。奥林匹克教育在孩子们心中播下友谊的种子。

3. 学校自主教育模式

为举办一届"高水平、有特色"的奥运盛会,北京奥组委和教育部启动了第29届奥运会的中小学生奥林匹克教育计划,我们清晰地认识到全国中小学校是奥林匹克教育的主阵地,所以通过在全国范围内建设和命名"北京2008奥林匹克教育示范学校"的方式积极推行,加强学校体育工作。2008年奥运会期间,中国在北京地区命名了200所奥林匹克教育示范学校,在山东、上海、天津、沈阳(除北京外)等全国各省、市及地区命名了356所奥林匹克运动示范学校,通过这种方式对全国进行辐射,对全国4亿青少年进行奥林匹克教育,其规模宏大,教育成果卓越。为了使中小学校广泛参与,政府教育部门组织相关体育教师参加奥林匹克教育培训,使教师成为开展学校奥林匹克教育的重要力量,大家自主探索并积极创造奥林匹克教育各种形式和内容。北京市奥林匹克教育办公室出版了一批奥林匹克教育读物和系列丛书,其中,《北京奥运会中学生读本》和《北京奥运会小学生读本》为奥林匹克教育示范学校的规定读本。广大中小学校充分施展广大教师和学生们的聪明智慧和创造性,使得中小学奥林匹克教育无论从内容和形式上都有别于历届奥运会的相关教育活动,随着德育、美术、音乐、舞蹈、英语、数学、语文等各学科老师的加盟,各个学校的"自选动作"越来越精彩,涌现出一批优秀的奥林匹克教育示范学校。北京羊坊店中心小学既是北京市第一批奥林匹克示范学校,也是学校自主进行奥林匹克教育的杰出代表,它将奥林匹克教育理念和精神深深融入学校的发展,借奥林匹克教育契机,逐步形成羊坊店小学奥林匹克教育理论体系。羊坊店小学紧紧抓住奥林匹克教育这样一个教育机遇期,将学校发展与奥林匹克发展相融合,成为2008年北京夏奥会举办前奥林匹克教育大放异彩的学校,其奥林匹克教育办学理念为"和谐,超越",奥林匹克教育办学目标为"办国际化奥林匹克教育卓越学校",育人目标为"培养具有国际素养的小公民",校训为"让优秀成为习惯,让习惯成就卓越",口号为"做最好的自我"。其在奥林匹克教育实践中,形成了自己独特的校本课程,自主研发了《奥林匹克精神浸润下的教育》系列教材,以教材为有形载体弘扬奥林匹克精神,并一直实践至今。[①] 羊坊店小学作为2008年夏季奥运会和2022年冬季奥运会进行奥林匹克教育的学校,是如何继承以往奥林匹克教育,并在此基础上发展起来的?通过一直是北京冬奥巡讲团成员的周晨光老师的细致介绍,我们对此有所了解。首先他们坚信奥林匹克教育育人的功能。羊坊店小学因为领导的重视、教师们二十年如一日的热诚和责任心,将奥林匹克运动教育理念、教育形式、教育方法揉碎,细化为一个个可见的奥林匹克教育产品,创新设计并制作相关奥林匹克课程和活动,以课程的形式、教学的形式、仪式化的形式等等,继续深化为学校日常工作的点点滴滴。有载体、有传承,一点点的累积,羊坊店小学是2022年北京市冰雪运动特色学校,作为"双奥"学校,在以往奥林匹克教育的基础上,继续开拓、创新,建立"冰雪教室",地面全面铺设仿真冰面,学校开发冰球、滑冰、冰壶等系列冬奥课程和项目,宣传冬奥文化,传递冬奥梦想。在校园里,"体育课联排"正成为新时尚,即同一个年级的体育课排在一个时间段,这样既便于开展集体性的教学,也便于年级间开展比赛,以赛促练,提高学生上体育课的积极性。羊坊店小学校长张卫东把体育教育作为学校第一大教育,逐渐摸索出了一条"大体育"之路。

4. 媒体宣传教育模式

奥林匹克理念和文化只有被传播,才是有生命力的体育文化,而媒体是当仁不让的重要且高效的载体,承担着奥林匹克教育的职能,传播奥林匹克思想与精神,以全新的视角和方式去教育广大青年学生努力做一个身心和谐发展的人。在2008年奥运会奥林匹克教育周期中,主要通过电视、广播、报纸、网络四种媒介的传播,教育学生,同时激励社会继续向前发展。奥林匹克教育媒体传播的实践包括三个层次的内容。第一,对奥运会赛事的报道。在奥运会赛况的传播过程中,点评奥运赛事、奥运冠军、体育明星永远是赛场的焦点,可以体现优秀榜样的教育价值。第二,对奥运会赛事组织等信息的报道。各层级的奥运会的场馆、设施、赛事组织、赛会运转等大量信息的传播,加大了人们对国际顶级赛事的了解,扩大国人的体育视野和素养。第三,对奥运精神和文化的报道。通过雅典的奥运圣火采集、圣火全球传递、国内火炬传递、奥运会周期内举行的

[①] 陈晓桐.后北京奥运时期羊坊店中心小学奥林匹克教育研究[D].北京:首都体育学院,2019:36-39.

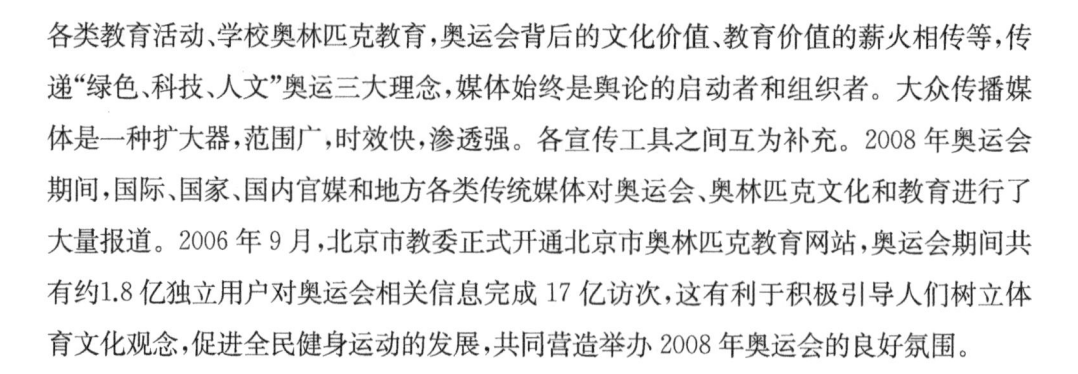

各类教育活动、学校奥林匹克教育、奥运会背后的文化价值、教育价值的薪火相传等,传递"绿色、科技、人文"奥运三大理念,媒体始终是舆论的启动者和组织者。大众传播媒体是一种扩大器,范围广,时效快,渗透强。各宣传工具之间互为补充。2008年奥运会期间,国际、国家、国内官媒和地方各类传统媒体对奥运会、奥林匹克文化和教育进行了大量报道。2006年9月,北京市教委正式开通北京市奥林匹克教育网站,奥运会期间共有约1.8亿独立用户对奥运会相关信息完成17亿访次,这有利于积极引导人们树立体育文化观念,促进全民健身运动的发展,共同营造举办2008年奥运会的良好氛围。

(四)教育模式的创新点

2008年北京奥林匹克教育模式,从组织管理的角度看,政府配合奥组委、教育行政机构全力负责推进奥林匹克教育各项工作,既建立顺利通畅的组织机构,也制订符合本国、本地区的奥林匹克教育计划。2008年奥运会奥林匹克教育的组织,其动员与参与的范围之广、规模之广,是往届任何一个奥运会主办城市所不具备的,也是奥林匹克教育史上的一次创新。从教育活动体系看,奥林匹克教育"示范学校"和奥林匹克教育"同心结"交流活动,具有全球多元文化色彩,是2008年北京奥运会奥林匹克教育的自我创造,经过细致的策划、得力的组织,成为奥林匹克的国际理解教育的亮点。从奥林匹克教育文化传播的视角看,奥林匹克教育文化传播不仅要认识奥林匹克教育是什么,还要对它进行本土化的改造,既吸收了本土优秀的体育文化,也融合了奥林匹克文化,使2008年奥林匹克教育文化变成了全世界共享的新文化,让世界接触、了解、理解中国文化,展示了中国独特的文化魅力,同时也开阔了中国人的国际文化视野,丰富了中国博大的体育文化,尤其是学校体育文化等。

二、2014年南京青奥会教育模式阐释

(一)教育理念表征

2014年青奥会教育以"与青奥共成长"为理念,追求竞技、文化和教育三者之间的平衡,回归青奥会"教育青年,教育社会"的本意,传播"卓越、友谊、尊重"为核心的教育价值观。2014年青奥会的口号是:"分享青春、共筑未来"。南京青奥会是继新加坡之后的第二届,青奥会本身需要继续成长,青年人、青奥会、南京和世界共同成长。青奥会的教育理念是以青奥会运动为载体,向大众尤其是青年传播奥林匹克知

识体系、文化体系,培养大众健康的生活方式,用青奥会理念推动学校体育的健康发展。青奥会提倡节俭的教育理念,相较于奥运会而言,青年奥林匹克运动会规模小,是一个针对青年人的舞台,倡导文化教育活动,为世界青年进行国际文化交流搭建了平台。

(二)教育模式概述

2014年南京青奥会教育模式是指南京市政府部门将社区、家庭等组织融入青奥会文化建设中,制订教育计划,组建"政府、学校、青奥会运动、青年、社区、家庭"六位一体的青奥会文化教育模式,将青奥会文化和文化教育相融合,使青奥会文化发展有了较好的实践基础,实现青奥会文化对广大青年的真正教育。政府是青奥会教育模式的主要组织者,组建了青奥会文化的教育大平台;青年是青奥会文化主要的教育对象;学校是进行青奥会文化教育的主要场所;青奥会运动是实现青奥会教育文化的载体;社区和家庭是实现青奥会教育文化的重要推动力,扩大了青奥会文化教育的社会影响力。

(三)教育模式的运行

1. 组织运行教育模式

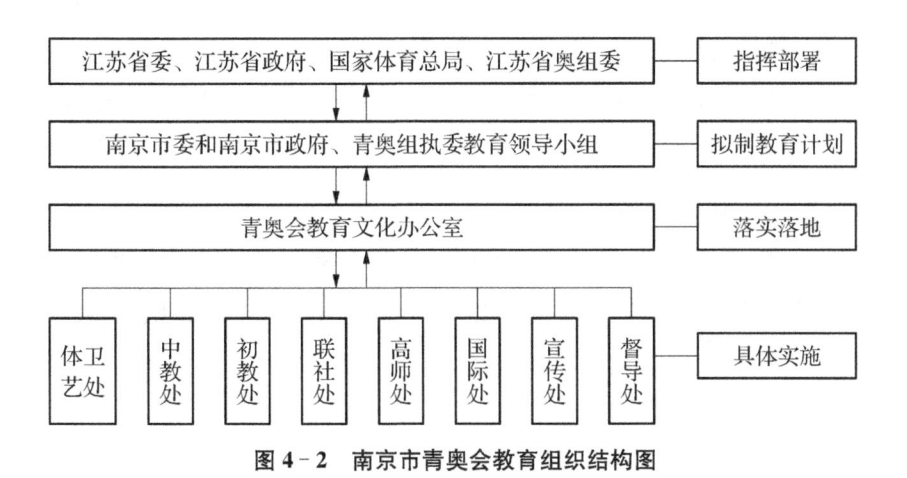

```
┌─────────────────────────────────────────────┐     ┌──────────┐
│ 江苏省委、江苏省政府、国家体育总局、江苏省奥组委 │ ──→ │ 指挥部署 │
└─────────────────────────────────────────────┘     └──────────┘
                      ↕
┌─────────────────────────────────────────────┐     ┌──────────────┐
│ 南京市委和南京市政府、青奥组执委教育领导小组      │ ──→ │ 拟制教育计划 │
└─────────────────────────────────────────────┘     └──────────────┘
                      ↕
┌─────────────────────────────────────────────┐     ┌──────────┐
│          青奥会教育文化办公室                    │ ──→ │ 落实落地 │
└─────────────────────────────────────────────┘     └──────────┘
    ↓    ↓    ↓    ↓    ↓    ↓    ↓    ↓
  体卫  中教  初教  联社  高师  国际  宣传  督导        ┌──────────┐
  艺处   处   处   处   处   处   处   处           │ 具体实施 │
                                                    └──────────┘
```

图4-2 南京市青奥会教育组织结构图

南京2014年青奥会是国际性大型综合体育赛事,事关国家重大决策、国家利益和民族荣誉。2011年11月4日,中共南京市委、南京市人民政府印发《"筹办青奥会,提升影响力"千日行动计划》的通知,坚持在"活力青奥、人文青奥、绿色青奥"的基础上,突出"青春活力、参与共享、文化融合、智慧创意、绿色低碳、平安勤廉"的办会理念,为传播奥林匹克精神,提升青年奥运会、中国、南京的影响力而努力,为推广全世界青少年体育运动、青奥会教育与文化艺术交流以及体育文化事业贡献力量。紧紧围绕南京青奥会教育的主题,创新建立南京青奥会教育的组织机制,以更加有力、高效、顺畅地指挥、组织、落实、实施青奥会文化教育活动。南京市青奥会教育组织结构分为四个层次。随着管理机构的向下不断延伸,从宏观到微观,工作合理分工并越发细化。江苏省委、江苏省政府、国家体育总局、青奥组委为第一层级,这也是青奥会教育的重要指挥部,负责对青奥会教育运行进行指挥协调;指挥部设立由市领导、各区党政负责人、各相关部门负责人形成的青奥会教育领导小组(第二层级),拟订青奥会教育计划;专项指挥、联络青奥会教育文化办公室(第三层级)负责推进和落实青奥会教育计划;第四层级负责具体实施青奥会教育计划,部门由体卫艺处牵头,各部门具体实施。南京青奥会组织机构实行集中领导、科学高效指挥、纵向到底、横向到边,确保指挥通畅、反应灵敏、协调有序,保证了青奥会教育计划的良好运行。

2. 具体活动教育模式

南京市教育系统鼓励和动员青少年以各种方式"关心、支持、参与"青奥,营造全民参与和支持的气氛环境,展示南京元素、东方古都神韵、中国文化,传承和发扬民族文化智慧,开展和世界多样性文化的对话,举办了多种多样的文化教育活动,青奥会教育周期内共举办了5 000多场文化教育活动。归纳起来,分为以下几类教育模式。

(1)普及青奥会教育理念,普及青奥知识教育模式。大力推进"青奥进校园""青奥进课堂",利用学科教学、体育活动、班队会等多种渠道开展理念和知识教育,探索"人文青奥、人文南京"校本课程。(2)"文明东道主"主题教育活动教育模式。从讲道德、重礼节、守纪律、文明交往、文明观赛等角度教育青年,结合学校德育工作,培养学生的国际主义、爱国主义、集体主义和团队合作精神。(3)"志愿服务"教育模式。推进青年学生社会志愿活动,建立一支以大中学生为主体的志愿者队伍,到社区活动中心、市民广场、商业街区、孤儿院、敬老院等,开展青奥宣传公益服务活动,培养青少年社会责任感。(4)"青奥之家"教育模式。鼓励有条件的学生家庭申办"青奥之家",从中选出1 000家有热情、有特色的青奥家庭,参与青奥工作,增添活动家庭元素,组织参赛选手进家庭、进校园,推动市民、学校国际的交流,缔结以家庭为载体、青奥为纽带,富有亲和力的青奥情缘。(5)"世界文化村"教育模式。在校际跨境牵手交流基础上,选出100所学校参与"世界文化村"教育活动,与结对外国学校共同布置"文化风情街""文化小屋",青年学生共享多元文化,亲身实践,互相充分交流,体验青春快乐。

3. 学校自主和创新教育模式

2014年南京青奥会是一场全球14—18岁青年运动员的体育文化盛会,青奥会是对奥林匹克运动的补充,是对奥林匹克精神的复归追求。学校体育既是青少年接受奥林匹克文化教育的重要载体,也是学校教育重要而不可替代的组成部分。在政府和专业机构的大力推动下,学校开启了青奥会教育自主和创新教育模式。

(1)"青奥教育进课堂"教育模式。运用各学科与青奥教育进行融合,如利用体育、艺术、音乐、英语、美术、语文、德育等各学科,传递青奥教育理念,普及青奥知识。学生学习并看懂比赛,懂得青奥会竞技项目的一般性竞赛规则,欣赏比赛。学校依据整体氛围,探索各所中小学校"人文青奥、人文南京"的校本课程的建设;荐选"青奥之星"参与各种文化教育论坛和志愿者活动。(2)"阳光体育运动"教育模式。各校积极开展"阳光体育运动",贯彻每天锻炼一小时的规定,推动班级学生"达标争优"评比;开展"青奥纪念徽章收藏升级"活动,传承奥林匹克精神,提升学生身心健康水准。(3)"2+2"才艺发展教育模式。在各级各类学校推行"2+2"才艺发展计划,使每所学校都具有至少1项体育特色项目、1项艺术特色项目,使每位学生都具有1个体育特长、1个艺术爱好,充分发挥学校体育、艺术、科技特色功能,组织开展内容丰富、形式多样的体育、科技、文化、艺术活动,培养青少年的高雅兴趣,推进学生素质教育。(4)"五环结缘,世界青年手拉手"教育模式。组织南京市学校参与青奥会200多个国家、地区相关学校结对交流活动,学习国际交际的简单语言,探寻并了解彼此民族风俗,使广大青少年学习、尊重并欣赏世界多元文化,同时,邀请世界各地的青少年共同参与"五环结缘,世界青年手拉手"教育活动,增进世界青少年的国际交流,教育青少年为办好青奥会,建设更加美好的世界作出贡献。

4. 媒体宣传教育模式

为了保证青奥会教育价值目标实现的最大化,必须借助传媒技术,使传播空间和时间不断延伸,媒体传播速度快、受众广、反响大,也是一种重要的教育模式。媒体传播途径包括传统媒体和现代媒体。南京青奥会传播媒体从电视、广播、报纸到网络,从纸上媒体到线上媒体,在纸媒、网络、微博、微信、手机客户端通过不同形式传播,迅速在新兴舆论场成为热点。[①] 青奥会教育传播,要求媒体再现青奥文化并能为社会大众,尤其是广大青少年建立对奥林匹克运动的认知和判断,对构建人们的价值体系产

---

① 王岚,谢臻.长篇通讯如何"融"出精彩——从一次令人回味的新闻实践看《南京日报》青奥会"融合传播"思路[J].中国记者,2014(10):27-29.

生积极影响。2014年青奥会媒体宣传教育的自身特点如下。

（1）继承2008年奥运会教育传播的优势。对青奥会筹备、准备、赛事的大量报道，对青奥会赛事组织的报道，对奥林匹克文化精神教育和活动的大量报道，大力宣传和策划青奥会，通过青奥系列仪式性活动激发世界大众和青年学生参与、服务、奉献青奥的意愿。（2）户外宣传教育模式。通过电子显示屏、户外广告牌、车厢广告、道旗等多种户外宣传载体和媒体公益广告，宣传青奥会的形象标识、理念、口号、吉祥物等，营造浓厚的青奥城市环境氛围。（3）开展"迎青奥、讲文明、树新风"的宣传教育模式。从文明礼仪、交通出行、窗口服务、志愿服务等多方面展开普通市民文明素养提升工作，做好各类新闻发布、主题宣传，积极引导舆论。（4）积极开展与央媒合作教育模式。如全面实施与新华社战略合作，发挥其全媒体优势，国际、国内层面全方位宣传南京青奥会有关讯息。（5）互联网教育模式。充分应用互联网和数码媒体的新技术，选取互联网合作方，展开新媒体传播工作。启动"青年网站"、"青年未来号"网络行、"青年未来号"网络营和各国及各地区奥委会全球教育互动活动，在全球范围内推广南京青奥会，为南京文化、中国文化走向世界舞台提供了契机。

5. 社区体育生活化教育模式

2014年南京青奥会教育文化活动如火如荼地进行，南京紧紧抓住青奥会教育的契机，在深入盘点南京教育文化资源的基础上，进一步提炼并形成南京城市教育文化的主题，带着这样的思考，将青奥会教育思想精髓与之融合，将南京精神、中国精神与青奥会精神相融合，提升南京城市品牌形象。社区是青年成长的摇篮，要继续加大对南京体育硬件设施的投入，让各社区成员拥有更多参与体育锻炼的机会，同时，加大培训体育教师和体育社区指导员师资队伍的力度，提升他们的奥林匹克运动观，这些都是青奥会教育进社区的重要保证。在河西万达广场社区场地，每天都有丰富的文化交流活动，广大青少年都可以参与。据2014年6月18日《扬子晚报》A35版记载，青奥会的文化教育进社区活动将以"砳砳和伙伴们的青奥会梦想之旅"为主线，分为"奥运梦之旅""世界梦之旅""中国梦之旅"和"青春梦之旅"4个系列篇章，共有约30项文化教育活动。各高校也纷纷加入青奥教育活动进社区的"大军"，引导大学生走出校园，积极参与社会实践。2011年11月24日，为迎接南京青奥会的到来，南京理工大学人文学院部分党员同学们、体育特长生，来到湖滨街道江东门社区服务中心，开展主题为"青春校园、青奥同行"的活动，给小学生们传达青奥会理念和精神，介绍青奥项目，开展青奥知识竞答活动；并表演节目，锻炼和考验孩子们的体能，赛场气氛热烈。社区体育生活化教育模式努力将青奥会带进普通人的生活,做到全民健身和全民健康的深度融合,切实提高大众的健康水平。

(四)教育模式的创新点

2014年南京青奥会的教育模式的创新点可圈可点,经过梳理,主要有以下三个方面。(1)从教育对象看,凸显"青年"开展相应活动。从教育理念、内容、活动、实施途径和开幕式、闭幕式等等方面,都强调青年人的参与、青年人的创意,以及青年人之间的互动和友谊,使世界青年从中受益。(2)从文化教育活动看,"世界文化村""体育实验室""体育启蒙计划"等各类创意主题活动的创立,为全世界的青奥选手和人民带来了除竞赛之外的各种欢声笑语,在快乐、团结、互助、友爱的美好氛围中找回奥林匹克运动的本源,于润物细无声中传递着奥林匹克的理念和价值。(3)从教育技术看,青奥会首次创新火炬传递的方式。首次借助手机软件(APP),采用"实地传递"和"网络传递"相结合的方式,在全世界204个国家和地区进行了火炬传递,利用网络平台进行全新的表达,实现网络传递"上天入海"的创意等。

三、两大经典教育模式对世界的贡献

(一)理念创新

2008年奥运会的教育理念是"绿色奥运、科技奥运、人文奥运",2014年青奥会的教育理念是"与青奥共成长",两者的教育理念虽然各不相同,但实质都是对奥林匹克运动自身发展的一种深刻的思考,探寻发展多元体育文化,为具体的奥林匹克教育实践指引了方向。考虑到特定国情、特定发展时期、奥林匹克运动发展的特殊要求等,各自的教育理念在各自特定的历史背景下,都是基于现实考量的一种创新,也是社会共同期望奥林匹克运动发展的重点、侧重点和应然追寻的方向。这两种教育理念都坚持以人为本,在全社会创新并推广奥林匹克的现代元素和人文情怀,向世人传递奥林匹克的理想和精神,也在为世界贡献出具有东西方文化融合特色的价值观,探寻更好解决人与奥林匹克共同成长的方法,希望建立更加美好的世界,为人、自然和社会的和谐发展作出了中国贡献。

(二)内容创新

2008年北京夏奥会和2014年南京青奥会对奥林匹克教育内容的创新有目共睹。

2008年夏奥会对奥林匹克教育的定位是其不仅是中国的奥林匹克教育,也是全球性的奥林匹克教育,它不仅是包含理念、知识、奥林匹克精神的奥林匹克教育,还是操作实践性很强的奥林匹克教育,不仅是对学校学生的教育,也是对大众的奥林匹克教育。每一类型的教育活动都有非常具体且全面的行动计划,贯穿着奥林匹克的理念和实践需求,"奥林匹克教育示范学校"的建立,为学校创新开展奥林匹克教育搭建了平台,学习奥林匹克知识,不仅提升了学生对奥林匹克运动的认知,激励他们参加奥林匹克活动,传递奥林匹克精神,还开拓了奥林匹克教育途径,提高了体育教师的奥林匹克文化素养,提升了市民素养,强调了观赛礼仪,等等。对2008年奥运会开幕式、闭幕式的文化内容的创新和独特设计,即便时至今日,仍然可以称作奥运史上的经典佳作。青奥会的创办是奥林匹克改革和创新的舞台。2014年青奥会的教育内容本身更接近奥林匹克的理想,紧紧围绕青年,不仅开展了各种类型的教育活动,还开展了青奥会会歌征集、"我要上青奥"、"新媒体实践和城市文化体验"等多项文化教育活动并创立"世界文化村",为奥林匹克运动的蓬勃发展贡献了力量。

(三) 形式创新

奥林匹克教育形式多种多样,在四年的教育周期里,我们会遇见各种各样新的教育形式,不管是在教室里、操场上、广场上,还是其他地点,奥林匹克教育形式都是非常鲜活的、生动的,它不是教室里那种教师讲、学生听,一片安静的画面,而是在一个教育互动场景中每个人声情并茂、积极参与的愉快画面。奥林匹克教育是竞技、文化和艺术的结合,我们组织丰富多彩的文化艺术活动,与音乐、美术、英语、地理、话剧、摄影、建筑等多学科和多种艺术形式深度融合,参与者拥有发现美、欣赏美、创造美的眼睛,陶冶其情操并提升参与者的体育文化综合素养。青奥会的教育形式弱化了竞技运动自身的竞争色彩,不设奖牌榜,提倡成员间的友谊,弱化了各自的国家身份,重在让运动员和小伙伴们分享快乐。合理运用网络,将奥林匹克的知识、精神、历史等以全新的方式呈现给世界,这种新时代灵活的网络文化与奥林匹克运动的深入融合,不断改变着奥林匹克运动的呈现方式。

2008年北京夏奥会教育模式和2014年南京青奥会教育模式在理念创新、内容创新及形式创新方面作出了中国贡献。

【本章小结】

1. 我国经典的奥林匹克教育模式，一是 2008 年北京夏奥会教育模式，二是 2014 年南京青奥会教育模式，两者在教育理念、教育模式的创新方面都有各自特色。

2. 2008 年夏奥会教育模式运行包括组织运行教育模式，阐述并构建奥林匹克教育组织结构图；讨论具体活动教育模式，将具体活动教育模式分为三类：奥林匹克知识体系教育模式、奥林匹克主题活动教育模式、"同心结"国际交流教育模式。分析学校自主教育模式，总结了 2008 年夏奥会奥林匹克教育期间具体做法，学校自主探索并积极创造各种教育内容和形式；分析媒体宣传教育模式，奥林匹克理念和文化只有被传播，才是有生命力的体育文化，媒体是当仁不让的载体，承担着奥林匹克教育的职能，传播奥林匹克思想与精神。

3. 2014 年南京市青奥会教育组织结构分为四个层次。其中，具体活动教育模式包括：普及青奥理念的奥运知识教育模式、"文明东道主"主题教育活动教育模式、"志愿服务"教育模式、"青奥之家"教育模式、"世界文化村"教育模式。在学校自主和创新教育中，开展"青奥教育进课堂"教育模式、"阳光体育运动"教育模式、"2+2"才艺发展教育模式等；在媒体宣传教育模式中，继承并发扬 2008 年奥运会传播教育的优势，开展户外宣传教育模式，开展"迎青奥、讲文明、树新风"宣传教育模式，积极与央媒合作的教育模式，开展互联网教育模式。

4. 2008 年北京夏奥会教育模式和 2014 年南京青奥会教育模式在理念创新、内容创新及形式创新方面给世界作出了中国贡献。

第五章　直面当下：冬奥会奥林匹克教育模式现状调查

根据中国教育部公共教育处处长孙斌介绍，教育部正式公布了全国青少年校园冰雪运动特色学校和北京 2022 年冬奥会和冬残奥会奥林匹克教育示范学校名单。截至 2020 年底，教育部认定并命名北京市东城区前门小学等 835 所中小学校为北京 2022 年冬奥会和冬残奥会奥林匹克教育示范学校，北京市广渠门中学等 2 062 所中小学校为全国青少年校园冰雪运动特色学校。以北京 2022 年冬奥会为重要起点，目标在 2025 年之前覆盖 5 000 多所冰雪运动特色学校。冬奥组委推出了小学组、中学组冬奥会《奥林匹克读本》，开设互联网线上奥林匹克课程，全国台联第 28 届台胞青年冬令营开营，全国多所学校开展形式多样的奥林匹克课程、奥林匹克教育主体活动等。

国家体育总局委托国家统计局开展的"带动三亿人参与冰雪运动"统计调查，日前公布报告，数据显示，从 2015 年北京申办冬奥成功到 2021 年 10 月间，全国冰雪运动参与人数达到 3.46 亿，居民参与率达到 24.56%；近四成参与者每年开展一到两次冰雪运动。根据国家体育总局冬运中心大众冰雪部部长罗军介绍，在北京申办冬奥过程中，中国正式向国际社会做出"带动三亿人参与冰雪运动"的承诺。

国家统计局信息民调中心副主任杜燕介绍，调查采用分层随机抽样方法，调查对象为全国 31 个省（市、区）的 18 岁以上城乡居民。从年龄结构上看，18 至 30 岁居民冰雪运动参与率最高。从地域上看，东北地区冰雪运动参与率明显高于其他区域，黑龙江省参与率最高；江苏省和山东省参与人数最多，均为 0.26 亿人。

"东部、西部和中部地区参与率相差并不明显，呈现出冰雪运动在大江南北蓬勃开展，传统地区更加火热、新兴地区活力不断的生动局面。"罗军强调，在此过程中，中国克服南北气候差异明显、冰雪资源分布不均、设施服务尚不完善等不足，坚持以人民为中心，全面实施冰雪运动"南展西扩东进"和"四季拓展"战略，创新扩大冰雪运动产品和服务供给,完善建立冰雪运动普及推广体系,打破了冰雪运动的时空局限。

北京咏怀体育发展研究院院长王兵认为,许多欧美国家的冰雪运动开展历史已超过百年,中国通过短短几年时间逐步缩小与他们之间的差距。截至2021年1月,全国已有654块标准冰场,较2015年增幅达317%;已有803个室内外各类滑雪场,较2015年增幅达41%。冰雪运动为开展全民健身、建设健康中国提供了更多样的抓手。近年来,各地积极运用新工艺、新技术、新方法,大力推广仿真冰、仿真雪等陆地冰雪运动,此次调查也将旱雪、滑轮、陆地冰壶、陆地冰球等纳入广义的"冰雪运动"中。

"过去我国体育事业一直存在竞技体育强、群众体育弱和'夏强冬弱'的问题。冰雪运动的时空拓展,以及从小众竞技到大众时尚生活方式的升级,丰富了全民健身公共服务供给,甚至催生出诸如雪地马拉松、冰上龙舟、冰上拔河等新玩法。"王兵说,冰雪运动多在寒冷的户外环境下进行,一定程度上也有利于人们御寒抗病能力的提升。在此次调查中,"18至30岁居民冰雪运动参与率最高"的结果引人关注。

北京体育大学教授林显鹏认为,冰雪运动体现出时尚化、年轻化的特点;备战北京冬奥会期间涌现出的一批青年偶像也对年轻人有吸引作用。清华大学体育产业发展研究中心主任王雪莉认为:"冰雪运动很多是在户外环境下,甚至是在不太舒适的自然条件下开展的,这对人的体能和精神都是考验,对于青少年有人格塑造的作用,是很好的自然教育、环保教育。"

此次发布的统计调查显示,超九成的参与者系自发参与冰雪运动。国家体育总局冬运中心大众冰雪部部长罗军介绍,群众性冰雪运动组织的大幅增加是明显的佐证。民政部全国社会组织信用信息公示平台数据显示,截至2021年12月,我国正式注册的各级冰雪运动社会组织共有792个,是2015年冰雪运动社会组织数量的近3倍。

清华大学王雪莉认为,大众参与为冰雪产业的发展打下了可持续发展的根基。她介绍,冰雪产业的高产值,使其在中国体育产业版图中占据重要地位。"它的产业配比均衡,其中制造业比很多运动项目产值更大、技术含量更高,涉及许多大型机械。第三产业中,冰雪产业能带动更丰富的业态融合。更高端的教育培训、可囊括家庭需求的度假旅游,以及形式更为多样的竞赛表演,为体育消费升级提供了一种方向。以冰雪运动为龙头,冰雪产业能延伸出更长、更宽泛的产业链。"

一、冬奥会教育模式开展的现状描述

(一) 学科课程教育模式

学科课程的教学有助于拓宽学生的知识结构和学科视野,提高学生体育能力和素养。体育专业院校在人才培养方案上允许设立奥林匹克课程。学科课程教育模式是学科教学中最基础、应用最广泛的教育模式,通过保证课时增加学生的知识储备,培养学生专业素养和综合素质,具有积极作用。

1. 将冬奥教育纳入学科课程教学

首先,冬奥会学科课程教学是实现2022年冬奥会教育效果的根本保证。通过开设奥林匹克史、奥林匹克学、奥林匹克文化等必修、选修课程,各体育专业类大学生受到了奥林匹克专业系统培养。1993年,中国体育专业院校首次将"奥林匹克运动"课程纳入学科教学,介绍奥林匹克理想,将奥林匹克文化、体育运动和教育融为一体,具有重大意义。其次,冬奥会学科课程教育是冬奥会教育的载体。奥林匹克文化课程和体育专业课程相结合,是开展冬奥会教育的最好方式。冬奥会教育在课程实践过程中,广大体育专业学生不仅得到技能锻炼,而且能得到人格培养和完善的教育,重视"授技",更重视"育心""育人",向"全人"教育的逐步转变,保证2022年冬奥会教育体系的系统性和完整性。[①]

2. 加强体育专业人才培养

2022年冬奥会由北京和张家口联合举办,在冬奥会的紧张筹备期间,我们借冬奥之热风让人们对冰雪项目产生兴趣,使之对冰雪运动的发展形成有力支撑。学科课程教育模式产生于此背景下,根据《2011—2020年奥运争光计划纲要》和《全国体育人才发展规划(2010—2020年)》文件精神,2012年,国家体育总局开始组织实施精英教练"双百"培养计划,即在未来十年重点培养100名专业运动队优秀教练员和100名业余训练优秀教练员。2018年,全国"两会"期间,全国人大代表、河北省张家口市第一中学教师尤立增向全国人大一次会议提交了一份题为《关于继续扩大冰雪人才的培养规模的建议》的报告,提出目前我国冰雪人才缺口大等问题。

---

① 任哲.对体育院校开展奥林匹克教育的研究[D].长春:吉林体育学院,2010:23.

3. 提升体育教师的专业化素养

教师授课的专业性对教学质量、课堂氛围以及对学生的感染力的影响极大。如果广大教师运用自身的专业素养很好地将冰雪运动的魅力和奥林匹克精神传递给广大学生，这将潜移默化地激发广大学生冰雪运动的热情，引导青少年学生积极主动参与，逐步建立对冬季冰雪运动的认知，并在这样的学习过程中有所获，将冰雪运动兴趣培养成个人爱好，这也是奥运教育目标之一。高质量专业化的体育师资，能促使教师对冰雪教育内容进行掌握并创新，对进一步深化体育教育改革起到推波助澜的作用。以部分体育高校为依托，增设冰雪运动专业，不仅可以大力储备我国冰雪运动的教师资源，还可以将冰雪运动的教师数量和质量推上新台阶。

4. 加大冬奥会立体教材建设力度

冬奥教育的立体教材建设也越发必要，逐步形成了两个层次的立体教材。第一层次是以传统纸质教育课本为基础的冬奥教材建设。其包括国际奥委会文化与教育委员会编写的《奥林匹克学》《奥林匹克教育读本》《奥林匹克主义》等体育专业教材；还有《冰雪运动普及读本》《冬韵奥林匹克》《冰雪童趣》等中小学冬奥读本；2020年9月，也有北京冬奥组委新发的3套奥林匹克教育优秀教材；各种冬奥教育的挂图、手册、报纸、杂志等。第二层次是以传统媒体与新媒体相结合形成的网络冬奥教育电子化教材。其可以联合电视、广播、冬奥教育网站、微博、微信公众号、微信小程序等平台传播冬奥教育文化，利用电子图书、教学课件、音像等线上电子化教材进一步推广冬奥教育理念。如BTV冬奥纪实频道《我与奥运》，CCTV-5《世界体育》《咕咚冰雪》《北京冬奥组委大讲堂》，北京体育广播《相约冬奥》等各类网络素材，以形象、直观的优势充实奥林匹克教育资源，完善其教育资源的组成形式。

（二）传播知识教育模式

冬奥会经过约百年的发展，奥林匹克运动自身已经成长并形成了庞大的知识体系，成为凝聚人类社会体育思想和体育实践经验精华的知识宝库，是现代社会特有的体育文化景观。

1. 普及知识导向型

普及知识导向型主要以冬奥会历史、冬奥会思想、冬奥会组织机构、冬奥会活动内容等为主要教育内容。

（1）对身体的教育。身体发展是人的全面发展不可或缺的内容，它可以均衡个体身体、心理和精神的发展。身体运动和锻炼是促进人身体健康发展的重要途径,促进我们养成科学健康的生活习惯,增强体质,获得运动技能;同时可以享受身体奋斗中的快乐,引导我们形成积极向上、乐于进取的优秀品质。(2)冬奥知识教育。组建冬奥宣讲团,学习2022年冬奥会知识、冬奥运动知识、环境保护知识、志愿服务知识、文明观赛礼仪知识等。(3)冰雪运动进校园。在校园内开展冬奥会知识教育活动。编印冬奥会知识挂图,开展冬奥会知识竞赛、组织学生与冬奥会冠军面对面学习和互动,开展冬季冰雪项目体验学习,通过学校广播开设冬奥会知识专题讲座,在学校网站创建"冬奥会教育"专栏,举办奥林匹克各类竞赛活动以及奥林匹克教育大课堂、冬季奥林匹克教育周、冬季奥林匹克教育日等传播冬奥知识活动,使广大学生关注冬奥、了解冬奥、参与冬奥、体验冬奥、得益冬奥,全方位普及奥林匹克知识。

2. 文化传统导向型

冬奥会文化起源于古代奥运会,古代奥运会起源于古希腊文化,发展于现代西方,后成长为跨国度、跨民族的世界性文化,多元文化主义是奥林匹克运动发展的力量和源泉。[1] 在中西方冰雪体育文化的碰撞中,很多人思考各自体育文化的长处和短处,为中国传统体育文化与冬奥会运动文化的融合,提供了思想基础。具有东方代表性的典型的中国文化融入冬奥会运动文化,不仅促使现代西方冰雪竞技为代表的冰雪运动走进中国社会,而且为中国传统体育文化走向世界创造了契机。以冰雪竞技体育文化为特点的教育模式对中国传统体育文化的影响,更加促使中国冬季体育文化以冬奥会教育为契机进行自我改造升级的现代化进程。我们将以全球化视野观照中国传统文化,参考儒家、道家、佛家独特的人文精神,持续关注个人价值,倡导拼搏进取、自强不息的精神,倡导万物一体、天人合一、世界大同的宽容精神,探索人与自然的和谐关系,对现实社会的关注,强调"和而不同",以综合见长的思维方式,对和谐世界的构建愿望,这些求同存异的中国传统文化基因在全球化的汹涌浪潮中,通过智慧与实践,与西方体育文化搭建一座平等交流的文化立交桥。[2] 坚持文化输入和输出双向发展的文化战略思维,保证现代、先进、健康、积极的冬奥会文化在我国深入传播,同时,我们也应肩负起向世界展示中华优秀传统文化以及现代文明的历史责任,让世界更加了解中国,由此中国的传统文化精髓也必会被世界各地的青少年认知和理解,为中华文明努力向世界作出更大贡献拓展机遇。

---

[1] 茹秀英.北京中小学奥林匹克教育遗产研究[J].西安体育学院学报,2012,29(1):107-111.
[2] 温搏.当代武术传承中华传统文化的历史使命[D].福州:福建师范大学,2009:73.

3. 价值观念导向型

顾拜旦对个人和社会的发展做的理想描绘，使之成为奥林匹克运动的理想和宗旨，即以运动为主要载体，通过教育方式实现人的发展，提高人类尊严，为建立更加和平和美好的世界作出贡献。"奥林匹克主义"是顾拜旦提出涵盖奥林匹克运动的综合概念，《奥林匹克宪章》将其定义为：增强体质、意志和精神，并使之全面均衡发展的一种生活哲学。奥林匹克的核心价值观鼓励追求"卓越、友谊和尊重"。在冬奥会教育实践中，有的提倡奥林匹克格言教育："更快、更高、更强"；有的侧重意志品质教育："拼搏精神""超越精神"；也有的侧重道德品质的教育："公平""尊重""友谊""包容"；等等。冬奥会教育的核心是奥林匹克精神教育，培养世界青少年"自信、自强、公正、友善、责任、秩序、团结、合作、创造"等优秀品质，将冬奥会价值观融入学校课程。采用与学校体育课程、各学科教学相渗透，与学校活动性课程相结合的方式进行。如开设奥林匹克学选修课，冰雪项目裁判规则选讲，突出公平竞争的精神等；劳技课中开设"冰墩墩制作""冬奥剪纸"等手工活动；品德课中开设"冬奥火炬传递模拟""冬奥礼仪"演练等；英语课中让学生收集冬奥会的英文相关资料，进行英文阅读，用英文对话交流价值观，撰写报告等，提高学生的英文听、说、读、写能力等；地理、历史课中可以通过介绍各冬奥举办城市的地理位置、气候特征、风土人情等来向学生传播有关冬奥信息，突出奥林匹克主题思想，以冬奥价值观为教育内容，从而普及冬奥教育，传播奥林匹克精神，提高学生综合素养。

（三）项目技能教育模式

冬奥会教育中有冬奥会的具体项目教程，项目教育只有符合时代发展需要，才能满足社会需求和学生自身发展，用冬奥会项目文化去传承冬奥会教育，对促进广大学生的健康发展具有积极作用。项目技能教育模式具有系统化、制度化特点。要开设冬奥会项目为中心的技能实践课程，把学习冬奥文化知识与项目实践紧密联系在一起。对学生采用教授冰上项目教育模式，如速度滑冰、短道速滑、花样滑冰、冰壶、冰球等。有条件的地区和学校可以积极推广雪上项目教育模式，如单板滑雪、高山滑雪、越野滑雪、自由式滑雪、有舵雪橇等。为使冰雪项目更好地在学校普及，相关冰雪项目已进行旱地化改良。2019年6月21日，北京海坨奥林匹克教育联盟校联合举办旱地滑雪、旱地冰球、旱地地壶球等旱地化展示项目。特教学校开设模拟冰壶、雪鞋走、冰球、轮滑等适合残疾学生的仿雪、仿冰项目课程。要积极鼓励和支持学校与冰

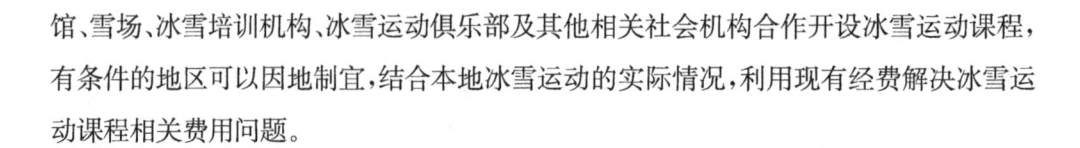

馆、雪场、冰雪培训机构、冰雪运动俱乐部及其他相关社会机构合作开设冰雪运动课程，有条件的地区可以因地制宜，结合本地冰雪运动的实际情况，利用现有经费解决冰雪运动课程相关费用问题。

(四) 主题活动教育模式

1. 学术项目

(1) 深入冬奥会教育文化研究。冬奥会教育文化专业是多学科研究领域，其研究规模不断扩大，研究内容也更为丰富。国际奥委会成立奥林匹克文化与教育委员会、奥林匹克学院、奥林匹克博物馆，旨在不断加强冬奥会教育文化的研究，促进冬奥会教育文化的创新。

(2) 开展专题学术研究。组织全国相关学术机构、各奥林匹克研究中心和高等院校的研究人员，针对冬奥会教育的理论、实践和存在问题展开专题学术研究。以冬奥会、冬奥会文化、冬奥会教育为主线，举办国际性冬奥会学术会议。围绕国际奥林匹克重大理论问题组织国际专题或主题研讨会或者报告会，如学术报告和讲座、与专家的讨论交流、小组讨论交流、学员们的论文汇报等。

(3) 参与并指导课题研究。随着冬奥会教育实践的不断深入，国家规划办、教育部、国家体育总局、各省、各市、各校，都以各自学术研究的独特视角参与到冬奥会学术项目中，从政策、理论、实践研究等角度阐述观点，献计献策，共同促进冬奥会教育文化的长足发展。

2. 艺术项目

(1) 积极开展冬季奥林匹克系列艺术项目。1960年后，艺术竞赛转化为奥林匹克运动会期间举行的"艺术节"，并成为奥运会传统。冬奥会与艺术的结合以更加多样化的方式进行，组委会和主办国或地区举办各级别的艺术展览，涵盖建筑、音乐、文学、绘画、雕塑、体育集邮、摄影、芭蕾舞、戏剧、歌剧等方面。世界级著名艺术团队登台献艺，精湛的艺术表演不仅展示身体健美与精神的和谐交融，也加强同世界各民族的情感交流。艺术作品具有极高的创造力和艺术价值。这也是冬奥会教育发展生生不息、经久不衰的因素之一。

(2) 在中小学开展以"冬奥会文化"为创作素材的合唱节、舞蹈节、戏剧节、音乐节等艺术活动，促进奥林匹克教育在中小学校展开。以冬奥会为主题，组织开展文学朗读、绘画、雕塑、摄影作品展览等教育活动，展现当代学生积极参与、弘扬、支持冬奥的良好的精神风貌。从准备到举办,学生自行查阅各国风俗、文化、历史、地理常识,制作石子画、剪纸等冬奥主题手工,重现奥运仪式,让广大青年感受体育的神圣与美好。[①]

(3)办好冬奥会开幕式、闭幕式。开幕式的艺术编排和表演是冬奥会成功举办的一个重要指标之一,是冬奥会教育文化非常意义的具体展现,我们要展示主办国文化,将中国古老历史用最现代艺术手法展现出来,将主办国文化和艺术有机结合,突出娱乐性、教育性、艺术性,争取给全球观众上一堂精彩的冬奥会和主办国的历史课。闭幕式通常由音乐、歌唱和舞蹈组成,不同国家运动员共同庆贺,增进彼此间友谊。

3. 体育项目

(1)冬奥体育项目进校园。参与并举行各类各项以冬奥体育项目为中心的活动,丰富校园文化,激发广大学生对冬奥的参与热情。学校在开展活动的过程中,针对学生的年龄,结合国家、地区、学校的办学特色,为冰雪运动提供了更为广阔的平台,开展丰富多样的冬奥校园体育项目活动。相关活动无论是"模拟古代五项奥林匹克运动会"、"一班一国"升旗仪式、冬季奥林匹克教育主题班(队)会、"小小志愿者"、"红领巾",还是"冬奥主题系列辩论会"、"冬奥三字经"创编竞赛、"迎冬奥系列国旗下讲话"活动、"做冬奥志愿者"征文比赛等,都意在引导学生积极参与,促进学生体育素质的提高。

(2)提升体育综合素养。举办青少年冰雪冬令营、青少年公益冰雪等系列活动。举办围绕冰雪体育项目为中心的各类主题活动。举办培养公民素质、志愿服务精神、地球环境意识、文明礼仪等丰富多彩的主题活动,增进青少年对冬奥项目的理解,参与并体验冬奥教育活动,获得生活教益和快乐。以"冬奥体育"为主题的教育活动不仅可以提升道德意识和文明素养,使冬奥会教育价值得到广泛传播;也可以广泛培养关心他人、关爱社会、关注世界、关切地球的青年人。我们应该积极普及冬奥知识,传播奥林匹克理想,弘扬奥林匹克精神,使学生真正做到感受冬奥、参与冬奥、得益冬奥。

4. 参观项目

(1)参加冬奥会重要节点活动。组织中小学生积极参加冬奥会和冬残奥会征集口号、吉祥物、火炬等文化宣传活动以及冬奥火炬传递、冬奥倒计时等重要节点文化活动,不断扩大冬奥会的影响力。

(2)参观奥林匹克博物馆。当今世界约有100个国家和地区拥有奥林匹克博物

[①] 陈晓桐.后北京奥运时期羊坊店中心小学奥林匹克教育研究[D].北京:首都体育学院,2019:63.

馆或体育博物馆,中国目前约有 22 个体育类博物馆,分布于北京、上海、江苏、福建、广东、天津等省市。这些博物馆大多由收藏体育文物而发展为具有教育、研究、娱乐等多功能活动场所,也是教育广大青少年的重要场所。如首都体育学院的奥林匹克教育博物馆已接待近万人次的参观。

(3) 开展冬奥体育旅游。冬奥会对于京津冀三地协同发展的带动作用不容忽视,推动冬奥会承办地基础设施、体育文化、体育旅游品牌升级,是国家战略层面深入贴合冬奥会发展理念的体现。以张家口为例,张家口崇礼区是整个京津冀的重要森林区域、重要生态功能区,海拔高度起伏较大,为 814 米至 2 174 米,得天独厚的地质和天气条件,形成以万龙、富龙、密苑云顶、长城岭、多乐美地、太舞等为代表的国际滑雪场,其中,密苑云顶滑雪场为 2022 年冬奥会比赛场地。京张高铁崇礼专线通车后,北京、张家口两地之间车程不到 1 小时,更方便了广大滑雪爱好者出行。2020 年,崇礼区以冰雪项目为主,打造"冰雪世界、国际乡村",做到"一村一品,一村一景",建立冰雪乡村旅游加滑雪小镇,让大家可以领略独特的冰雪乡村民俗文化。① 组织冬奥体育旅游,不但可以让广大学生主动参与冬奥体育文化,还可以让他们领略祖国的大好河山,感受美丽的大自然,使他们的身心得到放松并陶冶他们的性情。

(五) 国际理解教育模式

国际理解教育模式力求扩大中小学生国际交流范围,树立冬奥会东道主意识,培养具有国际视野和文明礼仪风尚的青少年,促进世界青少年的友好交流,提高青少年的国际交往能力,营造举办冬奥会热烈友好的人文环境,使世界各国运动员、教练员、工作人员拥有宾至如归的感觉,奉献冬奥,分享冬奥快乐。

2008 年北京"同心结"交流活动为中国中小学开展国际理解教育提供了可借鉴的教育模式。"同心结"国际交流活动的本质是一所学校与一个国际奥委会成员国展开交流,同时与结对国家或地区的学校建立结对学校关系。这种教育模式以广大学生为核心,在强调国际理解和国际交往知识学习的同时,采取体验式、接触式的活动形式,以夏令营、与国外学校进行姊妹校结对、与姊妹校进行互访以及采用与外国人线上线下交流参与日常教学活动的方式,使学生获得有益的接触经验,实际体验异国文化习俗和行为习惯。

---

① 孙承华,等.冰雪蓝皮书 中国冬季奥运会发展报告(2017)[M].北京:社会科学文献出版社,2017:124.

培养国际意识,提高国际交往能力。北京市委教育工作委员会、北京市教育委员会制订了北京市学校奥林匹克教育行动计划。在行动计划指导下,北京200多万中小学生和教育工作者紧扣北京奥运实践,将奥林匹克价值、各国成功教育经验与中国社会、文化和教育实践结合起来。国际理解教育模式强调不同文化的对话和相互理解,强调和平文化与和谐发展。国际理解教育最适当的方式为"接触""面对面交流""切身感受"等,以平和心态认识、理解并接纳异质文化,与结对国进行交流、交往和合作,这是时代使命和教育主流。要在"知晓式"学习基础上,开启"体验式"国际理解教育新模式。"同心结"学校学生将学习并了解结对国家和地区的历史、地理、语言、体育、文化等知识,通常采用书信、电子邮件、网络视频等方式开展与结对学校的交流活动。[①] 北京羊坊店中心小学在国际理解教育方面进行着一如既往的积极探索,奥林匹克文化节前开始准备入场式的"一班一国",各班提前了解不同国家语言、服装等文化特点并自己编排表演;各班还以模拟联合国的形式,自行组织活动和会议。国际理解教育提供看世界的窗口,为学校教育注入具有国际化属性的奥林匹克文化内涵,以促进学生成为有国际素养的小公民,促进学校的办学品质在奥林匹克文化创建中获得提升。

冬奥会正式比赛时,"同心结"学校的部分学生可参加对应国代表团的欢迎仪式,让他们体会宾至如归的感觉。在比赛现场,可以为结对国家或地区的体育代表团助威、呐喊、加油,做对应国的啦啦队队员并邀请对应国参赛运动员到本学校参观、交流,开展有趣的联谊活动等,以架起中国与全世界青少年交流的文化立交桥梁,培养具有国际化视野和世界公民意识的地球居民,为冬奥会精神在全世界的广泛传播创造全球性平台,还可以大大提升北京和张家口中小学的国际化教育程度,[②]这符合中国努力建立人类命运共同体的愿望。

二、教育模式的核心要素解析

(一) 冬奥会教育者概况

凡是对受教育者在奥林匹克知识、技能、思想、意志等方面起到教育影响的人,我们都可以称之为冬奥会教育者。教师、冰雪教练员是奥林匹克教育活动推进的关

---

① 茹秀英.北京中小学奥林匹克教育遗产研究[J].西安体育学院学报,2012,29(1):107-111.
② 茹秀英.北京中小学奥林匹克教育遗产研究[J].西安体育学院学报,2012,29(1):107-111.

键和主导力量,具体承担着传递冬奥会奥林匹克文化和理念的重任。因而教育者自身对奥林匹克教育内涵的掌握程度在客观上影响着奥林匹克精神的传播。

表5-1 冬奥会奥林匹克教育者概况(n=200)

选项	百分比/%
奥林匹克教育了解达一半以上程度	87.24
向学生传播奥林匹克知识	69.02
向学生传播奥林匹克精神	58.27
对奥林匹克运动实质是教育的理解情况	40.85
参加奥林匹克教育培训情况	25.35

注:n代表参加调研的人数,填写调查问卷时可多选。

对全国中小学体育教师的问卷调研过程中发现:第一,教师和教练员的学历层次稳步提升。其中体育教师为本科生的占33.8%,体育硕士占35.21%,这使得学校奥林匹克教育有一定的人才基础。而在对冰雪教练员的调研过程中我们发现,体育本科生占61.36%,体育硕士占36.36%,博士学历占2.27%。第二,在冬奥会奥林匹克教育知识方面,87.32%的体育教师体验过冰雪项目,都有过冰雪运动的经历;体育教师中有64.79%的人对冰雪项目比较熟悉,对冬奥会奥林匹克教育的了解程度为非常了解的占12.68%,较为了解的占30.99%;85.92%的体育教师都觉得有必要在体育教学中对学生传播奥林匹克知识和精神,21.13%的体育教师经常会向学生传授奥林匹克知识。在对奥林匹克运动的实质是什么的理解方面,40.85%的教师认为是教育,45.07%的教师认为是运动,11.27%的教师认为是冬奥会,2.82%的教师认为是拿金牌。第三,要强化对教师冰雪实践能力的提升。对教师所能教授的冰雪项目进行调研,结果显示,28.2%的教师没有能力进行授课。能授课的冰雪项目,其中排名第一的是滑冰,占28.2%;排名第二的是滑雪,占21.1%;排名第三的是速滑,占17%;其他依次是单板占2.8%,高山滑雪占1.4%。这说明冬奥会项目类别在学校的开展水平有限,教师所能教授的冬季项目类别单一。整体来说,学校体育教师队伍中,冰雪运动人才是缺乏的。第四,体育教师参加奥林匹克教育培训情况有待提高,提高体育教师的奥林匹克文化素养是对学生进行教育的重要一环,为迎接2022年冬奥会,25.35%的体育教师参加过冬奥会奥林匹克教育培训;既参加过2008年夏奥会奥林匹克教育培训,又为迎接2022年冬奥会参加过相关奥林匹克教育培训的仅占9.86%,这部分人群主要是来自奥林匹克教育示范学校的老师。

（二）冬奥会受教育者概况

受教育者是指在冬奥会奥林匹克教育活动中从事学习的人，受教育者是奥林匹克教育的对象，这里主要包括中小学生，他们既是奥林匹克学习的主体，也是构成奥林匹克教育活动的基本要素之一。经过调查发现，48.3%的中小学生体验过冰雪项目，特别是北京、河北、黑龙江等省市的学生冰雪体验尤其多，体验过的冰雪项目和活动，有滑雪、滑冰、速滑、越野滑雪、冰滑梯、雪橇、冰壶、冰球、速滑刀、爬犁、打雪仗、雪地足球、雪圈、雪地摩托、制作冰灯等。85.71%的中小学生支持学校开设冬奥会奥林匹克教育课程。在体育课中，体育教师经常传授冬奥会奥林匹克知识的占28.13%，有时传授奥林匹克知识的占48.66%，从未传授过奥林匹克知识的占23.21%。中小学生对冬奥会奥林匹克知识认知概况如表5-2所示。94.2%的学生认为冬奥会奥林匹克教育会给自己带来积极作用，如公平竞争、互相尊重等，参与冬奥会奥林匹克教育，可以提升他们对奥运冰雪知识的了解，树立不畏困难、不怕挫折的顽强精神，增强自信心，形成乐观积极的生活态度，增强团结协作的集体主义精神，提升道德修养，开阔视野，丰富人的情感。在"中小学生最希望在学校开设什么冰雪项目"的调查中排名第一位的是组织活动类冰雪项目课程，在冰雪活动类项目中，中小学生最喜欢的冰雪项目中排前三位的分别是滑冰、滑雪、短道速滑。对于阻碍中小学生学习冬奥会冰雪知识的因素进行统计，位列前三位的分别是：文化课学习负担重，没精力学习冬奥会冰雪知识；对冬奥会冰雪知识毫无了解，不知道从何学起；对冬奥会冰雪知识和运动项目不感兴趣。可见，要提升中小学的冬奥冰雪知识，我们就得从培养中小学生的冰雪体育兴趣开始，教学既要具有创新性、趣味性，也要兼顾中小学生的年龄特点，有针对性地引导和设计相关冰雪内容。

表5-2 受教育者对奥运会奥林匹克知识认知概况（$n=600$）

选项	正确率
奥林匹克格言	25%
奥林匹克精神	48.21%
奥林匹克运动的实质	20.54%

注：n代表参加调研的人数，调查研究时可多选。

表 5-3 最希望在学校开设的冰雪项目课程（$n=600$）

选项	比例
理论类冰雪项目课程	41.07%
技能类冰雪项目课程	58.93%
组织活动类冰雪项目课程	65.63%

注：n 代表参加调研的人数，调查研究时可多选。

（三）冬奥会教育课程开设概况

《北京 2022 年冬奥会和冬残奥会中小学生奥林匹克教育计划》自 2018 年 1 月 30 日发布以来，得到了很多中小学校的响应。自那时起，冰雪运动进校园成为一项实实在在的实践活动。北京和张家口中小学校占有举办城市的优势，是冬奥会奥林匹克教育的主战场，奥林匹克教育课程异常丰富；而吉林和黑龙江两省占有地域的冰雪传统优势，冰雪进校园教育活动也是丰富多彩，再比如黑龙江省提出的"百万青少年上冰雪"活动，已经持续了十几年，有着优良的冰雪教育传统。将奥林匹克教育课程融入体育课堂教学，是冬奥会教育的发展需求。本书针对中小学校是否开设奥林匹克教育课程以及开设哪些课程进行了调查研究，结果如下表所示。

表 5-4 奥林匹克课程开设的情况（$n=600$）

选项	百分比/%
是	38.84
否	61.16

表 5-5 学校已开设冬奥会奥林匹克课程名称（$n=600$）

排序	名称	比例
1	滑冰	31.3%
2	滑雪理论与实践	18.8%
3	速滑	18.3%
4	冰壶	8.3%
5	冰球	8.1%
6	奥林匹克	6.2%
7	奥林匹克运动	3%

续 表

排序	名称	比例
8	雪地足球	3%
9	冰上舞蹈	3%

注：n 代表参加调研的人数，调查研究时可多选。

表 5-5 显示，开设冬奥会奥林匹克课程是 2022 年北京冬奥会奥林匹克教育周期的常规化教育活动，开设的冰雪实践课程大多集中在滑冰、滑雪、速滑、冰壶、冰球等项目，理论课程集中在奥林匹克和奥林匹克运动上。这说明学校冬奥会项目的学习内容还需要不断拓展，要继续扩大冬奥冰雪知识的学习范围，为普及冬季冰雪项目作出更多贡献。

（四）冬奥会教育教学实施概况

冬奥会教育教学实施是实现冬奥会教育目标的中心阶段，既要符合教育对象的需求，又要考虑教育计划的真正落地，教学实施过程的重要性不言而喻，是冬奥会教育模式实现的重要保证。要将奥林匹克教育融入体育课堂教学，进行奥林匹克思想与精神的教育，课堂呈现的丰富形式可为学校的体育教育改革注入新的活力。同时，这也促进了奥林匹克精神扎根学校，促使学生身心健康发展。表 5-6 和表 5-7 是对已经开设奥林匹克教育课程的中小学校的统计概况，针对冬奥会教育融入教学的具体频次和实践教学，中小学生最喜欢的冰雪教学项目排序如下。

表 5-6 冬奥会教育教学频次（$n=200$）

选项	比例
一周一次	73.2%
一周两次	17.3%
一周三次及以上	9.5%

注：n 代表参加调研的人数，调查研究时可多选。

表 5-7 中小学生最喜欢的冰雪教学项目和活动排序（$n=200$）

排序	排序	比例
滑雪	1	38%
滑冰	2	31%
速滑	3	7.9%

续 表

排序	排序	比例
冰壶	4	3.6%
冰尜	5	3.5%
冰滑梯	6	2.9%
打雪仗	7	2.1%
冰球	8	2.0%
堆雪人	9	1.9%
爬犁	10	1.8%

注：n 代表参加调研的人数，调查研究时可多选。

从调研结果看，冬奥会教育教学频次反映了冬奥会奥林匹克教育的正常化、日常化，也是冰雪进校园真正落地的体现，一周一次大多集中在哈尔滨、北京、河北、南京等，一周三次及三次以上的大多集中在哈尔滨，这说明黑龙江地区的学校冰雪运动基础和氛围还是非常浓郁的，有冰雪运动的优良传统。南京由于有 2014 年青奥会的基础和沉淀，对冬奥会奥林匹克教育的理解更加深刻，并更加执行有力。据表 5-7 显示，关于中小学生最喜欢的冰雪教学项目，滑雪跃居榜首，占 38%；排名第二的是滑冰运动，占 31%，学生们喜欢滑冰带来的自由感；排名第三的是速滑；学校对于冰壶、冰球的推广，学生们还是很喜欢的，但比例偏低，与冰雪运动的普及距离还很远。另外，中国一些传统的冰雪趣味项目，也走进了学校课堂，如冰滑梯、打雪仗、堆雪人、爬犁等。

（五）冬奥会教育内容概况

奥林匹克运动是通过没有任何歧视、具有奥林匹克精神，以友谊、团结和公平竞争的精神相互理解的体育活动来教育广大青少年，使奥林匹克运动为人类的和谐发展服务，共同努力建立一个更加美好的和平世界。《北京 2022 年冬奥会和冬残奥会中小学生奥林匹克教育计划》明确中小学校将奥林匹克教育纳入学校教育教学内容，通过体育课程、综合实践活动、奥林匹克主题活动、德育活动等方式，开展冬奥会奥林匹克教育。对于学校举办的冬奥会奥林匹克相关教育活动的调研发现：冰雪体育竞赛占 37.95%，冰雪运动讲座占 26.79%，冰雪画报展占 25.89%，冰雪知识竞赛占 19.2%，奥林匹克演讲占 17.86%，奥运冠军进校园占 10.71%，奥林匹克辩论会占 8.48%，奥林匹克报告占 7.14%。从这组数据可以看出，冰雪体育的训练和竞赛是学校体育的重头戏,以冰雪教学促进冰雪训练,以冰雪竞赛带动冰雪训练,互相促进,形成良性循环。其他各类奥林匹克教育教学活动也举办得精彩纷呈、有声有色。

中小学生对冬奥会教育内容有自己的主观选择,他们最希望增加冰雪体育活动知识,占 75.89%。不管是在北方,还是在南方,相关冰雪体育活动知识是学生们所渴求的,中小学校要基于自身客观实际情况创造性地去满足学生们的这一需求。排名第二的是日常冰雪体育锻炼内容,包括滑雪、滑冰等课程教学。排在第三位的是提高冰雪运动技能。这是广大中小学生的兴趣点所在,有些学生建议教授教学内容过程中要兼具一定的趣味性,可以提高其学习兴趣;教学内容应该根据教学需要,既要兼顾启迪人生,形成积极的人生观,又要向学生输出积极的价值观,还有 16.96% 的教学内容是为了提升冰雪运动考试成绩,帮助学生提升冰雪运动技巧。

表 5-8 冬奥会教育内容统计($n=200$)

选项	比例	排名
以增加冰雪体育活动知识为主	75.89%	1
以日常冰雪体育锻炼为主	55.36%	2
以提高冰雪运动技能为主	45.98%	3
以启迪人生为主	31.77%	4
以价值观教育为主	28.13%	5
以提高冰雪考试成绩为主	16.96%	6

注:n 代表参加调研的人数,调查研究时可多选。

(六) 冬奥会教育途径概况

冬奥会教育途径是指促进受教育者获得奥林匹克运动知识的渠道和方式的总称。冬奥会教育途径既是教师对学生施加影响的渠道与方式,也是学生获得奥林匹克素养的发展渠道和方式。冬奥会教育途径是保证冬奥会教育目标得以实现、教育内容得以呈现的基本渠道,如果缺少或者没有选择恰当的教育途径,奥林匹克教育的宏伟蓝图终将难以实现。关于中小学生的调研显示,开展冬奥会奥林匹克教育可以提高学生对奥林匹克知识的了解,树立不畏困难、不怕挫折的顽强精神,增强自信心、形成积极乐观的生活态度,增强团队协作精神。中小学校的冬奥会的主要教育途径有以下 6 种:体育理论课,占 48.21%;体育实践课,占 44.2%;德育课,占 25.89%;板报宣传册,占25.45%;班会课,占22.32%;5—10分钟广播,占21.43%。以上数据说明,体育理论课、体育实践课、德育课是学生获得冬奥会教育的相关主渠道和主阵地,广大体育教师和德育课教师肩负着进行冬奥会奥林匹克教育的重要使命。另外,班级班会课、板报、课间广播的作用也不可忽略。

表 5-9 冬奥会教育途径($n=600$)

选项	比例	排名
电视	76.79%	1
互联网	62.95%	2
体育课	37.50%	3
家人、朋友传播	22.32%	4
书籍	20.98%	5
广播	16.96%	6
奥林匹克课程	16.07%	7
同学	14.73%	8
报纸杂志	14.29%	9
知识竞赛	11.16%	10
墙报宣传	11.10%	11
讲座	8.93%	12
画报	8.76%	13
社区宣传	8.48%	14

注:n代表参加调研的人数,调查研究时可多选。

对于中小学生来说,获得冬奥会奥林匹克教育途径更加多元,如表5-9所示,传统媒体电视和互联网为冬奥会奥林匹克教育作出了重要贡献。目前阶段,传统媒体对冬奥会教育的传播仍然大于互联网,学校体育课排名第三。冬奥会《奥林匹克教育读本》等书籍的顺利发布,使奥林匹克教育走进中小学生的视野,对中小学生的冬奥会视野的打开产生正向影响。学校中各种冬奥会知识竞赛、墙报宣传、讲座、画报等活动,为冬奥会教育开拓了更多途径。另外,8.48%的参加调研的学生认为,家庭所在小区进行冬奥会奥林匹克教育宣传的相关活动,能使学生们有机会接触并学习冬奥会奥林匹克相关知识。

三、冬奥会奥林匹克教育模式面临的困境

冬奥会奥林匹克教育硬件是指在奥林匹克教育过程中有形的配套条件的总和，在本书中主要包括政府管理部门、中小学校、相关奥林匹克教育机构、教师师资等。冬奥会奥林匹克教育软件是指在奥林匹克教育过程中形成的客观条件的总和。怎样让广大教育者充分利用这些教育资源，最大限度地发挥这些资源、队伍的效用，保证奥林匹克教育实践工作顺利实施是亟须解决的问题。奥林匹克教育实践，不仅需要基础的硬件条件，还需要相应的软件条件作为支撑。硬件和软件条件的共同作用，才能有力推动冰雪运动的大力发展。研究过程中，我们发现了一些难点，需要正确面对。

（一）政府职能：宏观政策需要强化，资源配置存在短板

奥林匹克教育的开展离不开政府相关部门的支持和引导，对于冬奥会教育发展来讲，政府的作为至关重要。针对奥林匹克教育实践中发现的问题，政府相关部门在推进奥林匹克教育发展中，作为顶层设计者、整合协调者、宣传推进者，需要及时提出推进和优化政府奥林匹克教育工作的思路。

中国政府高度支持国际奥委会通过《奥林匹克 2020 议程》的革新文件，深信这些改革措施将为奥林匹克运动开辟新的未来。中国是奥林匹克大家庭中的一员，一直积极支持并参与奥林匹克运动，推动奥林匹克事业的发展，促进人民健康水平提升，使"卓越、友谊、尊重"的奥林匹克价值观在中国深深扎根。借助 2022 年冬奥会奥林匹克教育的契机，中国奥委会积极准备，鼎力扩大冰雪运动设施的建设范围并加大力度，大力推动冰雪项目的宣传和推广，促进奥林匹克教育在中小学校的大力开展，支持中国冰雪体育项目的全面发展，不断提升冰雪项目的竞技水准。中国既有举办奥运会等重大赛事的成功经验，也有 2008 年奥林匹克教育的基础，更有 2022 年冬奥会奥林匹克教育的稳步向前推进。

从中国教育改革的进程看，奥林匹克运动倡导和谐、自由、健康、积极的现代运动观念，奥林匹克主义以奋斗为乐，注重优秀榜样的教育价值，充实着中国中小学体育教育的内容。政府推行的奥林匹克教育政策，着重体现在奥林匹克教育组织管理体系上，包括两份奥林匹克教育计划、三年多的奥林匹克教育周期；包括奥林匹克知识普及、冰雪运动活动和竞赛、冰雪运动实践、冰雪国际交流、奥林匹克价值观教育等主

要内容，提倡北京、河北以及全国中小学校积极参与。2022年冬奥会奥林匹克教育采取的政府主导并深入领导的组织方式，是保证教育目的实现的有效方式。

2008年奥林匹克教育相关政策自2005年11月3日启动以来，在我国已经实施十几年，一些中小学校坚持奥林匹克教育从未间断。2022年冬奥会奥林匹克教育计划自2018年2月启动以来，已经使奥林匹克教育成为人才培育中的重要一环。政府相关部门、中国冬奥组委、教育部、体育总局、各地政府及相关部门为强化奥林匹克教育起到了宏观引领的作用，各省和各地区在执行奥林匹克教育计划政策时深入结合本省和各地区的自身特点，提供适当的政策扶持，制定出兼具引导性、扶持性、公益性的教育政策，支持建设各类奥林匹克教育平台及奥林匹克实践基地，严格管理各有关部门，严格执行各项教育政策。

我们应该看到，推广冰雪运动进校园，冰雪场地是基础，大部分地区雪场、冰场数量严重不足。以贵州省为例，一个近3 900万人口的省份，共有10个冰雪场（馆）。以江苏省为例，江苏省是个近8 500万人口的大省，经济位列全国前茅，目前全省13个设区市建成运动场地45个，场地面积为55.32万平方米，人均0.006平方米。截至2021年1月，全国已有654块标准冰场，已有803个室内外各类滑雪场，同期，加拿大的冰球馆数量已达到三千多座，按照人均一对比，场地设施差距不言自明，北京已有仿真冰进入学校，建立学校"冰雪教室"，但这并不是普遍现象。在执行奥林匹克教育计划的实践中，对各种冰雪教育资源的合理配置，调动优秀师资投入方面有些地方力度不够，对资金来源渠道和资金投入分布还需要进一步优化，还需要不断改进，努力营造积极、良好、适宜的举办冬奥会的氛围，助力冰雪运动在中国的发展。

教育制度、政策的引导太过宽泛。自2018年2月进入2022年冬奥会教育周期以来，奥林匹克教育受到国家政策的大力支持，根据教育部、国家体育总局官方网站资料显示，这一时期，相关国家政府部门出台了一些政策。2016年11月，国家发展改革委员会、国家体育总局、教育部、文化和旅游部联合印发《冰雪运动发展规划（2016—2025年）》，促进冰雪运动繁荣健康发展，走好政府引导、市场主导、因地制宜、重点发展、协调互动、融合发展的路线，提高体育公共产品和服务供给的质量和水平。2018年1月，北京冬奥组委、教育部、国家体育总局联合发布《北京2022年冬奥会和冬残奥会中小学生奥林匹克教育计划》，坚持绿色办奥、共享办奥、开放办奥、廉洁办奥理念，推动冰雪运动进校园，明确在中小学校开展奥林匹克教育，促进学生全面发展。2019年7月23日，《教育部办公厅关于做好全国青少年校园冰雪运动特色学校及北京2022年冬奥会和冬残奥会奥林匹克教育示范学校遴选工作的通知》，提到弘扬奥林匹克精神,推动"三亿人参与冰雪运动",提高校园冰雪运动普及水平,丰富体育教学活动内容,传播积极健康的生活方式,不断提升学生体质健康水平。2019年3月31日,中共中央办公厅、国务院办公厅印发《关于以2022年北京冬奥会为契机大力发展冰雪运动的意见》,提倡举办青少年冰雪赛事,发展校园冰雪运动。2019年6月4日,教育部、国家体育总局、财政部、国家发展改革委员会发布《关于加快推进全国青少年冰雪运动进校园的指导意见》,文件指出截至2022年,校园冰雪运动教学、训练、竞赛和管理体系健全,冰雪运动特色示范学校引领作用强劲,参与冰雪运动的学生明显增多,积极为2022年北京冬奥会和冬残奥会营造浓厚的举办氛围。

北京和张家口作为举办地,根据自身情况也出台了相关教育配套政策。例如北京:2021年5月,北京市教育委员会发布《关于开展2021年北京市中小学生奥林匹克教育及冰雪进校园系列活动的通知》,并配备有《2021年奥林匹克教育及冰雪进校园系列活动方案》《2021年奥林匹克教育及冰雪进校园系列活动列表》。各地也纷纷出台了地方版的冰雪运动进校园的各种文件,并给予了相应的资金和政策支持。例如:《江苏省加快发展冰雪运动产业行动方案》,全面推进"全民冰雪大动员"、"我与冬奥同行"冰雪项目竞赛、冰雪运动进校园进社区、冬奥教育宣传四个板块。《浙江省户外运动发展纲要(2019—2025年)》有推进冰雪运动进校园的阐述。虽然有各类国家部委的教育指导意见,但这些政策在学校教育中落地情况到底如何?我们在调研过程中查看了推进北京市、河北省以及其他各省市冰雪运动进校园的具体文件,都是一些指导性文件,教育相关部门对学校、对冰雪教育课程和教学目前并没有硬性的课时规定,这对学校奥林匹克教育的规范性、自主性和持续性,以及冰雪项目的推广来说,是一大遗憾。根据调研数据显示,61.16%的地区并没有开设奥林匹克课程。有些地区对奥林匹克教育计划的配套政策不够细化,致使部分地区部分学校并没有进行奥林匹克教育,使学生丢失了学习奥林匹克冰雪知识的教育机会,客观上影响了冬奥会教育效果和影响力。

(二)学校功能:冬奥教育有开展,水平参差不齐

学校是奥林匹克教育的主阵地,作为教育的重要有机组成部分,肩负着人类传播优秀教育文化和体育文化的重任。一方面,学校体育是学校教育组成部分之一,在促进奥林匹克文化传播、多元体育文化发展中发挥积极作用;另一方面,奥林匹克教育的内涵、手段、方法以及奥林匹克理想、主义、精神为核心的思想内容充实了学校体育教育内容,通过参与体育运动的教育过程,以及奥林匹克思想的传播,帮助青少年茁壮成长,为学校教育发展和校园文化建设提供丰富的方法、手段和内容,有助于学生完成社会化的成长历程,这也是学校体育的重要教育责任所在。[①]

2022年冬奥会时期,以北京朝阳区为例:朝阳区有59所学校将奥林匹克课程作为学校的必修课,更多学校将奥林匹克教育设为选修课。在校内,他们通过体育课、班会课、德育课、艺术课程、校园小广播、小记者站、学校体育文化节、校园冰雪文化宣传等渠道去传播奥林匹克宗旨和精神;在校外,他们通过电视、报刊、网络等渠道,受到冬奥会冰雪运动文化的影响。据孙卫华、黄丽娜等人的调研结果显示,担任奥林匹克教育课程的教师主要来自8个学科,有体育、地理、历史、劳技、政治、音乐等,奥林匹克教育内容的讲授主要以体育教师为主,共41人,占教师总人数的69%,起积极的重要支撑作用。朝阳区教研中心每学期都会安排奥林匹克教育专题教研活动,以课程化的方式,整体设计区域教师培训和教学研究内容,其教研方式包括课例分析、研究课、专家讲座、微课制作和网络教研等多种形式,充实并进一步完善本区域奥林匹克教育资源库。这其中,一些奥林匹克教育示范学校敢于尝试、敢于争先、敢于创新,涌现出很多优秀教育成果。

南北方的冬奥会冰雪教育有差距。北京、河北、黑龙江、天津、吉林等北方地区的冬奥会奥林匹克教育正如火如荼地进行着,但我们也应该看到,我国南方一些地区、一些非奥林匹克教育示范学校的参与意愿有待增强,参与规模和水平也有待提高。另外,我国广大的青少年学生课业负担重,虽然"双减"教育政策落地,目前还没有摆脱"应试教育"这个隐形"指挥棒",奥林匹克师资力量不足、相关冰雪场地及器材较为匮乏,一些地区有忽视奥林匹克教育的现象等,这些都是我们需要面对的难题,亟待我们想方设法去解决。

据学者马玉芳、王永红的研究,中国北方和南方的冬季奥林匹克教育有一些差异,导致差异的因素有冰雪自然条件、冰雪场地设施、冰雪器物文化基础、冰雪运动参与行为等,所以,我国冰雪运动发展需要大力推进"南展西扩东进"的政策,全国冬奥会奥林匹克教育需要"多元化",我国北方地区因为得天独厚的冰雪条件,多年的冰雪文化传统为冬奥会奥林匹克教育搭建了平台,冰雪运动自然走进中小学校体育课堂,教育内容、教育形式多样,可以在冰雪竞技、冰雪产业和群众冰雪教育方面下功夫,加大冰雪运动参与深度,提升冰雪运动文化水平等。我国南方冬奥会奥林匹克教育文化战略需要强有力的政策引导保障,良好的经济基础支撑,良好的综合体育实力加

---

① 程鹏.北京奥运会对大中小学生体育观念和行为的影响研究[J].北京体育大学学报,2009,32(4):88-90,107.

持,对于冰雪运动的"南展西扩东进"的推广是一种驱动力量,推进中当然存在着不足和问题,制约其纵深推进。冰雪运动走进校园,冰雪运动明星示范引领的加入,体育科技的进步和力量有助于冰雪运动的发展,冰雪运动的旱地化尝试,打造一种线上线下体验参与的互动场景等,这些都可以尽量弥补南方地区冰雪文化氛围薄弱、自然条件先天不足的状况,这些也是南方进行冬奥会奥林匹克教育的有益探索。①

冬奥会教育内容有差异。本书对河北调研数据统计显示,48.9%的学校开展了奥运冰雪项目,31.7%的学生希望奥林匹克教育内容与启迪人生相关,65.2%的学校针对奥林匹克明星进行讲解,讲授奥运明星的成长故事。82.1%的学校讲授奥运文化,对奥林匹克文化的知识进行宣传,学校都会对学生进行奥林匹克精神的宣传,说明河北省的教育内容比较丰富。②本书对江苏的实地调研数据显示,未开设奥林匹克教育课程的占78.1%,这个数字略显不足。在21.9%的开设的学校中,其教育内容包括:古代奥运历史,占72.2%;近代奥运历史,占90.72%;相关奥运人文知识,占42.2%;理想教育知识,占37.88%;精神教育知识,占64.26%。以上两组调研数据表明,河北省和江苏省分别对奥林匹克教育内容的开发各有特点。③根据地区现有条件的不同,有些偏重历史知识,有些偏重实践活动,各有侧重。部分地区和一些学校并没有讲授奥林匹克教育内容,没有开发相关的奥林匹克教育内容,致使奥林匹克教育理念虽好,但教育内容严重滞后,导致部分学生对奥林匹克运动有一知半解的情况。

(三) 机构关系:教育网络有编织,资源整合缺完善

民政部全国社会组织信用信息公示平台数据显示,截至2021年12月,我国正式注册的各级冰雪运动社会组织共有792个,是2015年冰雪运动社会组织数量的近3倍。奥林匹克教育需要各教育机构之间打破各自为政的教育格局,主动合作。2022年冬奥会在推进奥林匹克教育的过程中,需要在中国奥委会、学术研究会、2022年冬奥会奥组委的倡导下,各级教育部门、各级体育部门、体育联合会、体育俱乐部、体育教育代理机构、学校、各级赞助商、合作伙伴、私人组织机构、雪场、冰场、媒体、其他非营利组织、公益性组织等,不同机构主体间应积极主动建立起教育合作伙伴关

---

① 马玉芳,王永红.从政策导向到文化生成:我国冰雪运动"南展西扩东进"的动力因素、现实困境与优化路径[J].武汉体育学院学报,2020,54(4):21-27.
② 朱玮琳.奥林匹克教育在张家口市高中的开展现状及对策[D].石家庄:河北师范大学,2017:12-13.
③ 罗家弘.江苏省部门城市中小学奥林匹克教育开展现状及对策研究[D].福州:福建师范大学,2018:13-24.

系,通过各个层次的教育项目,互相补充,填补各地区、各机构奥林匹克教育空白点,在国内大力推广奥林匹克主义的价值观念,推动冬季冰雪项目和活动开展。

奥林匹克教育机构应主动积极构建各地区的奥林匹克教育网络。以2010年温哥华冬奥会教育为例,奥林匹克教育机构主要形成"双中心"的教育机构网络:第一,形成以加拿大奥委会为主导的"项目管理中心",第二,以各中小学为"项目实施中心",围绕着这两大中心,汇集了奥林匹克教育活动研创的专家团队、奥林匹克教育活动合作实施机构、奥林匹克教育活动赞助商、互联网技术支持等多个辅助机构,从而形成网状的教育参与机构,互相联系、相互支持。[①]

2022年冬奥会教育自2018年2月启动以来,中国奥林匹克教育正式展开常态性的、动态实践性的奥林匹克教育工作,冰雪运动项目进学校、进课堂、体教结合并融合。然而2020年1月开始的疫情打乱了人们的工作计划和节奏,疫情肆虐损害着人们的身体健康,人们遵守防疫要求,减少外出,减少人群聚集,学校课程转为线上课程,这也影响了奥林匹克教育的开展,教育机构间的联动的叠加教育效果受到不同程度的影响。中国的奥林匹克教育正在政府和相关部门的带领下,以奥林匹克教育示范学校为首的中小学校抓紧推进,各省、各地方因时、因地制宜,走出一条适合自身发展特点的教育之路。

据奥林匹克专家裴东光教授介绍,为迎接2022年冬奥会,北京、张家口和延庆三大赛区学校在北京市石景山区电厂路小学成立奥林匹克教育联盟,2019年10月18日,举办了首届冬季奥林匹克教育嘉年华的启动仪式。活动邀请了张家口市崇礼区高家营小学和乌拉哈达完全小学,北京市海淀区羊坊店中心小学、石景山区电厂路小学及延庆区张山营学校、姚家营中心小学、靳家堡中心小学、西屯中心小学、八里庄中心小学、珍珠泉中心学校等10所学校到场。活动现场设立了地壶球、旱地冰球、旱地滑雪等冰雪运动旱地化活动,多校展示了冬奥雕塑、奥运手工剪纸等冬奥元素手工制作项目。北京冬奥会三大赛区学校奥林匹克教育联盟大讲堂也来到了电厂路小学,首先进行的是京张高铁建设知识讲座,随后联盟各校学生"一校一生"讲奥林匹克故事,羊坊店中心小学高级体育教师、青少年奥林匹克教育实践专家周晨光主讲了奥林匹克教育大讲堂。

2019年7月19日,张家口在崇礼万龙滑雪场成立雪上运动培训联盟。87家联盟成员单位负责人及联盟委员会全体人员参加了成立大会。雪上运动培训联盟是由

---

① 王润斌,李慧林,贺冬婉.2010年温哥华冬奥会背景下加拿大奥委会的奥林匹克教育实践及启示[J].北京体育学院学报,2009,32(3):214-220.

张家口市冰雪运动特色学校、开展雪上运动相关专业学历教育的大中专院校、社会培训机构、滑雪场等法人单位和在雪上运动培训行业有影响力的专家、学者等人士自愿组成的非法人社会组织。雪上运动培训联盟成立了五个工作委员会,五个工作委员会的工作分别对应雪上项目培训的五个痛点,它们分别是:青少年培训、大众培训、教练员培训、雪场运营人员培训、裁判员培训等。张家口雪上运动联盟的成立,对引领和推动全市冰雪运动蓬勃开展做出了很好的示范。

北京、张家口编织冬奥教育网络,为解决自己的痛点寻找更好的解决办法。其他各省市有没有采取措施解决冰雪运动相应的痛点,有没有编织冬奥教育网络进行相应的尝试?就目前的资料看,比较少,没有形成互相学习的氛围、优势互补的组织。2022年冬奥会奥林匹克教育由中国冬奥会组委会、教育部、国家体育总局启动并建立中国冬奥会奥林匹克教育网络;从地方实施奥林匹克教育层次看,建立从政府部门、教育部门、体育部门、各省、各市、各地区、各奥林匹克中心、各奥林匹克实践基地、各中小学校、各冰雪运动俱乐部、公益性体育教育机构,到媒体、各奥林匹克研究中心等整体联动奥林匹克教育网络,[1]以期将奥林匹克冰雪教育效果最大化。各个层次奥林匹克教育联盟的建立,对促进奥林匹克冰雪项目的开展是一种有效的尝试。

(四) 人才状况:冰雪师资有队伍,现实水平令人忧

2018年11月发布的《全国冰雪运动参与状况调查报告》指出:"当前我国冰雪运动开展的三大短板是群众参与度不够、场地建设不足和专业人才短缺。"我国冰雪运动的普及率并不高,社会对冰雪运动师资人才的需求非常旺盛,这就需要培养大量的冰雪运动人才,为新兴冰雪运动产业的发展服务。冰雪运动的师资资源主要包括冰雪运动教练人才、冰雪赛事运营人才、冰雪市场推广人才、冰雪运动的学校教师等。首都体育学院院长钟秉枢曾指出,2022年重要滑雪场管理人员需要4 110人,冰上项目需要984人,雪上项目需要1 464人,我国现有冰雪人才数量还不能满足冬奥会人才所需,学校冰雪体育教师人员不足,我国冰雪竞技运动基础薄弱、专业人才短缺,两者是制约我国冰雪产业发展的主要因素,形势严峻。

我国冰雪运动群众基础薄弱,当前阶段冰雪教练人才缺乏,冰雪教练水平良莠不齐,影响了冰雪爱好者的运动尝试感和体验感。滑冰、滑雪运动,需要在专业教练的

---

[1] 耿申,张蕾,吕晓丽.北京奥林匹克教育遗产的整理和利用——基于2010年度北京奥林匹克教育的调查研究[J].北京体育大学学报,2011,34(12):75-78.

帮助下,使体验者享受冰雪乐趣,这就要求我们从冰雪专业的体育学生中选拔和培养教练人才,强化冰雪教练认证制度,执证上岗,提高执教水平,培养冰雪赛事运营和市场推广人才。冰雪市场专业的实践性很强,冰雪运动面临巨大的发展机遇,冰雪赛事运营、冰雪市场推广都需要冰雪文化价值的积极引导和传播,[①]吸引更多人的激情参与。

本书的调研结果显示,28.2%的教师没有能力进行冰雪课程授课。能够教授的冰雪项目,其中排名第一的是滑冰,占28.2%;排名第二的是滑雪,占21.1%;排名第三的是速滑,占17%,其他依次是单板占2.8%,高山滑雪占1.4%。这说明冬奥会项目类别在学校的开展水平有限,教师所能教授的冬季项目类别单一,整体来说,在学校体育教师队伍中,冰雪运动人才是缺乏的。为迎接2022年冬奥会,25.35%的体育教师参加过冬奥会奥林匹克教育培训;既参加过2008年夏奥会奥林匹克教育培训,又为迎接2022年冬奥会参加过相关奥林匹克教育培训的仅占9.86%,这部分人群主要是来自奥林匹克教育示范学校的老师。

教师既是奥林匹克教育活动能否顺利开展的关键,同时也是奥林匹克教育活动的设计者和主导者,各所学校制定的教育目标和教育任务通过广大教师对学生进行讲授,教师是传播冬奥会冰雪知识和奥林匹克精神的直接人。自2022年冬奥会奥林匹克教育计划实施以来,我们将奥林匹克教育纳入学校教育体系,关键在于广大教师的正确引导和组织。学者孙葆丽教授认为:教师要把与奥林匹克有关的主题引入能够鼓励终身体育的学校体育教育课程中。各省各地方政府和教育部门应创造机会加快学习冰雪项目,组建专业的冬季滑雪滑冰学校,培养、培训冰雪项目教师队伍,尤其是对紧缺师资队伍的培养,聘请专业的、技术水平较高的滑冰、滑雪教练对广大教师进行专业指导,也要邀请奥林匹克教育专家和具有奥林匹克教育实践经验的干部和教师组成专家团队为广大教师进行授课讲解,分阶段、分步骤提供指导意见,整体扩大学校冰雪运动师资规模并提升水平。

(五)传播效应:传统媒体犹见长,网络话语权不足

尽管我国幅员辽阔,冰雪运动文化开展的历史时间长,民族项目内容丰富,但以冬奥会为核心的国际冰雪运动项目在我国的开展仍面临着基础弱、人才少、关注度低等尴尬境遇。2018年"全国冰雪运动参与状况调查"结果显示,我国目前累计参与冰

---

① 桂豪.大庆市高校奥林匹克教育现状及对策研究[D].大庆:东北石油大学,2019:11-32.

雪运动的人口达到 2.7 亿;不同区域群众冰雪运动参与水平差异明显,南方省份只有两成群众参与。

电视媒介铸就现代体育神话,它将贵族奥林匹克运动拉入到千家万户的荧幕上,促使现代体育大力发展。如今,以电视为代表的传统媒介在奥林匹克文化传播中占据主导地位的历史正逐渐被新媒介文化传播改写。新媒体时代为中国冰雪运动文化的传播创造了新机遇。近 10 年来,微博、微信相继出现;表情包、直播、弹幕等新玩法不断被挖掘和创新;用户原创内容(UGC)、众筹等新方式纷纷出现——"更快、更高、更强"的奥林匹克格言,更是新媒介传播所追求的方向。据艾瑞咨询发布的《2016 年中国互联网体育用户洞察报告》表明,"2016 年互联网体育用户规模约为 3.9 亿,主流互联网体育平台的月度覆盖人数达 1.36 亿人,近 85% 用户选择新媒体获取赛事信息,新媒体(占比 52.8%)是网民最主流的观赛方式,并且成为用户参与赛事评论的主要渠道"。无疑,新媒体成了人们进行体育赛事观看、交流和文化传播的主要阵地。

本书调研结果显示,对于中小学生来说,76.79% 的学生是通过电视来获得奥林匹克冰雪教育的,62.95% 的同学是通过互联网来获得冬奥会冰雪教育的,其他广播占 16.96%,报纸杂志占 14.29%,这说明传统媒体对中小学生影响是正向的、积极的。对于大学生来说,传媒对冬奥会奥林匹克教育的效用,如果按教育效果从大到小排序,它们分别是:自媒体、网络平台、冬奥会官方网站。对大学生获取冬奥会教育信息途径的倾向性的调研结果,其从大到小的排序分别是:微信、短视频、微博、QQ。这说明,对于大学生来说,新媒体对新一代青年的影响越来越大,网络对年轻人的影响,随着科技的发展与日俱增。

网络不仅是人们进行信息交流的工具,而且已经成为人们在信息时代的生存方式。中国有近 10 亿的网络"原住民",在网络快速发展的同时,中小学校存在网络信息获取浅表化、网络信息辨识片面化、网络自我发展意识边缘化、网络道德责任意识冷漠化等问题。课题组对中小学生奥林匹克教育途径的调研结果显示,其中互联网排名第二,仅次于传统媒体电视,占比为 62.95%,这个比例数还是很高的。这就需要体育教师一方面要专注于课堂,另一方面要借助校园社交网络革新奥林匹克教学方式,比如利用网络技术塑造出惟妙惟肖、形态逼真的奥林匹克文化场景,让学生获得身临其境的感觉。校园社交网络具有较强的可控性,可更好地保障奥林匹克教学方式发挥优势、规避劣势。

新媒体时代的来临,打破由专业媒体人进行文化制作和传播的单向度模式,迈向群体传播时代,使得"人人都是麦克风"。受众主体地位的提升和移动互联网技术的普及，使高度组织化的大众传播在媒介格局中的垄断地位受到挑战，与人际传播、组织传播，尤其是高度链接化的群体传播，共同形成复杂的传播新环境、新格局，并引发信息生产方式的变革，催生出"人人都能生产信息"的互联网群体传播时代。新媒体时代跨越时空的障碍，突破传播的门槛限制，呈现出"万众皆媒"的现象。个人或组织都可以通过移动客户端，运用文字、影像、声频和小视频等形式，分享自己喜闻乐见的冰雪运动主题。加上新媒体强互动性特征，实现用户跨区域对话，使得用户深刻感受到"你在南方的初秋里艳阳高照，我在北方的深秋里大雪纷飞"的拟态体验，进而调动全民参与的积极性。目前，我国网民规模达 8.29 亿，互联网体育用户在 2019 年也已达到 5.2 亿。借助新媒体力量，无疑将快速且大规模拓宽冰雪运动的传播主体和受众群体。

在传统媒介时代，奥林匹克文化的叙事和表达主要由主流媒介掌握，而民众的声音、民众的立场——民众塑造另一种奥林匹克文化的权利是有些许缺位的。新媒体时代打破过去由电视媒体统治冰雪运动项目传播的单一化局面，改变电视长时间转播的固化形式，形成以冬奥会品牌赛事播放为核心，采用剪辑小视频、拼贴冰雪明星图片、制作精彩搞笑小视频等多样传播方式，发挥新媒体中微信、微博和微视频的"三微一端"传播优势，广泛通过移动客户端、网络平台等新媒体终端，延展冰雪运动文化传播的渠道和形式，实现冬奥会冰雪运动文化和我国民族冰雪运动文化的多样性传播。

由于冬季奥运会的媒体影响程度在某种程度上逊色于夏季奥运会，且我国电视媒体也尚未建立起如同 NBA 篮球赛事和世界杯等知名体育品牌赛事传播体系，缺乏稳定的用户群体。目前，用户对冬奥会冰雪项目的认知程度以及项目的物质和精神文化的认识程度都普遍较低。这不仅仅是因为部分冰雪运动项目的精彩程度和竞技审美尚未能够满足用户的媒介化观赏诉求，并存在部分电视媒体较少录制和转播冰雪运动赛事和冰雪运动类节目，且在电视体育的黄金时段也很少播放冰雪运动赛事。因此，播放渠道的单一性和赛事的稀缺性直接导致很难增强用户黏性，进而难以建构庞大的冰雪用户群。新媒体可以凭借互联网平台移动端，吸纳音频、视频、微信、微博等多样化的播放渠道和播放方式，全天候、全时段、多场景直播和转播国际及国内的冰雪运动赛事，结合创新多种文本的制作形式，满足用户的观赏、交流和学习等多方面需求，进而建立海量的新媒体冰雪运动用户群，形成新媒体用户"核岛"，为丰富冰雪运动文化形式、传播冰雪运动文化提供重要契机。

加大网络传播有助于增强冰雪运动文化传播的话语权。体育话语权不仅是指话语主体(国家体育权力机构或者国家体育组织、团体)在国际体育舞台上"说话"的资格和表现的自由,也指话语主体通过掌握和行使话语权,进而掌控全球体育格局,主导全球体育发展方向的宰制性权力。[1] 当前,我国冰雪运动文化的话语权出现了两类话语缺乏:一类是中国冰雪运动国际话语权的缺失,从平昌冬奥会女子3 000米短道速滑接力等项目的不公正判罚,到2019年短道速滑世锦赛中武大靖的成绩被取消,中国队很难争取适当的权益,这也暴露出我国冰雪体育的国际话语权较弱的问题。另一类是我国民族特色冰雪文化的乏力,以冬奥会为中心的国际冰雪运动文化与我国民族特色项目间的话语不平衡。媒体过多呈现冬奥会冰雪运动文化的议题,缺乏对中国本土冰雪文化必要的挖掘和传播,所以冬奥会教育传播无法立足于中国社会文化特征,自下而上地调动民间自发参与的积极性。因此,促使我们去主动构建中国的媒介冰雪运动话语格局,这需要改变传播路径、延展传播渠道,采用大数据方法聚焦用户冰雪运动文化的多样性需要,充分挖掘并满足用户的需求,细分用户冰雪运动的兴趣爱好,做到分众传播和精准传播。普及并深入传播冬奥会冰雪运动文化以及我国古代冰雪文化知识,构建出新的话语结构,培养出新的用户群体。新媒体的话语建构,是自下而上的,以亿万用户为主体,根植于人们的体育生活实践,往往一个媒介体育事件能引起海量用户通过新媒体平台进行群体性、大规模发声,创新出GIF动图分享等话语表达方式,打造出新的权力话语平台,进而提升我国冬奥会冰雪运动的话语权。并且,随着新媒体催生出"万物皆媒"的现象,人工智能机器新闻写作已进入新媒体体育新闻写作范畴,不断扩充话语内容。

  互联网技术的快速更新和不断创新,一方面,为奥林匹克教育工作提供了内容传播的新渠道,使教育途径更加多样,形式更加灵活,时空得以拓展;另一方面,互联网技术支持下的教育活动形成了交互的时空多维性,促使奥林匹克教育确立新的发展方向,借助互联网技术,促使奥林匹克教育打破展览、简单体验的模式,重构了教育主体之间的交流方式,有了新的创新发展,形成了独特的教育文化现象。[2] 互联网的传播速度和信息资源推动奥林匹克教育工作进一步延伸,且网络传播符合当代青少年学习和日常生活新特点,满足了青少年个性和兴趣发展需求,让奥林匹克教育不但具有教育性,而且具有生动灵活性、趣味性、及时性的特征。当然,冬奥教育与网络的融合应遵从教育学、心理学原理,形成符合青少年发展规律的网络互动教育模式。多媒体技术的兴起可以帮助改变奥林匹克运动传统发展形势,在科技高度发展的今天,奥

---

[1] 梁立启,邓星华,栗霞.话语权:全球化时代中国体育的诉求[J].北京体育大学学报,2014,37(11):32-36,42.
[2] 肖婉.网络民族志:"互联网+"时代教育研究的新路径[J].电化教育研究,2021,42(4):23-28.

林匹克运动利用多媒体技术为人们提供奥林匹克教育创新途径,其本身也在教育内容和形式上有不同程度的创新和发展。①

四、影响形成冬奥会教育模式的社会文化原因剖析

(一) 制度层面:政府政策有要求,相关规范未建成

奥林匹克教育制度不是奥林匹克教育的直接内容,却为奥林匹克教育传播提供管理体制和规章制度,其本身具有重要价值和意义。

1. 缺少课程制度和行政政策支持

根据调查研究发现,部分省市和地区普通中小学校并没有开设奥林匹克教育课程,探究其主要原因是缺少课程制度和行政政策支持。2018年1月30日发布了《北京2022年冬奥会和冬残奥会中小学生奥林匹克教育计划》的通知,该通知计划的实施对象是全国中小学生,北京市、河北省作为主办地切实落实各项工作,制订具体实施方案,东北、华北和西北地区为重点,其他地区因地制宜积极参与这项工作,共同推进各项冬季运动项目进校园。其他地区的上级相关教育部门(主办地除外),并没有文件硬性规定各地各级中小学校均要开设奥林匹克教育课程,既没有课程制度保障,也没有行政政策支持。普通中小学校开设其他课程的自主权有限,没有相关教育制度要求,对普通中小学教师讲授奥林匹克知识、精神、理念也没有课堂硬性指标要求,造成广大教师缺乏对奥林匹克知识体系和文化系统性的了解,影响了广大学生对奥林匹克运动知识点的深入系统了解,对奥林匹克文化教育的有序性和延续性产生了消极影响。

普通中小学体育教师缺乏奥林匹克文化素养。调研发现,体育教师对冬奥会奥林匹克教育非常了解的占12.68%,87.32%的体育教师认为有必要掌握冬奥会奥林匹克知识,经常向中小学生传播奥林匹克文化的占21.13%,在中小学校的教学一线,体育教师普遍缺乏奥林匹克教育文化素养。针对奥林匹克文化素养缺乏的现象,相关教育主管部门应该加强对体育教师的培训力度,力图提高每位教育者的教育素养。当然,北京、河北地区的奥林匹克教育组织得有声有色,南方一些地区的奥林匹克教育只能称为"蜻蜓点水",后者给向广大青少年学生传授奥林匹克教育制造了障碍。

---

① 李捷,何丽娟.奥林匹克教育实施路径[J].体育教学,2020,40(10):53-55.

2. 建议进一步开发奥林匹克教材

奥林匹克教材是反映学科内容的教学用书,教材既是课程标准的具体化,也是中小学体育教师上课的重要依据。随着教育科学技术的进步,教学手段的现代化,教学内容的载体更加多样化,当然,除了奥林匹克教材外,还应该开发指导用书和奥林匹克补充资源,包括工具书、挂图、教学资源软件包、电影、音像制品等。由于中国中小学校的奥林匹克教育地区差异、城乡差异、南北差异,为满足广大中小学生的奥林匹克教育需求,推动国家、各地方、各地区的奥林匹克教育的校本化教材发展,我们可以在以往奥林匹克经典教育教材的基础上,进行加工、补充、整合、拓展,结合各地区各校实际情况,以学校和体育教师为主体进行创编,开发出适合本校学生的奥林匹克教材。[①]

(二) 执行层面:宏观微观有边界,厚此薄彼低效益

奥林匹克教育执行层面是一个由教育者、教育执行者、执行计划、行动措施、目标群体、环境等诸多要素相互作用的复杂过程,任何要素都有可能成为奥林匹克教育计划失败的原因,而奥林匹克教育政策执行主体、奥林匹克教育政策、奥林匹克教育政策执行客体、奥林匹克教育政策执行环境、奥林匹克教育政策执行工具等则是影响教育政策执行的主要因素。奥林匹克教育政策执行困境是主客观因素共同作用的结果,其中奥林匹克执行组织机构及执行人员认识水平不够和能力不足、奥林匹克教育政策执行不到位、奥林匹克评价机制缺乏等是核心因素。

在特定的东方教育文化背景下,奥林匹克教育的执行是一项多层次、多系统的动态复杂教育工程。奥林匹克教育的执行不仅是上传下达的客观过程,也是由自下而上的执行者主观构建而成,两者合二为一,共同促进奥林匹克教育文化的推广。[②] 各级政府提供政策支持,奥林匹克专家学者理论层面积极参与和支持,教育目标群体自主创新,奥林匹克教育执行过程稳步推进。这种协同教育既存在正式官方的、制度层面的协同和协调,也存在具体行动细节的协调和调整。在各教育组织机构之间,共同学习和协商是重要的沟通方式,是解决发展奥林匹克教育的主要策略。

关于教育政策执行存在困境的原因分析主要有两个方面。一是宏观层面,作为

---

① 罗家弘.江苏省部分城市中小学奥林匹克教育开展现状及对策研究[D].福州:福建师范大学,2018:21-22.
② 刘惠.教育政策执行研究:内容、理论及发展趋势——基于文献综述的分析[J].教育科学研究,2015(6):35-39.

国家层面的奥林匹克教育计划是否有清晰的路线图,是否有明确的教育目标,是否有完整的执行方,是否有明确的教育对象,是否具有可靠的现实性、可操作性,是否关注决策层的教育意图,是否注重执行层的具体落地情况,这些都需要纳入考察范畴。奥林匹克具体教育实践不仅强调教育的系统性,而且应该增加更多选择。二是微观层面,各地方各学校是否重视奥林匹克教育,是否认识到奥林匹克教育的价值,是否根据自身实际设计不同的教育模式,在执行要求上是否考虑设置不同的步骤,是否为一些奥林匹克教育基础薄弱的学校留下适应的时间和空间,是否为奥林匹克教育方案的执行提供更多的选择方案,以及有没有相关评价机制等。学校应该通过冬奥会的教育契机,建立提升教师奥林匹克文化素养的通道,组织教师进行奥林匹克文化培训,开展各校校本教研活动等,帮助广大教师补充奥林匹克运动新知识、学会冰雪技能、适应冰雪文化课程、提高冰雪教学水平、提高冰雪教学质量。教师的积极引导、冬季综合实践活动课程的驱动等,给青少年学生的冰雪运动学习方式注入新元素和新活力。

(三)保障层面:三位一体有考量,支撑效应不立体

奥林匹克教育的发展需要保障制度的有力支撑,新时代在强调体制建设和体育改革的大背景下,传统的教育保障需要紧跟新时代步伐,走向从有到优的保障道路,为适应新时代对奥林匹克教育发展的需求,充分发挥教育保障的支撑作用。奥林匹克教育文化的优质师资保障是实现学校优质体育教育最有力的核心因素,奥林匹克教育的经费保障是教育资源建设和应用的基本供给(如允许学生到校外购买冰雪运动社会服务,购置一些冰雪运动学校教学器材等),2022年冬奥会奥林匹克教育的物质保障是中小学校的实践支撑,三者合力形成人、财、物"三位一体"立体支撑。我国各地方、各级、各学校的体育师资队伍建设制度、教育经费制度、物资保障制度已经建立并运行多年,拥有各自相对成熟的制度系统。有关冰雪教育经费的支付问题、冰雪教学的物资配置调度问题、新型教师队伍的奥林匹克文化建设和提升问题等都需要进一步完善,具体来说包括优化经费配比和物资投入,严格学校经费监管制度和冰雪物资采购制度,规范奥林匹克教育经费使用制度,创新和规范奥林匹克教师编制配备,完善体育教师资格体系和准入标准等。[①]

从加强奥林匹克教育制度保障看,要保障一定的奥林匹克教育课时量。根据调

---

① 宋乃庆,杨黎,范涌峰.新时代教育现代化:内涵、意义及表现形式[J].教育科学,2021,37(1):1-8.

研数据显示,一些地方和地区的教育部门并没有设定关于奥林匹克教育课程开设的具体要求,虽然在新的课程标准中给予学校5%左右的课时量自由权,由学校决定这部分课时的教学内容,但是5%的课时自由度还是比较少的,面对可以设置的教学内容,奥林匹克教育难以有一席之地,缺乏课时的保障,在学校内难以建立一个较为完善的教育体系,师生也都难以重视起奥林匹克教育。所以,想要促进奥林匹克教育在中小学中的推广,就需要教育主管部门提供一定的制度和政策的支持,确保课时量。从提升体育教师奥林匹克专业化素养看,要保障体育教师有机会参与新时期的奥林匹克文化的培训,绝大部分中小学校体育教师对参加奥林匹克教育培训都有意愿并有积极支持的态度,没有专业化的奥林匹克教师队伍,哪里能展示出奥林匹克教育在中小学校的教育效果?因此,组织中小学校体育教师参加、学习、进修、研讨、研究奥林匹克运动的理论和实践,是奥林匹克教育发展的基础条件。从奥林匹克教材方面看,要保障奥林匹克教育资源素材的创新和突破。当前,奥林匹克教育教材缺乏,还不够多元化,教材在数量和质量上仍然需要提升。要努力建立奥林匹克教育立体式的教材体系。奥林匹克教育立体教材体系包括,纸质教材(课本、习题、指导书等)、电子教材(幻灯片、图片等)、多媒体教材(音频、视频等)、在线资料库等方面,教材制作需要不断创新,满足新时代广大中小学生的兴趣要求,为奥林匹克运动的推广服务。[①]

(四)评价层面:效果评估太机械,科学标准待建立

奥林匹克教育评价体系可以帮助发现奥林匹克教育过程中的问题,提醒教育者及时、有效地对奥林匹克教育过程进行优化,增强奥林匹克教育效果,形成教育的良性循环,促进奥林匹克教育教学工作进一步提升,实现师生教学相长,共同成长。奥林匹克教育评价制度是评价奥林匹克教育的重要环节,对奥林匹克教育发展具有反向促进作用,帮助提高奥林匹克教育质量,有助于促进奥林匹克教育的发展。

希腊作为奥林匹克运动文化的发源地,是首个针对奥林匹克教育的推进为奥林匹克教育设置教育评估体系的国家。2000年希腊奥运会奥林匹克教育评价方法的特点如下。根据所罗门提出的教育评估3个结构性要素将奥林匹克教育项目分解为6个指标和板块:教育资源、师生关系、师资培训、教学程序、场地设施、管理运行。采用半结构访谈法对开展奥林匹克教育项目的55所中小学的校长进行访谈,分别就上述6个指标进行细化,对每个指标进行5个维度("完美""非常好""好""一般""坏")

---

① 罗家弘.江苏省部分城市中小学奥林匹克教育开展现状及对策研究[D].福州:福建师范大学,2018:23-24.

上的测量,其评价方法的最重要创新是根据上述6个一级指标设计出了"教育项目实施评估问卷",经过教育专家修正和小范围问卷的验证与修订,最终设定6个一级指标,26个二级指标的问题,并进行抽样调查和统计、因子分析和相关性分析,做出最终评价。评价结果对于改善奥林匹克教育推进中的不足之处起到重要作用,给我国奥林匹克教育的评价工作提供了参考价值。

奥林匹克教育评价体系在教育活动中的指导性意义。对于奥林匹克教育过程,评价过程是不可或缺的。奥林匹克教育评价具备了判断、选择、导向和改进的功能,在实践奥林匹克教育时,需要在理论构想和教育实践层面上对教育评价有一定的设想,比如:奥林匹克教育评价制度可以包括校情分析、教育目标分析、实施方案分析、实施情况分析、实施效果分析。校情分析就是根据学校的具体情况,在创建奥林匹克教育课程的过程中,根据中小学校的硬件设施和软件条件进行评估,是否具备开办奥林匹克教育课程,或者还需要完备哪方面的条件和设施,这对于能否办好奥林匹克教育课程具有基础作用。① 奥林匹克教育课程的教育目标是奥林匹克教育的发展方向,任何中小学校教育都要有合适的教育目标;奥林匹克教育的实施方案分析就是对奥林匹克教育的可行性进行分析和论证,使奥林匹克教育发展符合本校的教育基础和实际,一旦理论与实践操作有偏差,就需要不断完善和改进实施方案。奥林匹克教育的实施情况分析,就是奥林匹克教育的各项具体措施在实践过程中能否得到真正落实,是否达到奥林匹克教育所要达到的相应效果等。各个方面目标的达成,是奥林匹克教育评价体系中重要的一部分。奥林匹克教育评价制度是奥林匹克教育文化建设中的重要环节,对于奥林匹克教育的建设和发展具有客观评价和完善的效用,因此,构建奥林匹克教育评价制度与体系具有重要意义。

【本章小结】

1. 冬奥会教育模式开展的现状如下:有学科课程教育模式、传播知识教育模式、项目技能教育模式、主题活动教育模式、国际理解教育模式共5种。培养具有国际化视野和世界公民意识的地球居民,为冬奥会精神在全世界的广泛传播创造全球性的教育平台。

2. 对冬奥会教育模式的核心要素,如教育者、受教育者、冬奥会教育课程开设概

---

① 桂豪.大庆市高校奥林匹克教育现状及对策研究[D].大庆:东北石油大学,2019:23-24.

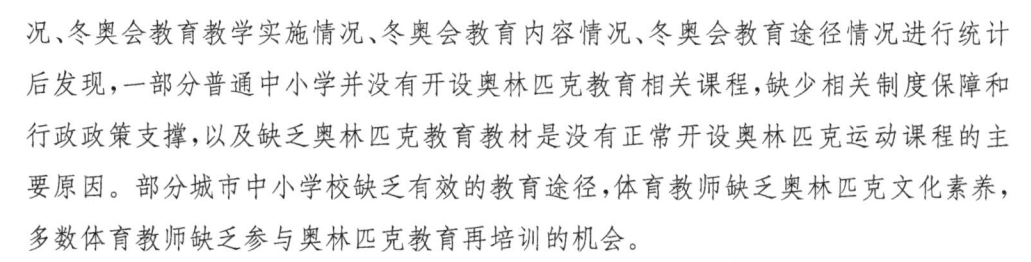

况、冬奥会教育教学实施情况、冬奥会教育内容情况、冬奥会教育途径情况进行统计后发现，一部分普通中小学并没有开设奥林匹克教育相关课程，缺少相关制度保障和行政政策支撑，以及缺乏奥林匹克教育教材是没有正常开设奥林匹克运动课程的主要原因。部分城市中小学校缺乏有效的教育途径，体育教师缺乏奥林匹克文化素养，多数体育教师缺乏参与奥林匹克教育再培训的机会。

3. 部分城市中小学生对奥林匹克教育和精神的理解不够全面，对延展到体育领域外的奥林匹克精神理解有限。绝大部分在校体育教师和中小学生对校园内相关的奥林匹克课程开设持积极支持态度，中小学校缺乏奥林匹克教育评估体系。

4. 冬奥会教育模式面临的困境。政府层面：宏观政策有强化，资源配置存短板；学校功能：冬奥教育虽有开展，水平却参差不齐；机构关系：教育网络有编织，资源整合欠完善；人才状况：冰雪师资有培养，现实水平令人担忧；传播效应：传统媒体犹见长，网络话语权不足。

5. 对影响冬奥会教育模式实现的原因剖析：第一，冬奥会教育模式制度层面，政府政策有要求，相关规范未建成；第二，冬奥会教育模式执行层面，宏观和微观有边界，厚此薄彼低效益；第三，冬奥会教育模式保障层面，三位一体有考量，支撑效应不立体；第四，冬奥会教育模式评价层面，效果评估太机械，科学标准的评价体系待建立。

第六章 继往开来：人类命运共同体视域下2022年冬奥会奥林匹克教育模式的构建和推广

一、人类命运共同体视域下2022年冬奥会奥林匹克教育模式的构建

（一）人类命运共同体理论：冬奥会教育模式理念之源

人类命运共同体视域下2022年冬奥会奥林匹克教育模式的构建理念是人类命运共同体理念，在人类命运共同体理念的指导之下，同时结合冬奥会的特点和特色，指导实施的具体内容，此构建理念既要体现人类命运共同体的最终构建，同时又有别于以往呈现的理念。此构建理念体现以下三个特点：第一，体现全球化视野。人类命运共同体尊重不同国家的发展道路、历史、文化、意识形态、基本国情，人们应该放大格局，跨越各国国情和发展道路，开阔全球化视野，在奥林匹克运动和其他领域合作共赢，而不是抵制、阻碍、打压别国的发展。建立全球各国共担职责体系，让冬奥会奥林匹克教育的发展理念惠及世界各国人民，大家携手向前，共同进步。第二，展现以人为本思想。人类命运共同体呼吁各国团结一致，以人民为中心，打破零和博弈的思维，突破只有一己之利的考量，强调全人类的本位，不是个人本位，不是国家本位，而是全人类共同携手共同探索的人间大道。冬奥会教育模式的构建应该凸显以人为本的重要理念，为人的发展服务，而不应该受当今一些国家意识形态的干扰。第三，升级新型价值观思想。地球上的不同国家有利益分歧，人类命运共同体意在超越而非打破，利益分歧也从另一方面说明，提出人类命运共同体的必要性。人类命运共同体的构建重在超越各个国家的利益分歧，超越意味着寻找全球共同利益和全球共同价

值,比如以奥林匹克运动为例,追求全球共同运动观、共同健康观,摒弃将奥林匹克政治化的思维,比如:某些国家叫嚣要将2022年冬奥会的举办国换了,或者扬言不参加2022年北京冬奥会,将国内政治意识强加给奥林匹克运动,这也严重不符合奥林匹克精神,所以人类社会更需要以人类命运共同体理念作为解决国家利益与全球共同价值的重要准则。2021年7月,国际奥委会第138次全会通过将奥林匹克格言修改为:更快、更高、更强、更团结。将"更团结"写进奥林匹克格言,更加说明奥林匹克运动是非常强调跨国界、跨民族、跨文化的文化体系,这与人类命运共同体是一脉相承的。所有这些构建的理念、思想、特点,最终都与构建人类命运共同体相辅相成。①

1. 冬奥会奥林匹克教育:人类命运共同体建构的重要力量

冬奥会奥林匹克教育是指以奥林匹克知识体系为教育内容,以冰雪项目比赛及相关冰雪体育文化活动为教育途径,推广冬奥会、奥林匹克理念和精神。自1924年在法国夏蒙尼举办第一届冬季奥运会以来,在约百年的发展进程中,冬奥会为人类能够走向卓越、友谊、尊重、平等、合作构建了共同的体育价值,创造共同的体育利益,实现共同的体育安全,提供了理论、实践、方法和平台。② 冬奥会奥林匹克教育向学生传播冬奥会项目和文化、奥林匹克知识、奥林匹克主题活动、奥林匹克理念和精神,使之转化为普通个体的体格、人格、力量和智慧。2022年冬奥会奥林匹克教育如期进行,各地区、各学校因地制宜,进入学校课堂、学科课程,包括传播冬奥会相关知识,开展冰雪项目教学、冬奥会主题教育活动以及各类冬奥会国际理解教育等,涉及体育、建筑、音乐、文学、绘画、雕塑、体育集邮、摄影、芭蕾舞、戏剧、歌剧等多个领域。冬奥会奥林匹克教育发展历程说明,它既是全球化过程中的产物,也是人类社会的一个重要组成部分,奥林匹克运动的存在本身就凸显了人类命运共同体理念,其社会价值已经超越了体育运动的实践性功效,成为建构主体间和谐共生的桥梁。奥林匹克运动是一种集体性竞争活动,体育规则是人类合作的典范,表现为共同价值观、共同社会实践,是人类命运共同体建构的重要力量。

2. 构建人类命运共同体:冬奥会奥林匹克教育的价值坐标

这是一场在奥林匹克主义指导下,以体育运动和四年一度的奥林匹克庆典——

---

① 郁有凯.人类命运共同体的全球化视野——马克思共同体思想指导下的新解读[J].理论与现代化,2018(1):46-52.
② 汪明义.大学推动人类命运共同体构建的使命及实践方式[J].中国高教研究,2021(7):35-41.

冬奥会为主要活动内容,促进人的生理、心理和社会道德全面发展,增进各国人民之间的相互了解,向全世界普及奥林匹克主义,维护世界和平的国际社会运动。冬奥会奥林匹克教育有诸多价值,包括政治价值、经济价值、社会价值、教育价值、文化价值等等,如何走出价值的丛林,走出众多价值主张的迷雾,谋求关于冬奥会奥林匹克教育内涵的共识,需要确立冬奥会奥林匹克教育的价值坐标。冬奥会需要在体育、文化、教育、社会服务等诸多功能中确立其核心使命和根本任务,在多种价值主张中明确自身的立场,在现在和未来的时空坐标中确立自身的发展方向。人类命运共同体、冬奥会奥林匹克教育两者虽然分属不同领域和层次,但人类命运共同体是冬奥会奥林匹克教育的上位概念,两者关系彼此互动、互为裨益。首先,凸显冬奥会奥林匹克教育的价值引领,建立奥林匹克教育共同体。2021年7月,奥林匹克格言增加了"更团结"三个字,这不仅给构建人类命运共同体带来了教育契机,而且带来了丰富的国际化教育资源,冬奥会奥林匹克教育不仅是构建人类命运共同体在体育领域的一个缩影,也是中国建立共享、共建、共荣的大家庭的重要纽带和实现途径之一。其次,构建人类命运共同体赋能增值冬奥会奥林匹克教育。冬奥会运动虽然来自欧美国家,但在全球化发展的过程中不断与时俱进,吸收全世界的优秀思想和文化而生存至今。构建人类命运共同体的理念多次被载入联合国决议,构建人类命运共同体,也是世界人民的诉求,它是解决当前世界秩序乱象问题的钥匙。《奥林匹克宪章》中阐述奥林匹克运动的发展愿景是为建立和平和美好的世界而努力,这一点与构建人类命运共同体的美好愿望不谋而合。因此,构建人类命运共同体是冬奥会奥林匹克教育新的价值坐标。①

(二) 理念、内容、方法与策略:构建要素及其逻辑考量

新型教育模式的构建是对原有教育模式进行变革,不仅要以全球化的人类命运共同体的理念为指导,更要优化全球冬奥会教育的科学构想。

人类命运共同体的选择是人类开展实践的重要组织形式,人类生存发展始终离不开依托"共同体"。冬奥会是全球化的产物,随着社会演变与发展层次的提升,冬奥会教育模式也随之发生改变。从农业社会里的以个人为单位,到不断社会化形成以族群社会功能交融的共同体,范围不断延展,内涵越发深刻,进入全球化时代以后,随着社会、政治、经济、文化等方面互联互通的不断深化,人类需要不断应对共同危机,

---

① 杜瑞军.立德树人——高等教育质量的内涵及价值坐标[J].大学与学科,2021,2(2):89-102.

人类命运共同体对于人类的重要价值也愈发突出。奥林匹克运动作为体育文化的全球治理体系,传统的普雷维什的"中心—边缘"理论已经不能满足奥林匹克运动的发展需要。[1] 形成主体成员之间平等、共商、共建、共享"环形—向心"的结构是冬奥会运动、奥林匹克运动发展的追求,使冬奥会教育模式成为处于同一空间下紧密联系的整体,以点呈线、由线呈环地不断扩大自身的包容度和吸纳力,所以,这项研究工作是非常重要的。

1. 冬奥会教育理念

自奥林匹克运动委员会成立,创始人顾拜旦就立下教育救国、体育救国的志向。奥林匹克运动会是在继承和借鉴古希腊奥运会仪式的基础上建立起来的体育文化盛会。经历第二次世界大战冲击,早期冬奥会教育价值充斥着些许政治色彩,成为某些国家为政治服务的工具,尽管如此,顾拜旦先生为保有奥林匹克的国际性和教育性做了大量工作,先后发表《体育颂》《运动心理学试论》《竞技教育学》等体育名作,为冬奥会教育指引方向。无论是《奥林匹克宪章》,还是奥林匹克主义、奥林匹克精神,都旨在通过体育活动的开展贯彻奥林匹克运动的教育性。随着时代和社会的不断进步,奥林匹克运动文化逐渐成长为包含体育、政治、经济、社会、文化、教育、传媒、环境、科技、城市发展、区域发展等多个领域,并达到相当规模的国际体育文化。冬奥会教育理念也逐渐从初期的服务教育转向服务全社会、全人类,成为沟通各国人民之间的桥梁,致力于建立更加和平且美好的世界。

(1) 生态教育理念。

1996年,国际奥委会成立环境委员会,所有承办奥运会的城市必须考虑奥林匹克运动与环境之间的重要关系。1999年,《奥林匹克21世纪议程》提出奥林匹克运动对环境和促进人类可持续性发展的需求。2022年北京冬奥会,冬奥组委本着尊重北京和张家口原有地形、地貌,合理使用自然资源的原则,在比赛和非比赛场地实施美化环境建设计划,保护通风、自然、公园、城市、绿地间的相互渗透及自然气流的循环,促进人类生态环境由"他律"到"自律"的转变。从时间维度看,冬奥生态教育不仅在冬奥赛事期间,还应贯穿申办、举办,直至赛后多年;从空间维度看,冬奥生态环境教育不仅在奥运赛场内,还应辐射城市、社区、学校、企事业单位、乡村、家庭等各个方面,不仅治理北京、张家口这两个比赛城市的环境,也应该关注小城镇生态环境的治理和改善;从认知维度看,继续探讨日常生活中可持续的环保手段,提升人们解决环

---

[1] 杨宏伟,张倩.人类命运共同体的结构及其建构[J].教学与研究,2018(11):101-108.

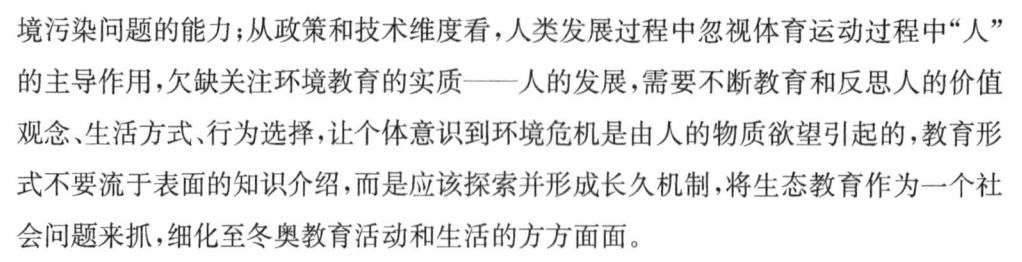

境污染问题的能力；从政策和技术维度看，人类发展过程中忽视体育运动过程中"人"的主导作用，欠缺关注环境教育的实质——人的发展，需要不断教育和反思人的价值观念、生活方式、行为选择，让个体意识到环境危机是由人的物质欲望引起的，教育形式不要流于表面的知识介绍，而是应该探索并形成长久机制，将生态教育作为一个社会问题来抓，细化至冬奥教育活动和生活的方方面面。

（2）可持续发展理念。

1987年，联合国第42届大会上，世界环境与发展委员会正式提出可持续发展概念。1991年，国际奥委会在《奥林匹克宪章》中增加了有关可持续发展的纲领性文件——《奥林匹克运动21世纪议程》，成为推动可持续发展的行动指南。可持续发展理念是人类进步和社会继续前行的必然选择，也是北京、张家口提出申办2022年冬奥会的三大理念之一。2020年5月，《北京2022年冬奥会和冬残奥会可持续性计划》发布，确定了冬奥会和地区可持续发展的典范的总目标，明确"环境正影响""区域新发展""生活更美好"三个重要分类，提出12项行动、37项任务和119条措施。以个人、城市、地区、环境、社会、生态的长远协调发展为立脚点，以冬奥体育项目和活动、冬奥文化、冬奥教育为手段，为创建和平、美好的世界奋斗，这是创始人顾拜旦创立奥林匹克运动的初心。国际奥委会鼓励主办城市以理性、务实的态度，长远的视角，将冬奥会教育切实融入城市和国家发展已有的规划中，使冬奥会教育与国家发展互相契合，从而产生多层社会价值。通过"学而知之""学而做之""学而立人之""学而共处之"的方式传承可持续发展理念，培养健康生活意识、环境保护观念、社会责任感，努力创造更绿色、更现代、更美好的未来。

（3）节俭教育理念。

所谓节俭，应该建立在成功举办冬奥会的基础上。节约开支，强调节俭，是我国主办冬奥会的基本方略。适度精简，是指提高工作效率来控制和降低承办冬奥会成本，并不是投入低、压缩成本，降低工作和质量要求，节俭不是目标，而是办奥过程中的原则和手段，从而最终达到有效控制冬奥会规模和开支的目的。第一，推进冬奥的科技革命。降低冬奥建设投入成本。安全、可靠、低成本是2022年科技冬奥的灵魂，需要将先进技术运用到气象、造雪、打蜡、缆车、制冷、除湿、智能冰场等各个方面，户外计时系统、新材料、水资源循环利用等都需要科学技术的支持。第二，政府资金、社会资金和国际资本的投入是否符合市场运行规则，能否带动经济迅猛发展。要重视利用国际、民间资本，没有任何一个主办国政府完全用公共投资预算承担全部的奥运场馆的建设费用，调动国际、国内企业的积极性，拓宽冬奥市场筹资渠道，降低冬奥会承办风险。第三,利用已有的奥运场馆,避免不必要的资源浪费。减少大兴土木,控制建设成本,避免蒙特利尔冬奥会后留下的"水泥丛林"的现象。要在充分利用原有城市的体育场馆资源的基础上有效改造和建设冬奥场馆,把冰雪项目体育设施和未来城市的功能结合起来,在成功举办冬奥会的同时,兼顾城市可持续发展与市民的冰雪文化生活。

2. 冬奥会奥林匹克教育模式的基本要素

自1924年法国夏蒙尼第一届冬奥会以来,冬奥会的教育主体是国际奥委会,直接组织相关活动,教育主体相对单一。随着时间发展,冬奥会逐步通过奥林匹克仪式和艺术活动教育青年。1961年,国际奥林匹克学院成立,将冬奥会教育推上专业化发展道路,推动冬奥会教育的全球化发展。1983年,随着各国奥委会创建各自的国家奥林匹克学院,许多国家奥林匹克研究中心建立,冬奥会教育主体自上而下不断延伸,逐步体现出组织化和系统化,逐渐成长为拥有宏观、中观、微观三个层次的格局。教育主体宏观层面涉及国际奥委会等跨区域组织,对教育资源、教育策略、教育实施工具的指导和调控,中观层面涉及国家奥委会所发挥的纽带作用及各国政府在政策资源方面的支持与供给,微观层面涉及体育俱乐部、体育博物馆、世界反兴奋剂机构、学校、青年活动营等主体的理论与实践。

冬奥会教育对象随着奥林匹克运动事业的发展而不断变化。在冬奥会教育发展初期,运动员是主要教育对象,将运动员培养成为身心和谐的优秀个体,以优秀运动员的个人魅力和影响力影响普通大众。冬奥会教育发展中期,越来越多的与奥林匹克运动事业相关的优秀体育工作人员都加入此教育行列。20世纪80年代后,冬奥会教育对象继续扩大至中小学校和普通大众,教育范围越来越广。

2022年冬奥会奥林匹克教育模式的基本要素主要包括冬奥教育理念、冬奥教育内容、冬奥教育表现形式以及冬奥教育载体四大部分,其都是冬奥教育模式中非常重要、不可或缺的内容。其中,冬奥教育理念起指引作用,冬奥教育内容是核心,冬奥教育表现形态是其教育外在表现形式,而冬奥教育载体承载和传递着冬奥教育价值,是沟通各教育因素的桥梁。

冬奥教育内容广泛,从奥林匹克运动的哲学基础、发展历史到当代体育发展,从奥林匹克运动项目到奥林匹克文化传播,从奥林匹克仪式教育到奥林匹克价值观教育,所有承载着奥林匹克理念和精神的素材都可以成为冬奥教育内容,包括传统的、现代的、未来的奥林匹克教育价值等等。冬奥会教育的表现形式包括围绕冬奥会的

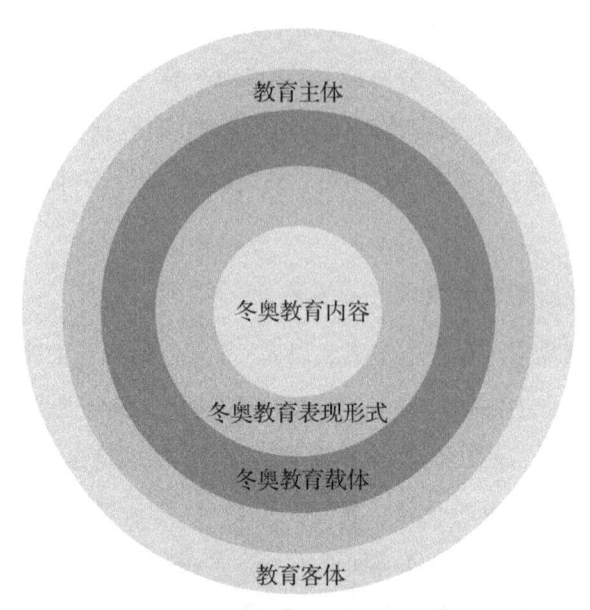

图 6-1 冬奥会奥林匹克教育模式的基本要素

各级别、各类别的神圣仪式教育,即国际层面冬奥会教育的表现形式、国家层面冬奥会教育的表现形式、学校奥林匹克教育表现形式、互联网自媒体教育表现形式。冬奥会教育载体多元化,冬奥会、学校、媒体(传统媒体+新媒体)、图书馆等都是冬奥会奥林匹克教育的载体。

3. 冬奥会奥林匹克教育内容和方法

自冬奥会开赛以来,冬奥会的教育内容随时代和自身发展变化而有所转变。20世纪20年代,冬奥会教育内容主要是冬奥会比赛项目内容,初期比赛项目主要有7个,其中包括越野滑雪、跳台滑雪、花样滑冰等,后来逐渐加入集体项目,充分发挥竞技运动教育价值,并创造性地加入文学和艺术的教育内容。二战后,冬奥会教育内容不仅注重竞技价值,冬奥会教育还以竞技比赛为平台传播和平与友谊。国际奥林匹克学院的成立,以及20世纪70年代国际奥林匹克教育计划的逐步兴起,随着80年代全球化发展浪潮发展至今,截至2022年,冬奥会共设7个大项、15个分项、109个小项,发生了翻天覆地的变化,使冬奥会教育内容从冬奥会竞赛扩展至冬奥会知识、文化、活动、精神、价值观、课程、教学等诸多领域,并不断发展和完善,形成分类指导的趋势。

2022年冬奥会教育的内容除了冰雪运动,更重要的是积极传播奥林匹克主义和精神。冬奥会教育作为一个动态、开放的世界性奥林匹克文化教育体系,是通过各时期冬奥会教育计划逐步实现的。其教育内容根据冬奥会教育对象的不同而不同,中小学强调基础素质教育,如学习奥林匹克理念、奥林匹克教育主题活动、冬奥项目技能等;中高等教育侧重职业教育,如将奥林匹克教育融入个人专业或职业发展方向的教育,奥林匹克教育对职业选择带来的帮助等;面向社会大众关注综合教育,如将奥林匹克教育与世界公民教育相融合,将奥林匹克教育与提升公民人文素养相结合等。根据教育过程所处阶段不同,冬奥会教育可分为冬奥个人教育、冬奥团队教育、冬奥社会教育三个部分。第一,冬奥个人教育。冬奥会教育始终关注个体教育,重视自身冰雪素养的提升。普及冬奥理念、冬奥知识、冬奥技能,弘扬冬奥精神,体现冬奥价值观教育等,培养个体敢于挑战、追求卓越、超越极限,做个不轻言放弃的运动者。第二,冬奥团队教育。以公平为前提,以竞争、团结、合作为核心,在冬奥团队活动中,各成员间取长补短、通力协作、共为一体、互相尊重、求同存异,突破和支撑作用共存,强调整体效应和共同目标。第三,冬奥社会教育。其包括冬奥和平教育、冬奥多元文化教育、冬奥国际化教育、冬奥美学教育、冬奥环境教育、冬奥志愿精神教育等,共同促进社会公民和世界公民的养成。三类教育之间你中有我,我中有你,互有重叠。冬奥个体、团队教育是冬奥社会教育的基础,冬奥社会教育是冬奥个体、团队教育的集中体现,最终推动个人、社会的共同和谐发展。

奥林匹克教育内容是一个开放性的、广泛性的、动态发展的世界性教育文化体系,包括奥林匹克教育理论和实践内容两大部分。奥林匹克理论包含奥林匹克人文知识,即奥林匹克理想、奥林匹克主义、奥林匹克哲学、奥林匹克宗旨、奥林匹克精神、奥林匹克历史知识、奥林匹克组织制度、奥林匹克价值观等。从奥林匹克运动的历史发展维度来看,奥林匹克教育内容的不断发展完善和构建,为广大青少年学生深度了解奥林匹克运动提供了一幅鲜活的历史画卷。自1896年在希腊雅典举办第一届奥运会开始,便吸收和继承古希腊哲学、古代奥运、文艺复兴、人文主义思想,奥运会分别经历了民族国家时期、冷战时期和全球化时代,从单一文化发展为多元文化,外延不断拓展,内涵不断深化,逐步形成奥林匹克思想体系,促进了全世界人民的友好国际交流,推动了奥林匹克文化在全世界的传播。从奥林匹克运动组织管理和制度发展维度看,国际奥委会、国家奥委会和国际各单项体育联合会,共同组成奥林匹克运动运行的三大支柱。随着社会发展和改革进程需要,发布的如《奥林匹克运动21世纪议程》《奥林匹克2020议程》《奥林匹克2020＋5议程》等改革路线图,都承载着国际社会普遍关注的教育理念,关注生态和可持续发展、观念意识和精神层次,倡导领悟奥林匹克主义。① 从奥林匹克运动的价值观维度看,"超越"是奥林匹克运动的核心价值,紧紧围绕"卓越、友谊和尊重",维护人的尊严并推动建立和平社会。奥林匹克运动承载着丰富的价值内涵,具有深厚的政治价值、经济价值、竞技价值、文化价值、教育价值等。奥林匹克教育实践是将奥林匹克理论付诸教育、教学实施的过程,推进冰雪运动进校园,将奥林匹克教育纳入学校教育教学,包括各项冰雪运动文化与技能的学习与掌握,并将之生活化,把奥林匹克文化与各学科相结合,积极组织并参与各类冬季运动竞赛和交流活动、教育文化活动等,形成具有自身发展特色的奥林匹克教育内容体系。

冬奥会教育方法经历了从工具理性到价值理性不断变迁的过程。20世纪20年代,国际奥委会不断通过实践提高冬奥会教育方法的有效性,从而实现奥林匹克教育的最大功效,为国际社会和各国体育事业有效服务。奥林匹克运动是文化的重要组成部分,推动国际体育文化大发展。1961年,国际奥委会召开第一届奥林匹克学术会议,国际奥林匹克学院教育部门转而致力于奥林匹克教育初心的追寻和推广,1968年国际奥委会成立文化委员会,1970年始定期举行教育家会议,不断探索奥林匹克主义追求的价值理性。价值理性是以人为本的价值选择,关怀人性,冬奥会不仅是冰冷的竞技体育,也是对人自身的挑战,更是一种育人方式。随着时代发展,冬奥会教育方法越发注重运动本身的价值,通过"育体"来"育身心健康的人"。

冬奥教育方法是指在冬奥教育理念指导下形成的实现其教育思想而采取的策略性途径。2022年冬奥会教育根据冬奥会每四年一个运动周期的规划,冬奥会教育分三个步骤有序推进。从初期冬奥教育各要素的整合至形成相对稳定的发展阶段,到中期冬奥会教育制度、机构、机制稳固并运行正常,再至后期冬奥会教育各要素、制度、机构、机制功能高度协同、充分发挥的冲刺阶段。冬奥教育采用以政府为主导,以学校教育为中心,新媒体和传统媒体共同积极参与,发挥树立优秀榜样的教育功能,面向全世界开展有关竞赛和各区域、各类型、各层次的文化、艺术教育活动的方式。

4. 冬奥会奥林匹克教育模式构建策略

从中国奥林匹克教育模式现状与发展特点来看,自2008年北京奥运会之后其获得了良好的发展空间,并且逐渐形成相对系统的框架体系。而为了全面满足冬奥会奥林匹克教育模式构建要求,我们需要从多角度考虑。

---

① 祖苇.大学奥林匹克教育体系构建与实践途径[J].山西师大学报(社会科学版),2015,42(2):139-142.

(1) 与学校常规教育有效结合。

奥林匹克教育模式需要与学校常规教育走向融合,从现阶段的融合程度来看,还无法全面适应冬奥会奥林匹克教育模式的构建要求。基于此,需要将奥林匹克教育模式与学校常规教育进行有效融合。这种融合工作,需要以学生全面发展、教师专业发展以及学校特色创新为核心,打造冬奥会奥林匹克教育模式,这样才能保持较强的生命力以及可持续性。从常规的教学模式出发,课程是构建常规教育的核心要素,为符合冬奥会奥林匹克教育模式要求,则需要做到对常规课程的有效调整。将传统的课程内容分为显性课程与隐性课程两个方面的内容,其中显性课程当中包括活动课、体育课以及其他学科课程等,充分将奥林匹克教育渗透其中,在赋予常规教育全新内容的基础之上,也打造了奥林匹克教育模式的基本推广环境。[1] 隐性课程的设计则包括奥林匹克环境以及奥林匹克文化内容,作为开展奥林匹克教育的主阵地,隐性课程同样值得关注。由此可见,想要与学校常规教育走向融合,则需要注重显性课程和隐性课程的协调优化和有效处理,确保适应奥林匹克教育模式构建要求。

(2) 探索多元化的活动性课程。

与传统的教育模式不同,奥林匹克教育模式强调的是一种奥运精神的传递,对于活动性的课程有较强的需求。从现状调查当中已经可以发现,目前在北京地区各个校园已经相继开展奥林匹克教育活动,并且广大学生在活动中受益颇多。而为了符合冬奥会奥林匹克教育构建的基本要求,学校需要探索多元化的活动性课程,具体包括研究性学习、主题班会、劳动技术教育、信息技术教育以及社会实践等等。这些活动性的课程与奥林匹克精神之间有一定的共通性,例如一些班会活动的内容,能够结合实践性的活动课程来增强学生对于奥林匹克精神的充分认知,发挥出奥林匹克教育的价值。[2]

(3) 与体育课程寻求融合途径。

从奥林匹克教育的本质出发,体育课程是重要的实现形式。为了保证奥林匹克教育模式的全面实施,需要结合体育课程寻求融合路径,为奥林匹克教育的全面发展提供保障。例如,结合体育的理论课程,将奥林匹克的相关知识进行阐述,使得学生充分了解奥林匹克精神内涵。理论知识内容作为奥林匹克教育模式构建的关键性内容,能够保证学生对于奥林匹克精神有一个相对全面的认知和了解,从而更主动地参

---

[1] 任礼姝.高校开展奥运精神教育调查与思政教育探讨[J].统计与管理,2017(3):42-43.
[2] 赵松,白春燕,魏彪.现代奥林匹克运动教育思想的历史流变与当代发展[J].成都体育学院学报,2016,42(2):27-31.

与到课程活动之中,传播奥林匹克的价值观,弘扬传统和现代的体育文化。奥林匹克教育模式与体育课程走向融合,不仅对于奥林匹克教育模式的构建作用显著,也能够为冬奥会奥林匹克教育模式构建找准着力点。①

(4) 多学科渗透并实现校园文化建设。

为确保奥林匹克教育模式能够适应冬奥会的要求,不单需要与体育学科走向融合,还需要实现该教育模式与多学科之间的相互渗透和影响,借助多学科的资源优势,开展不同学科的主题性、综合性的课程,为奥林匹克教育模式的构建奠定坚实基础,达到奥林匹克精神传递以及知识传播的效用。当然,校园文化建设的价值和作用同样不可忽视。学校应该积极增加资源层面的投入,开展奥林匹克教育模式的宣传,通过资源的倾斜以及良好的宣传优势,形成基于校园文化氛围下的奥林匹克文化氛围,使得学生更加愿意主动地去接触和了解奥运知识,感受奥运精神。由此可见,多学科渗透与融合作为校园文化建设的一个部分,需要高度关注。并且学校层面也需要寻求资源倾斜的路径,为全面推动校园文化建设奠定坚实的基础。

(三) 立体化+系统化:冬奥会奥林匹克教育模式构建

冬奥会教育模式的构建是一个系统化、立体化的构建过程,涉及不同的维度、不同的内容,内涵丰富。

1. 冬奥会教育模式的构建

(1) 教育模式。

根据学者孙绍荣研究,教育模式是某种教育思想和具体方法、步骤和程序等有机结合,当这种结合体现出某些较稳定的特点时,就构成具体教育模式。叶立群认为教育模式是在一定教育思想指导下形成的与一定教育目标和教育内容相适应的教育活动程序及其实施方法的策略体系。它既具有概括性、完整性和系统性,又具有具体性、简明性和操作性,是沟通教育理论和教育实践的重要中介。本章旨在研究所蕴含的规律、要素框架和内在逻辑,以期为冬奥教育的有效推进提供指引。

(2) 立体化教育模式。

从系统的层次看,"教育模式"分为三个类别:第一,冬奥教育思想、观念、理念、价值观层面的教育模式;第二,冬奥教育体制、制度和政策层面的教育模式;第三,冬奥

---

① 庞建民."体育竞技"到"文化教育"——从青奥会看奥林匹克运动文化教育理念的回归[J].当代体育科技,2015,5(34):198-199.

教育计划、操作层面的教育模块。本书对教育模式的研究涉及了宏观、中观、微观三个层次，分别是冬奥会教育事业发展战略、冬奥教育系统、冬奥教学系统。针对不同的研究目的，所涉及的研究对象各有侧重：针对冬奥教育战略、理念等方面的研究面向宏观层面的教育环境全系统；针对冬奥教育模式构建主要以中观层面的教育系统为主；具体案例分析和具体教育模块则以关注微观层面的操作系统为主。

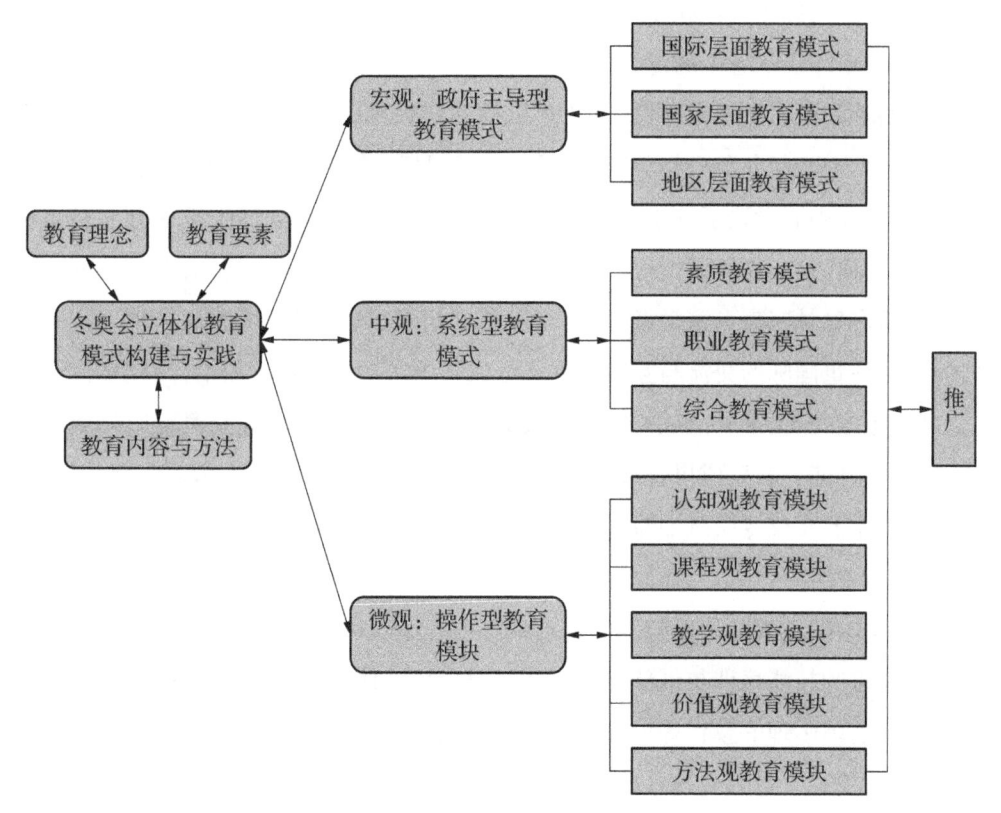

图 6-2　2022 年冬奥会奥林匹克教育模式构建图

2. 立体化教育模式的实践

（1）宏观层面：政府主导型教育模式。

政府主导型教育模式是指政府积极主导，人民响应参与，自上而下推行的教育模式。

从国际层面看，国外经典教育模式，无论是北美洲加拿大奥林匹克教育的蒙特利尔"系列计划"教育模式、卡尔加里"知识普及"教育模式，亚洲日本长野的"知识＋活动"教育模式，还是 2008 年北京奥林匹克教育的"北京模式"，等等，都值得后来者学习和借鉴。奥林匹克教育虽然源起希腊传统，象征欧洲文化，在全球化推进过程中，吸收和融合了众多国家优秀体育文化的教育经验,越来越多的国家结合自己国情,创立了多种多样的教育模式。2008年北京"同心结"教育项目为各奥委会成员国及地区的青少年搭建起可行的国际教育平台,开阔了青少年的国际视野,促进了其交往能力的提高。中国倡导人类命运共同体理念,意味着理念、思维、价值从国家中心转向人类中心。2022年冬奥会运动所承载的教育价值,既体现世界主义、国际性,也体现我国教育理念的民族特色和多元化,培养中国青年对世界多元文化的理解和包容,进而培养具有全球责任意识的世界公民。同时,注重学术教育模式。2022年冬奥会教育不仅面向中小学生,也面向高等教育机构和广大民众,注重冬奥教育的广度和深度。为推动2022年冬奥会相关问题的研究,我国相关组织机构、体育类高校、研究机构和奥林匹克中心设置了硕士或博士研究生课程,有序面向全球组织举办多种奥林匹克论坛与研讨会、高级研讨班、奥林匹克科学大会、专题研讨会等,并邀请国际奥委会、国际著名奥林匹克专家学者、联合国教科文组织、奥林匹克优秀冬季项目选手来我国演讲,注重国际的交流与互鉴。方式可以采用"线下+线上"相结合的形式。

  从国家层面看,第一,继承2008年北京夏奥会教育模式。北京奥运时期我们收获了大量奥林匹克教育成果:以政府教育部门、北京奥组委为主导,国家主要传媒、教育媒体、各主要高校专家队加盟,全国各省、市教育委员会制订教育计划,实施中小学奥林匹克教育组织体系,并在此基础上不断升级和细化;继续传承"北京模式"的活动体系,以"奥林匹克教育示范校"和"同心结"主题活动为两大支撑,在奥运知识、奥运礼仪、体育教师技能培训与创新、奥运与学校教育、奥林匹克教育进社区、社会志愿精神、"体验式"国际理解教育等方面都留下了宝贵教育遗产。第二,借鉴2014年南京青奥会教育模式。青奥会教育承载着不同使命,为青年提供感受奥运精神的机会,强调教育为主,竞赛期间不公布奖牌榜。据李惠敏研究,2010年第一届青奥会根据国际奥委会的教育要求,制订了针对五种人群的文化与教育计划:友谊营计划、对运动员的文化教育计划、文化与教育计划研讨会、接触青年计划和公众文化教育计划。例如对运动员的文化教育,包括奥运冠军对话活动、奥林匹克优秀价值观的自我发现活动、多元的"世界文化村活动"、青年为社区作贡献的"社区活动"、欢乐氛围的"艺术和文化活动"、团队合作精神的"海岛冒险活动"、环保理念的"探索之旅活动"。文化教育活动突出了"趣味性、娱乐性和互动性"。2014年第二届青奥会的教育模式继承和借鉴了2008年北京奥运会的组织体系和活动体系教育模式,形成以南京市政府牵头,南京青奥组委、青奥教育委员会、各级各类学校组织运行机制,真正做到"政府—青年—社区—家庭—学校"五位一体的青奥文化教育模式,开展大量的奥林匹克教育主题活动和体验活动,一校一理念,一校一特色,一校一牵手,一校一对接,106个中小学校青奥示范学校向社区延伸,向南京以外地区辐射,与世界相连,教育内容广泛有趣,教育形式创新新颖,让青少年体验多元文化融合和共生。第三,执行教育部、国家体育总局、北京冬奥组委颁发的《北京2022年冬奥会和冬残奥会中小学生奥林匹克教育计划》。2018年2月2日,平昌冬奥会正式开始前夕,中国教育部官网正式发布2022年冬奥会教育计划,进入北京—张家口冬奥教育周期,其教育对象是广大中小学生,有两大教育任务:第一,将奥林匹克教育纳入学校教育教学常规工作;第二,开展冬季奥林匹克教育活动。在开展2022年冬奥会活动方面,有8大发力基本点,分别有开展冬季奥林匹克系列推广活动,开展系列冬奥艺术活动,开展系列冬季运动比赛活动,建立冬、残奥会教育示范学校,建设特色学校,开展系列冬奥交流活动,组织冬奥课程资源开发,加强冬奥教育研究。全国一盘棋,有序开展,统筹推进,目前已取得丰厚的冬奥教育成果。

从地区层面看,根据承办地和非承办地的不同,包括地理气候环境等先天条件不同,地区发展冬奥教育起点不同、水平差异,结合各地区实际,采用集中教育模式和分层教育模式相结合的方式,可使各地区在现有冬奥教育基础之上,更有针对性地教育,获取更好教育效果。2008年北京夏季奥运会的承办给北京留下宝贵的奥林匹克教育遗产,涌现了许多优秀有创造性的教育成果,在学校这块阵地上至今还有着重要影响。针对2022年冬奥教育的不同,北京市和张家口地区抓住冬奥教育周期的窗口期,冬奥教育委员会面向承办地和有条件的地区全覆盖集中式教育,开展冰雪运动进校园系列活动。有条件的北方中小学,均开设冰雪运动课程,在东北、华北和西北地区,组建冬奥宣讲团,学生与冬奥冠军互动,开展冬奥教育大课堂、冬季奥林匹克教育周、冬季奥林匹克日、冬奥教育主题班会、冬令营体验学习等主题活动,包含吉祥物设计、火炬接力、倒计时等重要节点,并宣传奥林匹克精神,不断扩大2022年冬奥会的影响力。根据我国冰雪运动"北冰南展、西扩东进"的国家战略,鼓励我国南方和东部地区的中小学积极与当地冰雪场馆或冰雪俱乐部合作,分层推进,共同促进冰雪运动在我国普及。[①]

(2)中观层面:系统型教育模式。

冬奥会教育的宏观层面制约中观层面的教育模式,宏观层面的教育战略需要落实到中观层面冬奥教育的办学管理模式,从近代教育发展史看,根据冬奥教育对象所

---

① 教育部,国家体育总局,北京冬奥组委.北京2022年冬奥会和冬残奥会中小学生奥林匹克教育计划[J].青少年体育,2018(2):8-11.

属学习阶段的不同,中观层面的教育架构由中小学的素质教育模式、中高等教育的职业教育模式、面向社会大众的综合教育模式组成,三种类型的教育模式层层递进,共同构成系统型教育模式。

素质教育模式。构建"人类命运共同体"全球发展战略,对我国基础教育提出更高要求,基础教育应站在构建人类命运共同体的高度上,在教育资源、结构、水平、价值、贡献率、受教育程度等方面发挥优势,党的十九大提出建设"教育强国",努力办成世界一流的中小学,努力确立新型办学观和育人观,改变中国基础教育"唯分数、唯成绩"竞争的教育现状,是我们亟须面对和解决的问题。以冬奥会教育为契机,对全国广大中小学开展冬季奥林匹克教育不仅可以增强学生体质,提高身体免疫力;磨炼青少年意志,增强学生心理素质;而且冬季项目基本是户外项目,气候条件非常艰苦,运动技术难度相对较大,需要提高广大青少年在艰苦环境中的适应能力,培养他们吃苦耐劳的意志品质。传播冬奥知识并参与冬奥教育活动,可以使青少年加深对冬奥教育理念和精神的理解,将尊重、理解、友谊、竞争、团结、超越自我、追求卓越等精神潜移默化地刻入青少年的心中,提高新一代的国民素养。我们应该与国际奥林匹克精神接轨,结合我国基础教育教书育人的目标和特点,创造性地传承和发展中华民族的体育教育智慧与体育教育文明,形成具有中国体育文化内涵的特质,在保有"中国味"的同时,还需根据人类命运共同体建设所需的文明共识丰富冬奥教育的价值追求,在多元化的人类体育教育文明中,选择并吸收世界公认的文明准则,丰富和发展中国体育教育的内涵;用中国教育文明和教育智慧,发展体育教育文明和世界教育文明,形成并践行"中国风骨、世界格局,中国智慧、世界多元文明"的冬奥基础教育观。让中国基础教育逐渐走向世界舞台,参与人类体育教育共同体建设。

职业教育模式。我国高等教育是公民教育和职业教育的统一。根据教育部官网公布,2019年全国各类高等教育在学规模为4 002万人,这是一个庞大的教育群体。高等教育在争创"双一流"的征途中,需立足本国实际,借鉴外国经验,把握当代发展,关怀人类未来。当前,我国经济的世界贡献率已位居第二,在人类命运共同体建设的大背景下,我国高等教育要以世界和人类的和谐共同发展为出发点,冲破国家本位、学校本位的束缚,培养具有国际视野的人才。高校力求增加多学科领域包括奥林匹克运动的知识储备,将公平、正义、和平、发展、团结等全人类的共同价值观融入学校教育,培养学生维护个人正义、国际正义和世界正义的责任意识。高等教育国际化和多元文化的认同与冬奥会教育运动一脉相承,尤其在现在,我们只有根基于不同文明的兼容并蓄和不同教育文化的交流互鉴,才能集百家之长,为广大青年建立超越对立思维的竞争性意识,构建基于共同体意识的包容性发展模式。在公民综合素质方面,冬奥会教育追求的良好品格修养、规则意识、责任意识、全局视野、国际视野、国际通用语言能力、冬奥教育文化等方面与我国高等教育的诉求方向一致。我们要在高等学校、中西智慧的教育课堂、世界宽度的整合课程的育人活动中加大力度,进行多样办学,相互补充,共同完善并构成体系去支撑和谐世界的发展。高等教育的国际化包括冬奥会教育的国际化,我们要以谋求全人类共同利益为价值坐标,构建跨国体育学术共同体、世界青年体育共同体和社会责任共同体,高等教育文化要有这种使命与担当。①

综合教育模式。我国 2022 年冬奥会奥林匹克教育计划和举办文化艺术活动的宣传教育对象主要是广大青少年学生。但冬奥会运动发展了约百年,其教育对象不应该仅仅局限于某一固定群体,而应该向所有人群开放。《奥林匹克宪章》中阐述,奥林匹克主义是增强体质、意志并使之全面均衡发展的一种生活哲学。体育运动与文化教育相融合,创造一种以奋斗为乐、发挥良好榜样的教育作用,并尊重基本公德原则为基础的生活方式,倡导全民参与。奥林匹克运动为了提高冬奥普及度,在组织运行教育方面,专门成立了 2022 年冬奥教育执行力的领导机构和协调小组,统一指导和协调 2022 年冬奥会相关培训工作,为冬奥大众教育提供了切实的组织保障。在具体教育活动方面,借鉴 2008 年奥运会经验,由北京市委、市政府、文明委、北京奥组委研究制定《人文奥运行动计划实施意见》,并提出四大工程:文化建设推进工程、城市景观营造工程、市民素质提升工程、社区动员志愿培训工程,紧抓文明赛场、文明乘客、文明出租车三大突破口。在此基础上继续升级,参与制定公共卫生、公共秩序、公共观赏、公共参与等多方面市民公共文明规范体系,②制成电子版,全国各单位积极参与,在全国范围内广为宣传,这是塑造中国优秀国民形象的最好机遇。2016 年 10 月 25 日,北京冬奥知识进社区系列活动首次在鸟巢文化中心正式启动,此活动面向群众,将持续 6 年,在冬奥筹办期间举行。冬奥进社区是体育生活化的一大特点,除了专家授课,还结合冬奥历史文化的普及同步举行冬奥教育各种创作活动,包括油画、剪纸、中国体育与奥林匹克徽章等各类型相关文化艺术展览。调动各方力量促进冬奥教育进社区,冬奥教育为社区的发展提供了新契机。

(3) 微观层面:操作型模块。

冬奥会教育由教育行政主管部门通过政策和措施性加工,使之成为冬奥会教育

---

① 李枭鹰.人类命运共同体建设语境下高等教育国际化的使命与抉择[J].国家教育行政学院学报,2019(7):29-35.
② 金元浦.北京创举:世界上最广泛的奥林匹克大众教育[J].国家教育行政学院学报,2008(10):3-7.

行动计划,将冬奥会教育理想变为各项清晰的教育任务,再由教育任务分解成一个个操作型模块。根据冬奥会教育范畴,本书从认知观、课程观、教学观、价值观、方法观五个教育模块进行阐述。

认知观教育模块。冬奥认知观教育既包括对自我身体、道德、意志品质的教育,也包括对奥林匹克文化、奥林匹克传统知识、冬奥历史、冬奥运动技能、国际理解、环境的教育等。皮亚杰将人的认知分为感知运动阶段、前运算阶段、具体运算阶段、形式运算阶段四个阶段,其对应着冬奥会教育认知的四个不同阶段。他提出的理论包括:主体活动,感知中学;游戏为主,从玩中学;情景交融,直观地学;抽象为主,形式地学。2022年冬奥会教育认知观的总目标:普及冬奥知识,弘扬奥林匹克理念和精神,促进广大青少年参加各类冬奥实践活动,使其与冬奥主办城市和举办国的传统文化、价值观念整合并协调起来。教育部、国家体育总局、北京奥组委共同制定《北京2022年冬奥会和冬残奥会中小学生奥林匹克教育计划》,将认知观教育具体分为三个部分:第一,开展冬季奥林匹克系列普及推广活动。组建冬奥宣讲团,开展冬奥知识宣讲,组织学生与冬奥冠军互动,举办奥林匹克大课堂,包括冬季奥林匹克教育周、冬季奥林匹克教育日,举行冬季奥林匹克教育主题班会、冬令营等多种主题教育活动,普及冬奥会知识,宣传奥林匹克精神;第二,组织冬季奥林匹克系列艺术活动。开展以"冬奥"文化为创作素材的音乐节、合唱节、舞蹈节、戏剧节等艺术活动,以冬奥会为主题,组织开展中小学绘画、摄影、知识竞赛等活动,弘扬冬奥精神;第三,举办冬季运动项目系列比赛活动。积极开展青少年冰雪普及活动,举办青少年公益冰雪系列、冰雪冬令营等活动,普及冰雪运动项目。鼓励学校与滑雪场馆、冰雪俱乐部、冰雪培训机构共同合作,鼓励有条件的学校建立常态化校园冬季运动竞赛机制,通过竞技、趣味比赛等活动,鼓励学生积极参加校外冬季冰雪活动,熟练掌握一至两项冬季运动技能。为了普及冬奥认知观,可以通过多种途径达到奥林匹克教育与宣传效果。首先,推进冬奥教育与奥林匹克教育进校园。中国学生有4亿多人,其教育规模效应实属罕见。其次,和各个网络新媒体合作,动员各种新媒体传播奥林匹克理想和精神,在国内体育频道和国际频道实时播放奥林匹克系列电视和视频专题片。最后,推进冬奥教育与社团、机构、企事业单位、社区的合作共建,共同推进各种形式的体育与文化的交融活动。

课程观教育模块。冬奥会教育课程观指按照一定教育目的,在奥林匹克教育者有组织、有计划的指导下,受教育者与奥林匹克教育情境相互作用获得有益身心发展的内容。《北京2022年冬奥会和冬残奥会中小学生奥林匹克教育计划》承诺组织冬季奥林匹克教育课程资源研发,组织编辑中小学《冬季奥林匹克知识读本》、冬季体育运动知识挂图。为配合学校实施冬季奥林匹克教育,鼓励各地各校开发冬季运动课程,丰富奥林匹克课程资源,反映冬奥会奥林匹克教育成果。冬奥课程观教育目标是培养身心健康发展的世界公民,尊重和理解民族差异,使奥林匹克为人类和谐发展服务,致力于促进和维护人类尊严,创造更加和平美好的世界。[①] 冬奥课程观教育内容主要包括:冬季奥林匹克理论知识、技能知识、情感知识。在2022年冬奥会教育模式的构建中,冬奥会课程观教育模块的构建主要分为:第一,体育专业院校冬奥课程建设。体育院校把奥林匹克学列为必修课程,招收研究生,有专业的奥林匹克课程体系。从课程的纵向结构看,有专业的课程计划、课程标准、系列教材,且课程内容随冬季奥林匹克运动的发展不断充实。第二,非体育专业学校的冬奥课程建设。教育部对奥林匹克教育也明确指示,中小学校的教育教材应该增加奥林匹克教育的相关内容,使冬奥会教育做到普及化、经常化、制度化。冬奥教育课程有丰富的教育内涵,不仅包括生理、心理健康教育,而且包括各种有关奥林匹克运动的社会人文教育,对培养健康向上、开放包容的现代人有重要意义,涵盖了人们生活中各方面的哲学智慧,是人类的价值追求。2020年9月11日,北京奥组委面向全世界青少年正式发布《奥林匹克读本》系列丛书,面向学龄前儿童及中小学生,内容呈现课程化、主题化、问题化、讨论化的特点,填补了中国中小学奥林匹克教育的空白,为世界奥林匹克教育课程的发展贡献了中国力量。自2001年至今,北京羊坊店中心小学奥林匹克教育活动已形成学校的特色教育品牌,并已经形成独具特色的教育理论体系和系列活动体系,学校自主开发不同年级、不同年龄段的《奥林匹克精神浸润下的教育》系列校本教材,将十余年坚持开展奥林匹克教育的历程、全新的奥林匹克教育办学理念浓缩其中。北京延庆二中作为北京市冬季奥林匹克教育示范学校,2014年启动"冬奥进校园"的"一班一项"的教育项目,目标为使每一位学生都能掌握至少一门冰雪运动技能。

教学观教育模块。冬奥会教学观是指为实现冬奥教育目的,以课程内容为中介进行教和学相统一的共同活动的总和。在冬奥会教学过程中,师生双方按照目的和要求,通过各种方式进行学习交流,使学生掌握冬奥知识、技能,形成完善的个性品质和道德意志,实现人类社会发展对个体身心发展的要求。《北京2022中小学生冰雪运动项目教学指南》对冰雪课程进入学校课堂教学进行统筹,规范教学方式,对冰雪

---

① 桂豪.大庆市高校奥林匹克教育现状及对策研究[D].大庆:东北石油大学,2019:11-12.

项目学生的掌握程度、技能技巧等制定相应标准。根据首都体育学院周阳的调查结果,北京市中小学开展冰雪教学主要方式是体育选修课和课后活动两种,开展冰雪课程花费较高,对运动场所有要求。在教学师资上,大部分教授冰雪课程的教师并非师范院校冰雪专业出身,更多由半路学习冰雪技能的在校体育教师教授或是由政府购买服务的方式,使具备业余冰雪专业资格的社会冰雪教练作为该专项教师,师资目前并不能完全满足教学需求,学校会定期对这部分教师进行冬季奥林匹克专业理论以及教学的培训。在教学课时上,根据教学大纲安排,每周开展1—2节冰雪课程,一节课的时长在60分钟左右,具体课时主要还是依据各学校和学生实际情况而定。[①] 在教学形式上,采用冬奥教育进行课堂模式探索,将冬奥教育理念融入教学设计和课堂教学,由传统的掐表计时、学习运动技能扩展为形式多样的冬奥项目,新颖且有趣的活动激发学生参与冰雪运动的兴趣。在教学形态上,以多媒体实验教学平台为基础开展冬季奥林匹克教学,展现出传统理论教学手段无法比拟的优越性,通过影视、图片、声音等信息手段极大拓展冬季奥林匹克教学发展空间,加速冬季冰雪运动及奥林匹克教育现代化进程,为学生提供听课、自学、练习等多种形态学习模式的网络教学平台,保证冬季冰雪教学效率最大化,[②]推进冬季奥林匹克教学改革与创新。

  价值观教育模块。冬奥会价值观指冬奥主体(人)对冬奥物体、冬奥关系、冬奥创造活动及冬奥比赛结果的反映,以及由此形成的较为稳定的心理取向、评判标准和行为定式。冬奥会价值观是奥林匹克精神文化的组成部分,是冬奥主体动机、目的、需要、情感、态度在一定时空(包括冬奥赛场内外)的综合体现。[③] 冬奥价值观教育涉及奥林匹克理想信念、奥林匹克主义、奥林匹克精神、品德修养等方面的内容与要求。2006年10月22日,《北京宣言》继承了顾拜旦倡导的传统奥林匹克价值体系精髓。国际奥委会推出奥林匹克价值教育计划(OVEP)构想,并提出"卓越、友谊、尊重"的奥林匹克核心价值观,不但继承了奥林匹克传统的国际主义民族平等观、诚实守信观、重精神轻物质观、自我完善观,随着社会文明的发展,还逐渐发展并完善奥林匹克和平正义的理想观、拼搏进取的人生观、动态的健康观、和谐发展的榜样教育观、自我超越的生命观、公平竞争的社会伦理观等多层次价值观,其立体多样化的价值观深刻影响着当代青少年的价值观念。2020年9月11日,北京奥组委面向全世界青少年正

---

① 周阳.2022年冬奥会对北京市中小学生参与冰雪运动发展策略研究[D].北京:首都体育学院,2018:22-23.
② 佟铁鹰,刘雪梅.情景认知与学习理论下的冬季奥林匹克教育研究[J].冰雪运动,2013,35(6):54-57.
③ 周丽萍.新中国奥林匹克价值观的嬗变与构建[J].南京体育学院学报(社会科学版),2010,24(2):77-80.

式发布《奥林匹克价值观教育》和《残奥价值观教育》知识读本。冬奥会价值观教育目标是通过冰雪体育与文化来教育青年,培养身、心、精神等各种品质均衡和谐发展的青年人,促进奥林匹克主义社会化发展,进而建立更加和平和包容的世界。冬奥价值观的教育过程应该遵循冬奥价值感知、冬奥价值理解、冬奥价值体验的教育路径,通过冬奥价值观教育,为人们带来更多健康、欢乐和梦想。

方法观教育模块。冬奥会方法观是指为冬奥会教育开展使用工具和手段的总和,具有主观性,为冬奥会教育目标服务。冬奥会方法观的种类和形式是多种多样的,每种方法都有其独特功能,是促进青少年形成积极生活方式和行为习惯的有效途径。借鉴国内外方法分类的经验,结合冬奥会教育方法实际情况,根据冬奥会教育方法所呈现的外部特征,我们将冬奥会教育方法分为四类:第一,以语言传递为主的教育方法。2016年,北京体育学院成立冰雪运动学院,首都体育学院创建北京国际奥林匹克学院,南京体育学院设立奥林匹克学院,以及其他院校和中小学在冬奥会教育过程中均采用讲授法、谈话法、讨论法、读书指导法,进行师生问答,教学相长,互教互学,使青少年迅速、准确、大量地获得冬奥知识。第二,以直接感知为主的教育方法。在教育方法中以冬奥实物、冬奥模型、冬奥图画、冬奥相片、冬奥录像等传统媒体和新媒体展示,参观世界各地的奥林匹克博物馆等,学习丰富的冬奥感性材料,激发青少年冬奥学习的兴趣和热情,提高学习效果。第三,以实际训练为主的教育方法。自2015年7月31日申奥成功以来,广大学校和机构以青少年的冬奥实践活动为中心,通过反复练习使广大学生的冬奥冰雪技能水平向更高水平迈进,将冰雪运动技能逐渐转变为冰雪运动技巧,不断培养冰雪运动新人。通过不断试验等方法,创新并推进冰雪运动旱地化,如陆地冰球、草地滑雪、旱地冰壶,冰雪游戏和赛事推动冰雪运动在中国大地普及。第四,以探索研究为主的教育方法。围绕冬奥教育组织并引导广大青年及学者独立探索研究和掌握冬奥知识、培养冬奥教育能力,开发个人冬奥研究意识和探究精神的方法,又称发现法、研究法。通过举行各校、各地区、各省、各国的冬奥教育以及国际奥林匹克文化探访活动,举办国际奥林匹克研究生讲习班,开阔个人研究视野,提高其研究水平。四类教育方法互相联系、互相补充、互相借鉴,共同促进冬奥教育理论和实践发展。

3.人类命运共同体视域下冬奥会奥林匹克教育模式的结构分析

冬奥会奥林匹克教育模式应该体现以下三个特点:体现全球化视野,展现以人为本思想,升级新型价值观思想。因此,新型教育模式的构建是对原有教育模式进行变革,不仅要以全球化的人类命运共同体的理念为指导,更要优化全球冬奥会奥林匹克教育的科学构想。冬奥会奥林匹克教育模式的教育要素包括教育主体、教育客体、教育载体、教育内容、教育形式等。冬奥会奥林匹克教育作为一个动态、开放的世界性奥林匹克文化教育体系,是通过各时期冬奥会奥林匹克教育计划逐步实现的。其教育内容,按照冬奥会奥林匹克教育对象的不同,可分为冬奥个人教育、冬奥团队教育、冬奥社会教育三个部分。冬奥教育方法是指为达到冬奥教育目标而采取的步骤、途径等。据此,本书构建的新型冬奥会奥林匹克教育模式(如图6-3所示),及其各部分结构之间的互动关系解读如下。

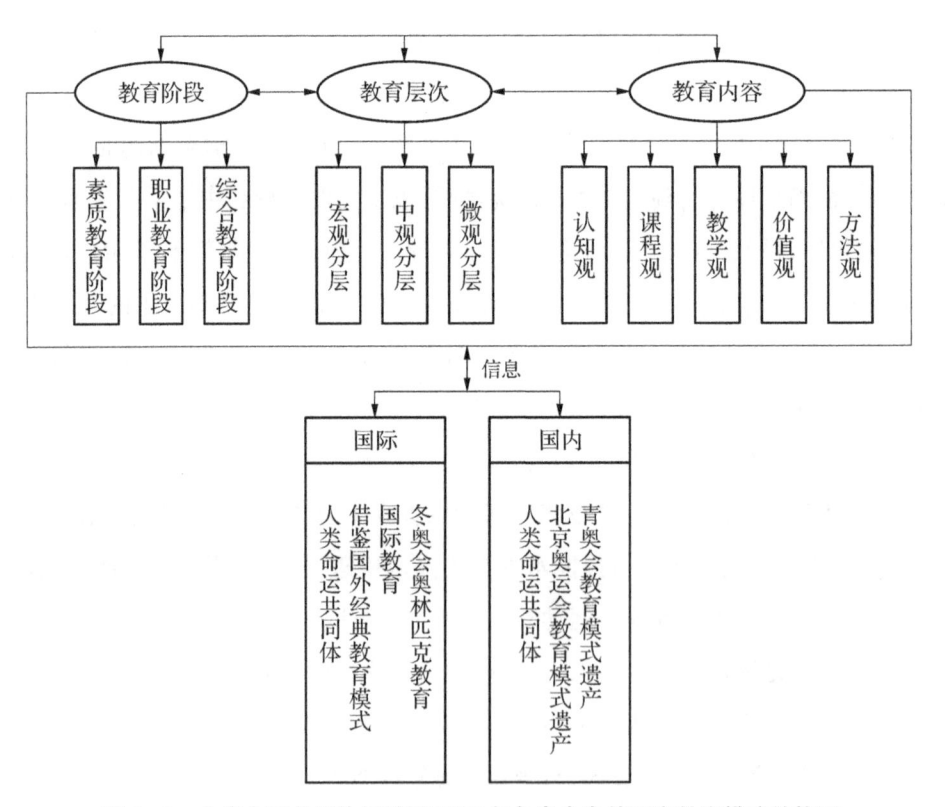

图6-3 人类命运共同体视域下2022年冬奥会奥林匹克教育模式结构图

(1) 冬奥会奥林匹克教育之教育实施阶段。

根据冬奥会奥林匹克教育对象所属学习阶段的不同,将冬奥会素质教育实施分为面向中小学的素质教育、面向中高等教育的职业教育、面向社会大众的综合教育三个阶段。三个阶段层层递进,共同构成冬奥会奥林匹克教育系统。构建"人类命运共同体"全球发展战略,对我国基础教育提出更高要求,基础教育应站在构建人类命运共同体的高度上,在教育资源、结构、水平、价值、贡献率、受教育程度等方面发挥优势。党的十九大提出建设"教育强国",各中小学要努力办成优秀的中小学,努力确立新型办学观和育人观。我国高等教育是公民教育和职业教育的统一,在人类命运共同体建设的大背景下,以冬奥会奥林匹克教育为契机,职业教育要以世界和人类的和谐及共同发展为出发点,培养具有国际视野的人才。冬奥会运动发展了约百年,其教育对象不仅局限于某一固定群体,而应该向所有人群开放。

(2)冬奥会奥林匹克教育之教育实践层次。

本书对教育模式的研究涉及宏观、中观、微观三个实践层次,三个实践层次分别对应冬奥会奥林匹克教育事业发展战略、冬奥教育系统、冬奥教学系统。从系统的层次看,本书研究的2022年冬奥会奥林匹克教育模式也可以分为三个类别:第一,冬奥教育思想、观念、理念、价值观层面的教育;第二,冬奥教育体制、制度和政策层面的教育;第三,冬奥教育计划、操作层面的教育。宏观层次的政府主导型教育是指政府积极主导、人民响应参与、自上而下推行的教育方式。针对不同的研究目的,所涉及的研究对象各有侧重,冬奥会奥林匹克教育的宏观层面制约中观层面的教育模式,宏观层面的教育战略也需要落实到中观层面冬奥教育的办学管理模式;冬奥会奥林匹克教育由教育和行政主管部门通过政策和措施性加工,使之成为冬奥会奥林匹克教育行动计划;中观层面的冬奥会奥林匹克教育系统最后落实到微观层面的操作模块,将冬奥会奥林匹克教育理想变为各项清晰的教育任务,再由教育任务分解成一个个操作型的教育模块。

(3)冬奥会奥林匹克教育之教育推行内容。

冬奥会奥林匹克教育由教育和行政主管部门通过政策和措施性加工,使之成为冬奥会奥林匹克教育行动计划,将冬奥会奥林匹克教育理想变为各项清晰的教育任务。冬奥会奥林匹克教育课程观指按照一定教育目的,在奥林匹克教育者有组织、有计划地指导下,受教育者与奥林匹克教育情境相互作用获得有益身心发展的内容。冬奥会教学观是指为实现冬奥教育目的,以课程内容为中介进行教和学相统一的共同活动的总和。冬奥会价值观指冬奥主体人对冬奥物体、冬奥关系、冬奥创造活动及冬奥比赛结果的反映,以及由此形成的较为稳定的心理取向、评判标准和行为定式。冬奥会方法观是指为冬奥会奥林匹克教育开展使用工具和手段的总和,具有主观性,为冬奥会奥林匹克教育目标服务。

(4)冬奥会奥林匹克教育之教育履行信息。

冬奥会的教育履行相关信息为国际和国内信息的综合。从国际层面看,要借鉴国外经典教育模式,突出国际观教育模式。当前国际风云突起,增加人类命运共同体

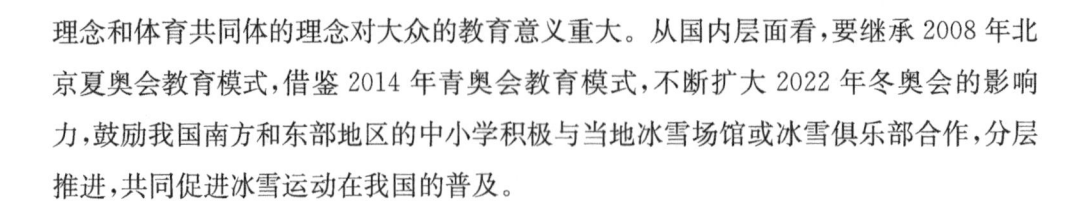

理念和体育共同体的理念对大众的教育意义重大。从国内层面看,要继承2008年北京夏奥会教育模式,借鉴2014年青奥会教育模式,不断扩大2022年冬奥会的影响力,鼓励我国南方和东部地区的中小学积极与当地冰雪场馆或冰雪俱乐部合作,分层推进,共同促进冰雪运动在我国的普及。

(四)运行机制:冬奥会奥林匹克教育模式的规律透析

奥林匹克教育理论和实践不断融合,产生了冬奥会奥林匹克教育模式的运行体系,有教育目标体系、教育内容体系、教育表现形式体系、教育模式实践体系。

1. 教育目标体系

新的教育目标体系建设要从冬奥会教育目标开始,逐渐进入具体实践环节。《北京2022年冬奥会和冬残奥会中小学生奥林匹克教育计划》指出,围绕"三亿人参与冰雪运动"的教育总目标,普及我国冬季冰雪运动,推动奥林匹克教育。冬奥会教育目标体系的建立,既需要充分考虑学科自身建设需要,也需要考虑学生因素和社会需求因素等。教育目标体系的设立具有一定的价值导向,既体现当代社会需求,学生的兴趣和学科科学发展需求,也要坚持问题导向,解决当下亟须解决的矛盾和难点。[①] 以此为基石构建冬奥会教育目标体系。

2022年冬奥会教育目标体系是围绕总目标建立的"五项目标体系"。课程目标:将奥林匹克教育纳入学校教育教学。鼓励全国中小学校根据自己的实际情况,开发并发展本校的冰雪运动课程,在课堂、教学、课外活动中普及冬奥会项目和知识,促进奥林匹克理念和精神在广大学生心中生根。活动目标:开展冬季奥林匹克教育文化活动。包括奥林匹克教育系列推广活动、系列艺术活动等,充分展现当代学生参与冰雪运动、弘扬奥运、支持冬奥会的精神风貌。国际教育目标:扩大中小学生的国际交流,促其树立东道主意识,开阔国际视野,了解国际体育文明风尚,使其成为有为的青少年。竞赛目标:举办中小学冬季奥林匹克赛事。以赛促教,以赛促学,促进冰雪运动在青少年群体中的发展。研究目标:开展奥林匹克教育研究,建立一批奥林匹克教育示范学校、冰雪特色学校、"同心结"学校,形成多样性冰雪运动教学成果,继续组建奥林匹克教育研究机构,为冬奥会教育留下丰厚的教育遗产。

---

① 赵盈."课程论"视域下"形势与政策"课程目标体系的建构[J].思想政治教育研究,2020,36(4):98-101.

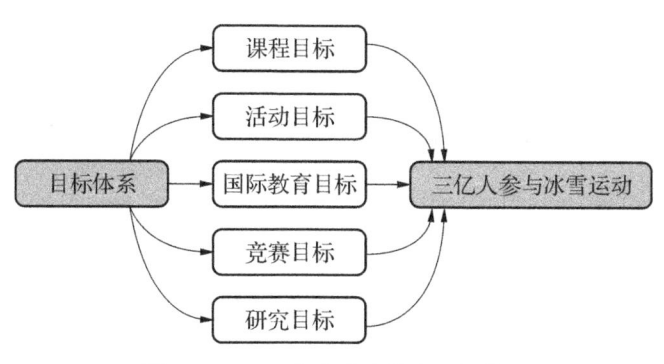

图 6-4 2022 年冬奥会教育目标体系

2022 年冬奥会背景下冬奥会教育目标的确定与教育努力主体方向。2022 年北京冬奥会与其他国家和地区所举办的冬奥会具有一定的不同,北京—张家口此次申办冬季奥运会提出以"运动员为中心、可持续发展、节俭办赛"为核心的三大办赛理念,而奥委会评审团对北京—张家口的承办能力的质疑主要聚焦在环境和城市可持续发展等问题上。随着体育科技、人文科技的快速发展,奥运会与科技、人文、经济、文化乃至社会的协同发展也在持续深化的进行。鉴于此,2022 年北京冬奥会教育开展以科技、人文、经济、文化、教育的联动发展为目标,积极探索新教育手段、新实现模式和新教育开展途径。建立以政府为主导、学校带动社会等新型的教育模式,设立冬奥会环境教育、人文教育、冰雪项目旱地化等典型教育项目,促进冰雪体育运动融入百姓健康生活和文化生活,提升科学的生活方式并增强体育人文认知。

坚持因地制宜原则,确保冬奥会教育落实。2022 年冬奥会之所以采取北京—张家口联合承办的方式,主要出于贯彻我国社会主义建设"公平与发展"的地域联动发展策略的考虑。因此,2022 年冬奥会教育模式在教育目标设定上注重新探索,关注地域联动发展,地域联动发展教育目标可从现有的政府发文中窥见一些端倪,如教体艺〔2018〕1 号《教育部国家体育总局北京冬奥组委关于印发〈北京 2022 年冬奥会和冬残奥会中小学生奥林匹克教育计划〉的通知》。业界称赞的"冰雪运动旱地化——姚家营小学奥林匹克教育模式",正是姚家营小学依据自身发展,背靠冬奥会高山滑雪举办地的区位优势,在跨区域联合的形势下,巧借海淀区羊坊店中心小学 2008 年奥林匹克教育成功经验探索出的富有时代价值的新教育模式。① 因此,2022 年冬奥会教育模式的新探索坚持因地制宜原则,确定各层级、部门和组织的教育目标与达成手段,确保冬奥会教育的真正落实,避免脱离实际的虚假模式。

---

① 余莉萍,任海.北京冬奥会环境教育研究[J].体育文化导刊,2018(3):13-17,33.

2. 教育内容体系

2022年冬奥会教育内容体系以2022年冬奥会教育价值为中心内容,继承过往奥林匹克教育价值的优秀思想和精神,吸收当代冬奥会教育价值内容,并对未来的教育内容进行新探索。

冬奥会教育价值是指冬奥会主体(人)与冬奥会教育物体、冬奥会教育关系、冬奥会教育活动、冬奥会教育结果等之间相互需要与满足的关系。冬奥会活动的最终目的不仅是认识和实现教育价值,而且要享用和创造教育价值。冬奥会教育价值秉承于奥林匹克教育价值,通过奥林匹克主义、奥林匹克精神、奥林匹克理想、奥林匹克宗旨、奥林匹克格言等内涵得以体现。冬奥会教育价值也不仅仅局限于冬奥会的教育活动、竞技教育,而且是超越冬季竞技运动的关于人的全面发展、人类完善和社会发展的思想和核心价值的教育,是对青少年一代道德、伦理及社会规范行为的教育。冬奥会作为全球性体育盛会,被全世界人民广泛认同,其教育价值远远超出冬奥会项目本身,作为一种复杂的社会体育文化现象已经渗透进我们生活的方方面面。

(1) 传统的冬奥会教育价值观。

传统的冬奥会教育价值观与奥林匹克教育价值观一脉相承,其核心内容是"超越",超越自己,超越他人,这既是不断进取的核心,也是社会前进的动力。其横向体系是"卓越、友谊、尊重"。冬奥会追求卓越,促进个体、团队、民族、国家间的友谊、团结和互相尊重,消除偏见和对抗,致力于实现世界不同文化间的交流。冬奥会教育价值观的纵向体系包括个人、团体、社会教育价值观。冬奥会个体教育价值观注重人的自立、自强、自尊、自爱、乐观、自信、毅力、不惧困难、敢于挑战等优秀品质的培养。冬奥会团队教育价值观强调合作、团结,团队成员间协调、配合,互相包容、取长补短、协同一致,缺一不可,高效运作,共同努力,以实现团队整体目标。冬奥会社会教育价值观着重社会公平、公正、竞争、民主、重在参与、遵守社会规则和法则、拼搏奋进的社会氛围,共同促进社会进步。横向体系和纵向体系共同作用,致力于建立更加和平和美好的世界。

(2) 现代的冬奥会教育价值观。

冬奥会项目充满挑战,培养挑战人类极限的意志品质。从气候环境看,冰天雪地、寒风萧瑟、湿滑的地面都是人们需要极大勇气去克服的逆境,严寒的滑雪环境可以帮助培养勇敢顽强的品质、不惧低温的意志、不怕困苦的勇敢精神,提高人体对恶劣外界环境的适应能力。冰雪项目绝对是集天使与魔鬼于一身的存在,不断挑战着人类的身心极限。也正因如此,其可以极大激发人类的探险精神,激发人类征服自然的勇气。在光滑的冰面和白茫茫的雪道上完成的动作效果如何,取决于运动者能否恰当地处理人与器械及冰雪三者间的关系,其完成难度系数要远远高于陆上运动项目,需要运动者时刻控制自己身体,冷静地判断,对可知和不可预知的风险能迅速从容应对,在高速且不断变化的运动过程中不断感受自我、挑战自我、战胜自我,这是一个非常美妙的过程。冰雪项目以大自然为伴,同时展示了人与自然的和谐共生。人们远离城市喧嚣,置身崇山峻岭,在林海雪原中畅游,拥抱自然,回归自然,达到"天人合一"的理想境界。①

（3）未来的冬奥会教育价值观。

未来冬奥会教育价值观更多体现多元化、终身化、生态化。冬奥会发展至今已有约百年的历史,从欧美走向世界,其保有持续生命力的核心是多元化教育价值观。1997年,国际奥委会文化委员会强调为避免单一文化体制,必须树立对不同文化加以包容和理解的共同意识,只有吸收并融合各民族不同的、优秀的教育文化,奥林匹克运动才能够具有世界性和包容性,才会具有持久的生命力,未来教育价值观更加多元化,表现在教育目标、教育内容、教育形式、教育模式、评价标准等方面。冬奥会教育不仅培养冰雪后备人才,还要普及冬奥会理念、知识、思想、技能、精神,冬奥会价值观,与学校体育的人文价值教育形成有益补充,是培养广大青少年学生终身体育意识的重要途径,丰富和传承人类的精神财富,具有终身化的教育价值观。自1991年《奥林匹克宪章》新增"举办奥运会必须考虑环境问题"的条款后,可持续发展和生态环境保护思想,已经成为冬奥会教育的历史使命,我们应该结合冬奥会教育,将个人在公众领域环境下的价值观念、行为选择、生活方式深入人心,致力于人类环境意识的形成和各种志愿行为的养成,契合"绿色办奥"理念,致力于改善区域整体生态环境。②

3. 教育表现形式体系

新教育模式的表现形式与以往冬奥会表现形式有诸多共通点。第一,以冬奥会申办、筹办、举办为重要表现形式。历届冬奥会从决定申办之日起,都在为冬奥会教育发展宣传造势,这也是冬奥会教育的重要契机。2018年平昌冬奥会共有92个国家的2 920位选手参赛,2022年冬奥会新增7个小项,共设7个大项、15个分项和109个

---

① 杨树人,朱志强.纵论中国冬季运动与冬季奥林匹克运动的历史渊源、融合和演化(一)[J].哈尔滨体育学院学报,2019,37(1):1-11.

② 余莉萍,任海.北京冬奥会环境教育研究[J].体育文化导刊,2018(3):13-17,33.

小项。参赛冬奥会比赛项目、比赛人数、比赛规模都有长足发展。冬奥会开、闭幕式都是精彩绝伦的冰雪文化庆典，每次都会成为全球关注的焦点。第二，国际层面冬奥会教育的表现形式。国际奥林匹克学院、青年研讨班的培训和研究，其内容都和奥林匹克教育相关，如：兴奋剂丑闻、竞技体育、暴力、健全的人格、教育宗旨、奥林匹克理想和精神等等。1986年开始召开国际体育记者研讨会，1993年开始每年召开国际研究生学术研讨班，培养世界各地的体育专业人士和新闻记者，以传播奥运知识、弘扬奥运精神。残奥会运动员的身残志坚，使世人看到生命尊严和美好。国家奥林匹克学院与国际教育家会议、国际高等体育教育学会互相联系，共同促进奥林匹克教育在全世界的发展。第三，国家层面的冬奥会教育表现形式。各国奥林匹克学院、各高校和奥林匹克科研机构，各国奥林匹克展览和艺术节、奥林匹克博物馆等，也都有各自的教育特色和表现形式，承担着本国奥林匹克教育的重任。如：西班牙奥林匹克学院、英国奥林匹克学院、澳大利亚奥林匹克学院、瑞士洛桑奥林匹克博物馆等。第四，学校奥林匹克教育表现形式。开展冰雪运动进校园系列活动，组织中小学生参与奥林匹克吉祥物征集、火炬传递、口号征集等文化节点活动，积极开展校园奥林匹克艺术活动、冬季系列比赛活动，建设奥林匹克教育示范学校和特色学校，组织课程资源研发，加强奥林匹克研究等各种表现形式。[①]

  2022年冬奥会表现形式也有其特殊性。2008年夏奥会举办时，互联网科技、自媒体发展水平还远远不如现在发达。当前，各种新型传播方式开始进入人们视野，新媒体一词也越来越被人们所知晓。2021年2月3日，中国互联网络信息中心(CNNIC)在北京发布第47次《中国互联网络发展状况统计报告》(简称《报告》)，《报告》显示，截至2020年12月，我国网民规模达9.89亿人，较2020年3月增长8540万人，互联网普及率达70.6%。我国网络视频用户规模达9.27亿人，较2020年3月增长7633万人，占网民整体的93.7%，其中短视频用户达8.73亿人，较2020年3月增长1亿人，占网民整体的88.3%。可以看出，我国网民数量和视频用户一直保持着平稳增长的趋势。新媒体，如微信、微博、社交平台、网络直播、网络论坛、网络社区等都是在全球科技化和数字化之后，普通大众可以用来发布自己身边新闻事件的一种载体，用来及时分享他们自己身边发生的重要事件。[②] 自2018年2月底进入2022年冬奥教育周期以来，国家通过报纸、广播、电视、收音机等传统媒体加大传播力度，但传统媒体主要通过声音、图像传播，有时间和空间的局限性。如今新媒体如此发达，

[①] 郭兆霞.奥林匹克教育历史演变研究[D].北京：北京体育大学，2010：72-83.
[②] 朱嘉诚.2022年冬奥会在自媒体时代下的传播推广研究[D].石家庄：河北师范大学，2019：1-4.

2022年冬奥会借助新媒体的力量,传播更新更快。新媒体具有内容丰富、低成本全球传播、超文本、互动性强等优势。我们应该加快推广全球冬奥冰雪教育,激发越来越多的人参与到冰雪活动中,并且通过关注冰雪体育赛事来满足娱乐大众身心的发展需求,推广冰雪体育文化发展,丰富广大人民生活。

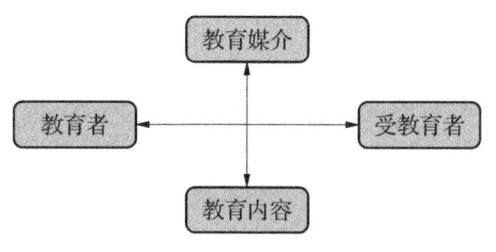

图 6-5 教育表现形式运行图

从教育表现形式运行的元素和关系构成来看,提升教育者、受教育者、教育内容、教育媒介四者之间的运行效率,主要在于提升四者之间配合运行的效率。首先是提高教育媒介各因素处理复杂信息的能力;其次是提升教育表现系统内各子因素,如教育者、受教育者的交流机制。[1]

4. 教育模式实践体系

新教育模式实践体系在广义上讲应该是指 2022 年冬奥会奥林匹克教育模式之名下一切行为的总和。从狭义上来说,其是指在冬奥会教育模式中有教育意图的实践行为,或者行为人以"冬奥会教育"的名义开展的实践行为的总和。其也是奥林匹克教育主体与奥林匹克教育客体之间能动而现实的双向对象化的综合。

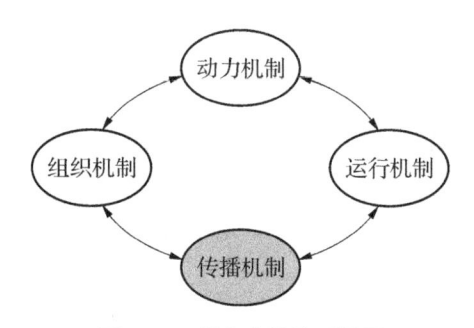

图 6-6 教育实施体系简图

冬奥会教育实施体系各系统间互相联动、互相促进,共同推动冬奥会奥林匹克教育模式的良好运行,推广奥林匹克教育的实践成果和实际效果。

---

[1] 高铁刚.基于系统理论的教育技术本体研究[J].中国电化教育,2011(5):7-14.

(1) 动力机制。

"动力机制"一词来源于自然科学。机制原指机器的构造和工作原理,后来引用到社会科学研究中,泛指系统内部结构和外部联系,即各组成部分的关系,及其与环境因素的关系。动力机制是指系统状态变化的一系列相互传递的动因。① 2022年冬奥会教育模式的动力机制主要有四个部分,由教育模式动力机制的推动力、拉动力、支持力和约束力共同组成。②

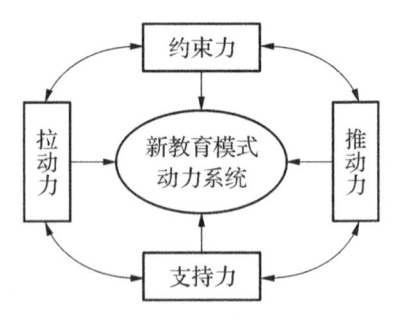

图6-7 新教育模式实践动力机制简图

冬奥会教育的实施需要政策上大力推动,2018年2月2日,教育部、国家体育总局、北京冬奥组委共同印发《北京2022年冬奥会和冬残奥会中小学生奥林匹克教育计划》文件,政府的政策支持大大推动了冬季奥林匹克教育进校园、进课堂,开展文化教育活动,这是冬奥会教育的直接推动力;经济上的大力支持和冰雪基础设施的大力建设是对北京冬奥会教育模式的主要支持力,政府进一步增加冰场、雪场的数量,逐步满足冰雪运动需求。据2019年1月14日《新京报》报道,以北京为例,全市有雪场20家、室外滑冰场53座、室内滑冰场37处,拥有各类冰雪专业队伍28支,2017年至2018年雪季,共有502万人次参与冰雪运动。冬奥会教育的拉动力来自冰雪竞技运动和群众冰雪运动,群众冰雪体育与冰雪竞技体育是金字塔结构的两个不同层次,我国冰雪运动群众基础薄弱,由于地理及气候等原因,在冰雪运动的大众参与和普及上存在明显不足之处,冬奥会教育目标是推动"三亿人参与冰雪运动",所以必须牢牢打好群众冰雪基础,只有打好冰雪运动的群众基础,才能推动冰雪竞技运动的快速发展,并进一步缩小与世界冰雪运动强国之间的差距。我国整体的冰雪运动文化环境和冰雪运动资源对冬奥会教育的发展形成了一定的约束力。自申奥成功以来,冰雪运动热正在不断升温,我国的冰雪民俗文化研究和实践还在进一步深化,竞技冰雪文化和大众冰雪文化还在不断探索和进一步推广。我们要借助2022年冬奥会的教育契机,推动冰雪文化在全国纵深发展,激发全国人民的参与热情。

---

① 郝庆升,陈楠,李锐,等.动力机制理论及其方法论构想[J].技术经济与管理研究,2015,8(8):839-844.
② 李国强,王若楠,徐浩然,等.我国马拉松赛事发展动力机制模型构建与实证研究[J].沈阳体育学院学报,2021,40(2):67-76.

(2) 组织机制。

20世纪60年代兴起的现代组织理论,以系统论为基础,强调组织是一个开放系统,关注组织各子系统及其相互关系,组织与外部环境的相互作用。结合组织理论,研究冬奥会教育的组织机制,规范分析冬奥会教育组织结构、分工和职责等,了解组织结构的变化发展,客观描述2022年冬奥会教育组织机制与特征,最后将2022年冬奥会教育视为一个开放系统,探索其与外部教育组织和机构、行业协会等各组织的相互关系。① 本书以组织职能为基础,依据各参与主体和工作的密切度及对提升冬奥会教育广度和质量的重要性程度,将2022年冬奥会教育组织分为三大类:教育战略性组织、教育核心组织和教育辅助性组织。冬奥会教育组织分为国际、国家、各地方、各地区(学校、机构、社区)四级组织。研究发现,以学校奥林匹克教育为核心的校级行政组织是承担奥林匹克主要教育工作的重要实施主体。

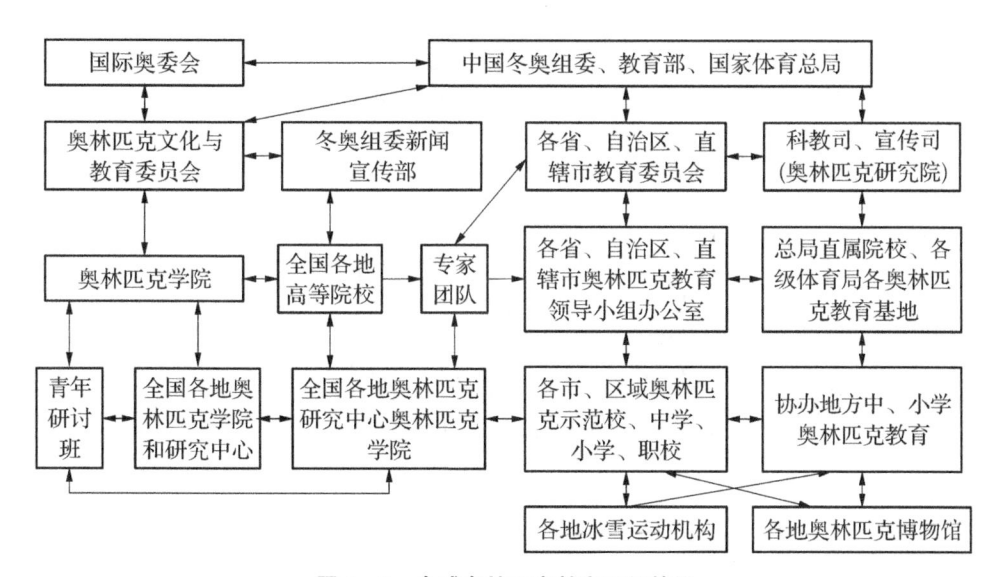

图6-8 全球奥林匹克教育组织简图

根据图6-8,奥林匹克教育在组织职能方面,国际奥委会下属的奥林匹克文化与教育委员会全面统筹国际和各国奥林匹克学科、课程以及其他学术项目的制度规划和管理政策,为全球各国奥组委奥林匹克教育管理工作提供指南、导向和建议;在组织决策方面,各国冬奥组委、教育部及相关体育政府机构是负责各国奥林匹克教育工作的重要组织机构,其制订2022年冬奥会奥林匹克教育计划和冬残奥会教育计划。

---

① 王名扬.美国公立研究型大学内部质量改进的组织机制与特征分析[J].国家教育行政学院学报,2020(8):86-95.

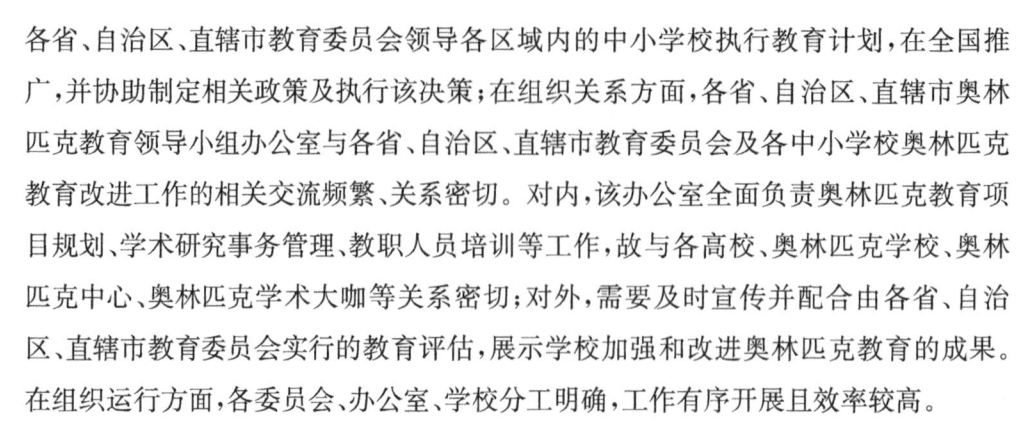

各省、自治区、直辖市教育委员会领导各区域内的中小学校执行教育计划,在全国推广,并协助制定相关政策及执行该决策;在组织关系方面,各省、自治区、直辖市奥林匹克教育领导小组办公室与各省、自治区、直辖市教育委员会及各中小学校奥林匹克教育改进工作的相关交流频繁、关系密切。对内,该办公室全面负责奥林匹克教育项目规划、学术研究事务管理、教职人员培训等工作,故与各高校、奥林匹克学校、奥林匹克中心、奥林匹克学术大咖等关系密切;对外,需要及时宣传并配合由各省、自治区、直辖市教育委员会实行的教育评估,展示学校加强和改进奥林匹克教育的成果。在组织运行方面,各委员会、办公室、学校分工明确,工作有序开展且效率较高。

(3)传播机制。

电视媒介铸就现代体育神话,将奥林匹克运动拉入千家万户的荧幕上,促进了现代体育的发展。

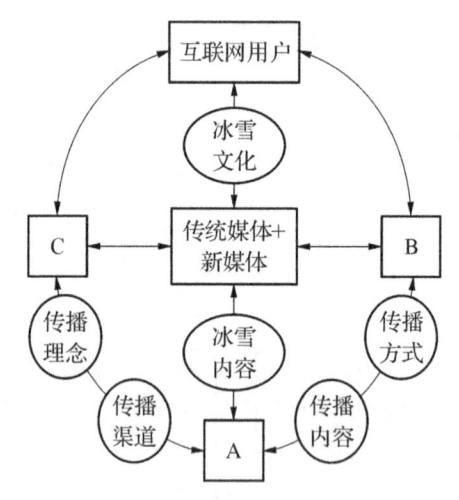

图6-9 冰雪体育文化传播机制简图

图6-9构建的是教育主体和受教育者(A、B、C)理念之间的传播机制图,在传统媒体、新媒体的共同努力下,将冬奥会冰雪运动和我国民族冰雪运动文化进行推广,如旗帜、口号或主题音乐等,既要传递出奥林匹克精神,又要凸显中华民族文化精髓,深入群众的内心,激发人民参与的热情。

(4)运行机制。

运行机制是指在人类社会有规律的运动中,影响运动的各因素的结构、功能、相互关系,以及这些因素产生影响、发挥功能的作用过程和作用原理。为了促使冬奥会奥林匹克教育模式的各种因素相互联系、作用,保证冬奥会教育各项工作的教育目标和教育效果真正实现,必须建立一套协调、灵活、高效的运行机制。

奥林匹克教育运行的过程中主体主要是政府、教育部门、体育主管部门,客体主要由全国中小学生等构成,我国奥林匹克教育运行机制是影响参与双方各因素的结构、功能、相互关系,以及这些因素产生影响、发挥功能的运行模式,当前我国冬奥会奥林匹克教育运行机制分为动力机制、组织机制、传播机制和制约机制等部分。其中动力机制是指驱动奥林匹克教育的实施。我国奥林匹克教育动力机制主要有以下三种模式:政府主导型模式、需求推动模式、多元协作模式,其共同形成自上而下和自下而上相结合的全方位推动的奥林匹克教育模式,可以帮助弥补结构错位等带来的不协调,更加灵活地处理奥林匹克教育模式。组织机制把握冬奥会教育的方向。我国冬奥会奥林匹克教育决策主要是由上级政府部门自上而下规划和实施,带有一定的指令性和政策导向性,指导和安排全国各级政府部门和相关教育、体育单位开展冬奥会教育工作,落实教育政策衔接、财政资金支持、具体项目落地、人员培训和调配、推进实施等工作,确保冬奥会教育配套政策落实到位。传播机制促进冬奥会教育计划推进,并制订冬奥会教育传播目标任务,采用传统媒体与新媒体相结合的模式,采用规范化和碎片化相结合、制度化和灵活化相协调、理性化和感性化相融合、常态化和生活化相统一的方式进行,同时也充分考虑青年受众借用媒体进行自我教育的习惯,大力宣传奥林匹克宗旨和精神。制约机制也为支持冬奥会教育落实提供资金、管理和人员支持,做好保障,结合体育教育部门的优势和各地区的体育需求构建奥林匹克教育内容和模式,进一步完善冬奥会教育方式,探索多元教育路径,形成多个层面的教育内容和模式,共同促进冬奥会教育的顺利进行。[1]

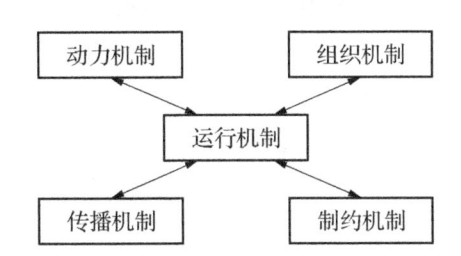

图 6-10　2022 年冬奥会教育模式运行机制简图

(五) 制约机制:冬奥会奥林匹克教育模式的条件保障

冬奥会奥林匹克教育模式的条件保障实际上指的是教育模式实施的制约机制。制约机制包含内部制约与外部制约。内部制约就是通过内部设置不同机构行使同一

---

[1] 王科飞,王宏江.我国体育支援运行机制现状与治理对策研究[J].沈阳体育学院学报,2021,40(2):59-66.

职能,使这些机构之间形成互助和勾连的关系。内部制约的好处是制约者与被制约者都熟悉运作流程与业务,具有信息和专业优势,能够及时发现问题,且内部易协调沟通和改善,使各组织机构运作顺畅且高效。内部制约主要问题就是内设机构之间独立性不够,影响制约机制效能的发挥。制约更多的是指外部制约,所以学者对奥林匹克教育的外部制约机制给予关注,外部制约有着内部制约不具有的独立性,因而制约才更加有效。[①]

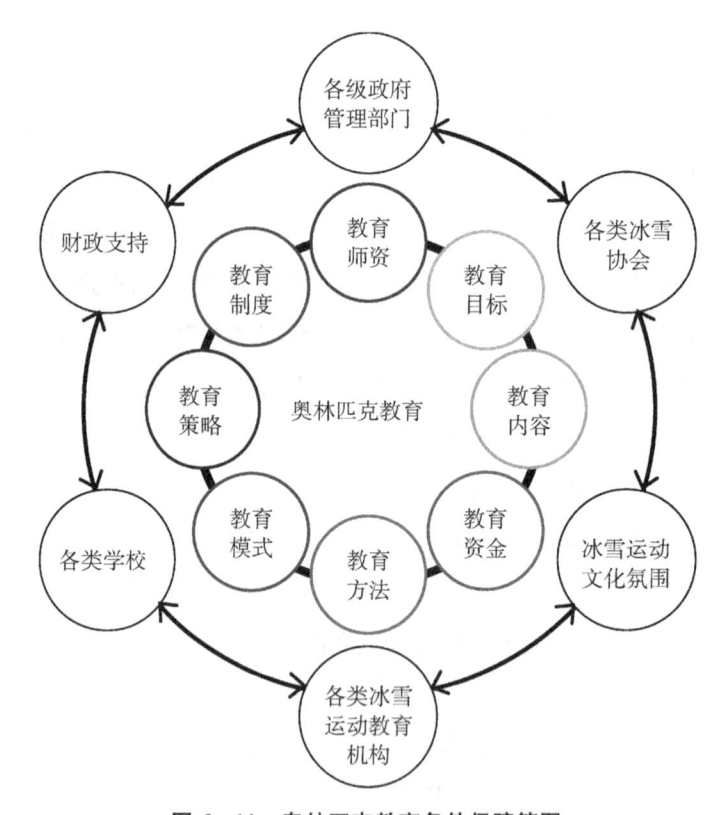

图 6-11 奥林匹克教育条件保障简图

2022 年冬奥会奥林匹克教育模式受到内部、外部各种条件或因素的影响,内部、外部各种因素叠加,其产生的效果不可忽略,当然,将各因素之间的关系协调好、发挥好,也可以达到"1+1>2"的效果,所以,作为奥林匹克教育的具体实施者、实践者,一定要认清和厘清潜在影响冬奥会奥林匹克教育的各层次因素,避免奥林匹克教育资源浪费。制度、师资、资金、教育目标、教育内容、教育方法、教育模式、教育策略、教育成效对奥林匹克教育形成内部制约,各级政府管理部门,各类大学、中学、小学,各类

---

① 李小勇.监察机关调查权内外制约机制研究[J].四川师范大学学报(社会科学版),2019,46(6):46-52.

冰雪运动协会,各类冰雪运动教育机构,冰雪运动文化氛围,财政支持等共同构成奥林匹克教育的外部制约,互相影响、互相制约,形成合力,共同推动2022年冬奥会奥林匹克教育的开展和实践。

深入考量、通盘考虑,识别冬奥会奥林匹克教育的短板,探索创新,整体提升冬奥会奥林匹克教育的能力和本领,采取更加精准的教育举措,精心培育浇灌,尽量避免走奥林匹克教育历史实践中的弯路,将2022年冬奥会奥林匹克教育推上了更好的发展轨道。

二、人类命运共同体视域下2022年冬奥会奥林匹克教育模式的推广

在人类命运共同体的框架下,2022年冬奥会奥林匹克教育模式的推广,应该是有组织、有计划、有节奏、有技术支持的推广活动。我们应该看到,奥林匹克精神的推广,体育精神的推广永远在路上,北京冬奥会推广奥林匹克教育模式,是义务和责任,这也是当初申办2022年冬奥会时的承诺。同时,我们应该清楚的一点是,奥运会四年一次,很快就结束了,所以我们应该深度思考,怎样让新时代的理念和精神及体育精神在全世界不间断地传递下去。我们需要思考:谁来推广? 推广给谁? 推广过程中需要什么技术支持? 推广的路径是什么? 等等。

(一) 体育专业组织:冬奥会奥林匹克教育模式推广的主体身份

体育专业组织是指在一定的社会环境中,为实现体育方面的共同目标,按照一定结构形式结合起来的,根据特定规则开展体育活动的社会实体。对于奥林匹克运动来说,体育专业组织是2022年冬奥会奥林匹克教育模式的推广主体。根据第六章全球奥林匹克教育组织简图(图6-8)可以看到,此教育组织结构庞大,其中国际奥委会、各国奥委会分别是奥林匹克教育模式推进的战略性组织和教育核心组织,制订奥林匹克教育计划,各省、各市、各区(县)等的教育模式推广工作都由各区域的冬奥教育委员会(或办公室)来推进,并在各学校具体落地实施,推广冬奥会赛事、项目、教育理念,以及与奥林匹克精神相关的各类教育活动等,并提供相对应的奥林匹克教育指导、技术支持和教育培训,扩大冬奥会奥林匹克教育模式的整体运行的规模并提高相应水平。

体育专业组织不仅要在冬奥会教育周期内推广2022年冬奥会奥林匹克教育模式,还应该在奥运会比赛结束后,继续推广2022年奥林匹克教育模式,这不仅有助于

比赛项目的推广，更有助于提升被教育者的体育综合素养。比如，当我们遇到世界杯足球赛、世界一级方程式锦标赛时，体育专业组织应该组织学习2022年冬奥会奥林匹克教育模式，借鉴2022年冬奥会奥林匹克教育模式的框架，结合各项顶级赛事的特点，挖掘各项赛事的教育关键点和内容，开阔教育者和被教育者的体育视野，培养人们的运动兴趣，推动体育文化素养和国际接轨，既为国民的体质健康和国家体育文化的长期健康发展打下坚实的基础，也为国家体育事业的长期繁荣贡献自己的力量。

（二）国际体育赛事：冬奥会奥林匹克教育模式推广的客体场域

推广客体涉及教育模式向谁推广的问题。关于2022年奥林匹克教育模式的推广客体，除了四年一次的冬奥会、夏奥会，还应包括其他的国际体育赛事。国际体育赛事一般指洲际、世界性的各类综合性运动会，或者组织的具有相当影响的单项运动会，如：亚运会、奥运会、世界田径锦标赛、世界网球公开赛、世界杯足球赛等等。国际体育赛事及其高超的体育竞赛水平本身就是国际焦点，我们应该利用这样的教育契机，结合各国际体育赛事的项目、历史、特点、特色、内涵等，找出合适的教育推广点，运用2022年冬奥会奥林匹克教育模式框架，对诸如此类的国际体育赛事进行推广。这本就有利于此国际体育赛事在本地区的落地和运营，以产生更大的社会影响力，对于地区的体育文化成长和积淀来说，也具有更长远的传承价值和实践意义。对于世界体育运动长期繁荣发展来说，这也是国际体育赛事长盛不衰的生命力所在，每一个国际体育赛事都有各自独特的教育价值和教育功能，对于年轻人来说，亲身经历这些国际大型赛事，其实就是在他们生命里播撒了"勇于拼搏"的种子；对于一座城市来说，都是闪闪发光的"城市记忆"和"魅力标签"，为城市或地区的国际化发展添砖加瓦，贡献力量。

（三）生态＋科技＋绿色：冬奥会奥林匹克教育模式推广内容要求

播撒生态正义的种子，引导学生维护体育生态正义的使命感。奥林匹克运动为培养学生成为合格的公民提供了天然的土壤。奥林匹克运动中有竞争也有合作，需要人们不断挑战自我、克服困难、勇敢坚毅等。1996年，国际奥委会成立环境委员会。1999年，《奥林匹克21世纪议程》提出奥林匹克运动对环境和促进人类可持续性发展的需求。从时间维度看，冬奥会生态教育不仅存续在冬奥会赛事期间，还应该贯穿申办、举办直至赛后数十年。从空间维度上看，冬奥会生态环境教育不仅在奥运会赛场内,还应该辐射到城市、社区、企事业单位、家庭等各个地方;不仅要治理北京、张家口等比赛城市的环境,也应该关注小城镇生态环境的治理和改善。从认知维度上看,在体育领域中不仅存在现代体育与民族体育矛盾,还存在竞技体育与大众体育等生态矛盾,我们要继续探讨日常生活中可持续的生态环保手段,提升人们促进环境可持续发展的能力。从政策和技术维度上看,人类发展过程中一直忽视体育运动过程中"人"的主导作用,没有关注环境教育的实质——人的发展,因此,需要不断教育和反思人的价值观念、生活方式、行为选择,让个体意识到环境危机是由人的物质欲望引起,教育形式不要流于表面的知识介绍,而是探索并形成长久机制,将生态教育作为一个社会问题来抓,细化至冬奥教育活动和生活的方方面面。① 引导广大学生维护体育生态正义的使命感和责任感,切实在青少年心中播撒生态正义的种子,并使之生根、发芽,努力实践于日常生活中。②

1. 播撒诗性科学的种子:提高辩证认识未来体育科技发展的能力

建设体育强国离不开科技创新的强力支撑,科技兴体、科技强体是我国建设体育强国的必由之路。当前,大数据、人工智能、VR技术、云计算的发展日新月异,新科技已经走进体育的运动装备、电视节目转播、体育场馆设施等多个领域,助力体育发展的产业化和商业化。习近平总书记在谈到北京冬奥会、冬残奥会场馆建设时,勉励建设者突出科技、智慧、绿色、节俭的特色,运用先进的科技手段。在竞技体育领域中,在运动健儿科学训练的基础上,借助科研团队探索出新方法、新技术帮助突破;在全民健身领域和相关民生领域,在技术、体育产品、市场、业态方面,体育与科技不断融合,不断加强和创新人工智能服务体系。安全、可靠、节俭是2022年科技冬奥会的灵魂,这需要将先进的科学技术运用到气象、造雪、打蜡、制冷、除湿等各个方面,户外计时系统、新材料、水资源循环利用等都需要进一步攻克难关。注重采用先进科技手段,充分利用现有场馆设施,注重实用性,并保护生态,坚持节约资源,反对铺张浪费和重复建设,在场馆的建设和体育设施的置办中大量采用新型环保材料。加强不同赛事和场馆间设备资源的优化配置和有效利用。减少大兴土木,控制成本,冬奥会场馆规模和数量要充分利用原有城市的体育场馆资源并对之加以有效改造和建设,兼顾城市可持续发展与市民的冰雪文化生活,把冰雪项目设施和未来城市的功能相结

---

① 余莉萍,任海.北京冬奥会环境教育研究[J].体育文化导刊,2018(3):13-17,33.
② 何振梁.奥林匹克与青少年公民教育[J].教育科学研究,2006(7):6-8.

合。① 但我们应该看到,体育的极端科技化弱化了体育主体的地位和能动性,科技对人的异化和去自然化也极速发展着,过度依赖科技对运动主体造成的健康伤害,以及由此引起的兴奋剂泛滥等问题,既破坏了体育公平、公正的竞争环境,也引起了体育道德失范等社会问题,② 所以,需要提高受教育者辩证认识未来体育科技发展的有效能力,规避过度依赖体育科技的不良影响。

2. 播撒绿色体育的种子:树立促进体育运动绿色发展的责任感

绿色生态文明,是人类社会发展的全新阶段。当前,生态环境面临着危机,局部地区土地沙化严重,水资源的污染,矿产资源的过度开采,森林资源的锐减,自然灾害的频繁发生,使得绿色发展理念快速发展,也使绿色体育理念进入大众的视野。从体育运动员的服装、体育器材,再到大型体育设施建设,绿色环保材料的开发和应用在体育发展中越来越广泛。绿色体育强调体育及环境之间的和谐发展关系,其表达的生态理念重申的是体育、文化、教育及生态环境之间的互相协调和共生状态,体育运动绿色发展理论亦是遵循可持续发展理念而提出的。1991年,国际奥委会在《奥林匹克宪章》中增加有关可持续发展的纲领性文件——《奥林匹克运动21世纪议程》,它既是推动奥林匹克运动绿色发展的行动指南,也是北京提出申办2022年冬奥会的理念之一。2020年5月,《北京2022年冬奥会和冬残奥会可持续性计划》发布,确定冬奥会和地区可持续发展的总目标,明确"绿色环境正影响"等重要领域,提出12项行动、37项任务和119条措施。2022年冬奥会抓住难得的教育契机,以个人、城市、地区、环境、社会、生态的长远协调发展为立足点,为创建和平、绿色、美好的世界而努力,理性看待主办城市,以务实的态度,从长远、绿色的视角,将冬奥会绿色体育教育切实融入城市和国家发展中,使冬奥会奥林匹克教育与国家发展、地区发展互相契合。2022年"海绵赛区"理念的实施,实现了绿色电力全覆盖;环境管理体系的建立,旨在帮助广大学生培养体育运动绿色发展的责任感。我们要努力践行体育运动绿色发展的理念,创造更绿色、更现代、更美好的未来。

(四) 线上线下融合:冬奥会奥林匹克教育模式运行的技术保障

从奥林匹克教育模式的推广技术来说,采用"线上+线下"相融合的新样态方式

---

① 康露,黄海燕.体育与科技融合助推体育产业高质量发展:逻辑、机制及路径[J].体育学研究,2021,35(5):39-47.

② 布特.和谐体育的哲学探索——竞技体育的文化哲学批判与建构[D].北京:北京体育大学,2010:1-2.

第六章　继往开来：人类命运共同体视域下 2022 年冬奥会奥林匹克教育模式的构建和推广

进行。自 2020 年以来，教育部统筹全国所有学校的疫情防控工作，开展规模宏大的"停课不停学"的统一行动。全国各地、各校积极响应号召，制订"停课不停学"的教育方案，多举措支持体育师生开展在线教学活动。2020 年 4 月下旬以来，随着全国整体疫情形势的稳中向好，部分地区和学校开始线下体育教学，线上体育教育教学活动逐渐成为线下教育的有益补充。未来的体育教育发展，需要广大体育教师改变传统的线下体育教学观念，转向开展"线上＋线下"融合教学的新样态，以适应未来体育教育发展的新需求，共同塑造学生品格与价值观念。①

线下体育教学（包括奥林匹克教育）一般是体育教师和学生在面对面的教学环境中开展的教学，学生可以在课堂上直接和体育教师沟通，教师能够对学生起到一定的监督作用。这种在真实教学情境下的体育教学体验与互相沟通，特别是关于奥林匹克价值、奥林匹克文化的交流，能够满足广大师生的社会参与和情感交流需求，线下体育教学易于开展，教学过程多元化。线上体育教学具备线下体育教学所欠缺的及时、快速、不受时空限制以及可重复性等优点。线上学习平台及直播软件，如 QQ、微信、腾讯会议等，这些基于互联网的教育平台可以帮助实现奥林匹克教育资源的共享、服务和再生，增强体育教师和广大学生关于体育知识、体育观念、体育信息、奥林匹克理念和精神之间的交流，有助于厘清体育教育教学与适应学生需求的动态变化。线上和线下体育教育教学都各自具备独特的教育优势，只关注某一方面的优势或优点，都无法适应未来教育技术发展需要和社会对人才培养的新要求，线上和线下相融合，形成优势互补，能更有效地推动奥林匹克教育教学活动的发展。

线上和线下的奥林匹克教育教学形式会根据当时的具体情况进行适时调整。从课程资源开发方面看，各级学校都需要配备及时、多样、全范围的网络系统教学资源，加大学校智能化教育教学设施建设力度；从体育教师的教学方面看，线上线下的融合教育教学可以为广大学生创造更大的学习空间和更长的学习时间，引导体育师生交流、探讨和合作，使教学互动不受环境限制，让线上线下体育课堂成为充分展现体育智慧、优秀观点的重要场所；从体育教师自身看，融合的体育教学模式对广大体育教师提出了挑战，体育教师不能拘泥于专业、教学方式，而是应该采取以广大学生为主体、体育教师为主导的双边互动教学方式，避免照本宣科的讲解，体育教师作为向导、引路人，在导入奥林匹克理念后，应该鼓励学生就相关内容进行某一方面的深究和新探索；从广大学生的需求看，利用"线上＋线下"的便利条件可以迅速、方便并且有效

---

① 黎佳，黄燕敏，王晶晶.后疫情时代初中地理线上线下融合式教学模式的构建与应用[J].地理教学，2021(7)：29－33.

地获得相关体育知识,这不仅能够满足广大学生个性化、多样化、多元化的体育学习需求,而且有利于师生共同建构奥林匹克运动的体育知识,共同形成教学相长的良性互动。①

习近平总书记在2013年8月19日全国宣传思想工作会议上的讲话中强调:"宣传思想工作是做人的工作的,人在哪儿重点就应该在哪儿。"新媒体是海量用户的聚集地,特别是青少年群体交流互动的主流媒介。因此,冰雪运动文化传播必须占领新媒体文化传播的高地,创新传播理念、内容、方法和形式,进一步提升冰雪运动文化的传播力、效果力和影响力。

打造冰雪运动传播平台,塑造品牌赛事,增强用户"黏性"。自北京成功获得2022年冬奥会举办权以来,我国官方组织在宣传以及推广冰雪运动文化方面取得了一定成就,但仍需进一步加强,主要体现在尚未打造出精品赛事和主流媒体平台,缺乏稳定的用户群体。

传统电视媒体在冰雪赛事预告和转播上存在不足,而新媒体冰雪运动平台还处在用户培育期,赛事渗透率较低。据艾瑞咨询发布的《2016年中国互联网体育用户洞察报告》指出:"经常观看篮球和足球赛事的用户达到68%,而冰雪项目仅达到17%,处在较低观看率阶段。"同时,根据《全国冰雪运动参与状况调查报告》显示:"大众对冰雪运动的态度总体积极,传统冰雪运动省份民众喜爱冰雪运动的占比达到63%,西北、华北省份为59%,南方省份为51%,均超过50%。"毋庸讳言,我国群众对冰雪运动有着较高的兴趣,但对冰雪运动文化缺乏一定的关注度。首先,冰雪运动受场地环境限制导致民众的参与度低,进而产生对冰雪运动项目和相关赛事的认知度不高。其次,从电视媒体到新媒体都没有建立起冰雪运动文化用户群:一方面冰雪运动赛事培育时间短,相关赛事的内容少;另一方面尚未打造出受众感兴趣的品牌冰雪运动赛事,媒介影响力低。虽然北京体育局联合新浪微博打造的"快乐冰雪季"话题阅读率突破10亿,但在海量内容中也只是沧海一粟。据微博数据中心发布的《2017上半年微博竞技体育用户洞察报告》,2017年上半年微博竞技体育热议话题有15 787个,累计话题阅读增量501.7亿,并且在微博竞技体育话题热议榜单和热议趋势中,很少见到冰雪运动的话语议题。因此,当务之急是着力打造一批专业性的新媒体冰雪运动社交APP,以弥补精彩品牌赛事、热门议题内容的缺口,增强用户黏度。当前部分新媒体冰雪运动APP如冰雪头条、新浪体育、冰雪壹号等都是依靠母自媒

---

① 张倩,马秀鹏.后疫情时期高校混合式教学模式的构建与建议[J].江苏高教,2021(2):93-97.

体平台下的子媒体,知名度和关注度可见一斑,而这些主流媒体也未将粉丝量平移,打造出独立的冰雪运动APP。其余的如中国滑雪场大全IP、GOSKI、滑呗、冰壶汇等专业冰雪APP则以培训和商品推荐为主要业务,很少发布赛事信息和冰雪运动文化信息。故而,当前应该努力构建独立的冰雪运动传播平台,以青少年参与度和兴趣度高的冰雪运动项目为导向,以建设冰雪运动品牌赛事为纲要,强调用户间的互动交流和文化反馈。同时,以群众熟悉度高、竞技性强的冬奥会优势项目如短道速滑、速度滑冰等赛事为突破口,尝试购买相关的国际知名冰雪赛事的转播权,通过直播、转播、时时动态播报冬奥会、世界花样滑冰锦标赛、香蕉公开赛(亚洲最高等级Slopestyle单板赛事,中国唯一的国际级单板滑雪赛事)等国际顶级冰雪赛事。通过开放平台弹幕、互动平台和社区分享等功能,利用新媒体即时播放,广泛吸引用户参与互动交流与娱乐学习,打造优秀传播平台,塑造品牌赛事,增强用户黏性。同时,利用微博、微信、QQ以及抖音等自媒体平台多方渠道传播,组织创设群众喜闻乐见的冰雪运动文化主题,以诠释趣味性与正能量的冰雪运动文化为宗旨,既展示了项目的精彩度,又反映了地域冰雪风情,进而吸引用户的注意力,号召其制作小视频、GIF动图等,带动线下用户积极参与冰雪运动和旅行观光。

细分用户精准传播,彰显不同地区冰雪文化特色。电视媒体在传播冰雪运动上,主要面向深度赛事兴趣用户,以赛事转播为主,方法较为单一,且在当下电视媒体发展式微情况下,更难吸引用户注意力。同时,因为新媒体能融汇大量用户,所以存在内容泛滥、目的不清、碎片传播等弊端。当下需要加强传统媒体与新媒体进行媒介融合,强调媒体间融合、多方联动、资源互补,共同打造冰雪文化的传播平台,促进冰雪运动文化传播。同时,也要弄清楚冰雪运动文化的媒介化传播问题是什么,即冰雪运动文化以何种传播内容或形式出现在用户面前,以面对纷繁复杂的信息社会以及个性张扬的青少年用户群体,不至于使冰雪文化传播流于简单的宣传形式。因此,新媒体时代冰雪运动文化的破解之道在于细分用户群体,精准传播,做到有的放矢。精准传播源于新媒体广告商针对海量用户,运用大数据跟踪个人兴趣爱好和浏览记录等推送对口广告等精准营销策略,其逻辑起点是用户的认知、兴趣是有差异的。

冰雪运动用户的需求和利益诉求都不尽相同,有的是出于训练,有的是出于旅行,有的是出于知识学习,而新媒体则需要使用大数据算法,再根据用户的价值追求和现实需求传递不同的冰雪内容,实现精准传播。精准传播在根据受众的差异性进行区分的基础上,基于不同受众的个体特征、社会关系、活动规律、兴趣需求、地理位置等不同维度特点,结合受众的接受习惯、认知能力、理解水平、心理特点等针对性地执行不同的要求和标准,运用不同的内容和形式,采取不同的方法和策略,从而达到最佳传播效果。[1] 新媒体时代体育用户的形态演变得更快,这就需要运用科学的分类法则,借助数据设备直面用户的媒介使用习惯、内容观看偏好、消费动机以及不同年龄带来的认知水平等,划分出用户群。在甄选出用户群的基础上,再构建庞大的冰雪运动文化内容信息库,填充冰雪运动文化的优质内容,这是当前冰雪文化传播所欠缺的,但也是满足多样用户的基础条件。新媒体时代应以冬奥会冰雪运动赛事传播为契机,在平台上适度免费传播大型赛事视频,根据新媒体体育用户的"产销者"特征,充分调动用户主动参与新闻文本创作的积极性,满足目前用户对短信息内容观赏的需求。另外,要分化内容种类,选取合适的传播媒介,包括专业冰雪网站IP、APP和"两微一端"等,把握不同用户的上网时机,找准冰雪运动传播的最佳时机,进而精准推送冰雪文化内容。最后,冰雪运动文化传播不能执着于千篇一律的冰雪赛事传播,更要凸显出本民族的、民间的冰雪运动文化特色传播,例如作为世界上最古老的滑雪地域之一的中国阿勒泰地区就留下了许多一万年前的冰雪运动文物、岩画等历史遗迹。民族冰雪运动文化是唤醒民族记忆,树立冰雪运动文化自信,奠定冰雪运动群众基础的重要保障。因此,需要利用新媒体平台,进一步创新民族冰雪运动文化的载体及传播方式,传播民族冰雪文化并树立用户的文化自觉。

创新理念增强趣味,构建冰雪运动文化产业链。目前,我国冰雪运动的传播主要是以冬奥会为核心的冰雪运动项目文化传播,具有一定的西方文化色彩。然而,冬奥会在我国传播并不像夏季奥运会那样有着极大的声誉、影响力以及强大的群众参与基础,而想要实现冰雪运动的可持续性传播以及带动三亿人参与,则需要创新传播理念,试图确立"适他传播"理念。整体型社会聚合体不复存在,取而代之的是分散与聚集、群体分化与交织,呈现出由群体性向集群性的分散特点。冰雪运动传播的"适他传播"理念是基于冰雪运动文化传播、构建用户社群以及平台搭建三位一体,最终服务于实现有效传播的理念,并从传播宗旨、主体、渠道、内容、方式、效果等方面构建"适他传播"理念的传播模式。首先,确立冰雪运动文化的传播宗旨,将冬奥会冰雪运动和我国民族冰雪运动文化的核心精神进行凝练并赋予其符号化编码,如旗帜、口号或主题音乐等,既要传递出奥林匹克精神,又要凸显出中华民族文化精髓,深入民众的内心,激发人民参与的激情。其次,传播主体从官方传播扩展到全民传播,通过划定冰雪主题、提升用户媒介素养,实现信息内容传播个性化与公益性相结合,避免落

---

[1] 刘康."互联网+"时代马克思主义大众化的精准传播策略探析[J].理论月刊,2018(3):37-44.

到过度娱乐和庸俗审美的商业陷阱中。再次,创新冰雪运动内容传播方式和表达方式,通过弹幕、直播、表情包等不同的"新玩法",众筹、UGC 等各种各样的"新方式",实现冰雪运动文化的快速普及。① 特别要注意整改媚俗的冰雪文化信息内容,既要借用大众喜闻乐见、幽默搞笑的表达方式,又要对故意恶搞内容付诸法律行动。最后,建立传播效果评价机制,多维度考核国内外传播的有效性。想要实现冰雪运动文化传播发展,则需要整合线上、线下资源,打造冰雪运动文化产业链。在平台建设的基础上,不断推广品牌赛事和我国特色冰雪运动赛事,铸就赛事文化品牌,构建深度用户群,进而带动线下冰雪运动旅行与锻炼的实践参与,形成冰雪文化的产业链。

伴随着新媒体时代媒介技术的进步和广泛应用,以及我国"带动三亿人参与冰雪运动"战略要求,我们要直接推动冰雪运动文化的新媒体媒介化传播。冰雪运动文化传播在顺应新媒体媒介化传播的过程中,也引发了媒介技术文化和文化传播"他者化"融合的困境。因此,我们在深度考察我国冰雪运动文化传播的区域性状况以及新媒体传播特点的基础上,要努力谋求新媒体时代中国冰雪运动文化线上线下传播的路径和方法。

(五) 传承创新发展:冬奥会奥林匹克教育模式发展的策略需要

推广策略是在特定教育环境下,为完成特定教育任务而发生的,为达到教育目的,在对教育活动清晰认识的基础上,对相关教育活动过程进行调节和控制的一系列执行过程。推广策略具有指向性、整合性、可操作性、调控性、灵活性和层次性等特点。在人类命运共同体框架下,2022 年冬奥会奥林匹克教育模式体系的推广途径适用于全球,优秀的教育模式体系就应该不断被传承,在新时期,要结合各国际体育赛事具体情况,大胆创新和创造,提升世界体育文化的整体水准。

在奥林匹克运动教育文化推广中,考虑到广大青少年学生的需求和学习特点,充分发挥奥林匹克文化的优势,将奥林匹克文化元素渗透到学校教育的日常中,扩大奥林匹克教育文化的影响范围。这需要我们进一步构建、优化各地区、各级各类学校教育平台的内容和手段。首先,构建奥林匹克教育平台,确立舆论话语权。各学校应基于奥林匹克文化资源构建宣传平台,在学校网站、官微中增设奥林匹克文化板块,打造奥林匹克文化传播教育阵地,将现有的奥林匹克资源,如文字、视频、图片等融入其中。安排专人对奥林匹克教育平台进行运营,做好价值引导工作,使广大学生对奥林

---

① 吴江文.媒介多元化背景下的适他传播理念与策略[J].当代传播,2012(6):21-23.

匹克教育形成准确的认识。其次,借助新媒体对奥林匹克文化传播的思想内容进行升级和优化。各级各类学校在通过新媒体渠道进行奥林匹克文化优化活动中,构建符合广大青少年学生需求和兴趣的教育内容。再次,根据时代发展对奥林匹克内容及时更新,将一些与奥林匹克文化相关的社会和网络热点事件或话题融入教育中,加深对奥林匹克文化的认知;同时,对奥林匹克文化教育方式进行调整,将新时代中充满正能量、积极性的教育元素融入奥林匹克教育中,尽量选择广大青少年学生乐于接受的方式;将奥林匹克文化融入社会实践中,让青少年在实践中体会奥林匹克文化的精髓。例如,组织学生到奥林匹克博物馆、雪乡参与奥林匹克教育活动等。最后,依托互联网创新奥林匹克文化传播和教育途径。互联网和新媒体的出现改变了传统的信息传播方式,这为奥林匹克教育文化传播提供了多样化的形式,中小学校奥林匹克文化传播和教育工作者应该依托新媒体对工作途径进行创新探索。如:构建奥林匹克文化传播与教育多媒体课堂,借助生动、直观的多媒体手段进行奥林匹克文化和精神的重现,使其更有感染力。借助新媒体平台开展奥林匹克文化传播和教育系列活动,如奥林匹克主题的微视频大赛或作品征集活动等。①

当前,奥林匹克教育以培养青少年获得奥林匹克知识、运动技能、运动兴趣,提高运动能力、发展青少年身体素质、形成健康生活方式为主要目标,为培养广大青少年终身体育的习惯奠定基础,成为学校体育和学校国际化教育的有益补充。奥林匹克教育的全球传承和推广,有助于营造全球广大中小学生参与体育运动的良好氛围,在潜移默化中影响全球青少年,促使他们积极参与冰雪体育运动。只有广大青少年有冰雪体育运动的强烈意愿,喜欢冰雪运动,参与冰雪活动,才能在课堂、课后、闲暇生活中主动参加冰雪课余训练和相关冰雪竞赛活动。

1. 校内校外秉承相衔接

在国内,奥林匹克教育的主阵地是全国的中小学校,奥林匹克教育目标主要是面对广大中小学校传播奥林匹克理念和精神。学校内的奥林匹克教育的课程设置有专业性的特点,具有明确的培养目标。学校教育培养出来的学生一般是接受公共奥林匹克理论课、冰雪技能课、冰雪技能拓展课、冰雪运动教育活动等培训,便于学校发现所需要的冰雪后备人才,这同时提升了广大青少年学生自身的奥林匹克文化素养。当然,我们也应该看到,我国学校学生的身体素质有逐年下降的趋势,有些传统学校

---

① 毕一翀,曹虹.新媒体时代高校红色文化传播与教育形式——以吉林省抗联资源为例[J].记者摇篮,2020(12):66-67.

体育教育的基础设施并不完善。同时,我们应该看到,我国传统学校的冰雪运动设施更不完善,冰雪项目教学环境亟待改善,没有有力的硬件条件支撑,学校体育教育的师资力量在质和量上也缺乏一定的上升空间,这些都将造成部分奥林匹克教学目标难以全面达成。2022年冬奥会奥林匹克教育也存在不少学校缺乏冰雪教学或其他运动的基础设施条件无法有效供给的情况,所以我们更应该合理合规地利用或购买校外公共体育服务,帮助推进奥林匹克教育,提升青少年各项身体素质,帮助他们掌握冰雪和其他专业运动技能,培养他们对冬季运动项目的锻炼兴趣。①

在学校,我们需要精心打磨各种奥林匹克活动,采用多种形式提升教育效果。概括起来主要分为以下四种。(1)奥林匹克教育进校园,开设奥林匹克教育相关课程。根据奥林匹克教育计划,在学校开设相应课程,这里也包括学校奥林匹克教育的"跨学科"的教育形式,以奥林匹克主义的价值引导自身行为,在中小学校开展奥林匹克教育,使广大青少年学生对奥林匹克运动更加理解,让奥林匹克运动的"和平、友好、公平、公正"等精神给青少年学生以启迪,这是开展奥林匹克教育的基本形式。(2)积极开展各项冰雪竞技运动和活动。普及奥林匹克教育需要大力开展课外体育竞技运动和活动。鼓励学校学生参加各类冰雪体育俱乐部,组织各类形式的竞赛活动,在专业教师的指导下,调动学生的积极性,满足广大青少年学生竞技、健身、娱乐的需求,提高青少年的综合素养。冰雪实践活动,使学生在运动竞赛中,向更快、更高、更强的目标迈进,磨炼意志,培养拼搏的精神。②(3)发挥优秀运动员的榜样作用。奥林匹克主义以树立"良好的榜样"为重要的教育方式。青少年学生喜欢英雄,渴望成为英雄,夏奥会和冬奥会大赛榜样辈出,他们不畏艰难、追求卓越、顽强拼搏,成为激励青少年的精神榜样。(4)奥林匹克与文化、艺术相结合,开展"奥林匹克"主题活动。举办各种"奥林匹克"主题形式的沙龙、讲座、艺术节等,辅助以形式多样的奥林匹克典型事迹,加深青少年学生对奥林匹克运动的理解,努力营造良好的奥林匹克教育氛围。

青少年学生参与校外体育活动是提升他们体质和健康水平的重要途径。青少年校外体育教育服务作为国家公共体育服务的一部分,其教育内涵与国家公共体育服务的教育内涵具有一致性,既包括校外体育运动的基础设备设施、运动技能培训、体育教育和运动信息服务,也包括政府相关管理部门管理的体育教育即有形教育项目

---

① 刘林星,殷晓辉,邱建国.我国青少年校外体育公共服务模式的构建[J].首都体育学院学报,2019,31(2):166-170,192.
② 祖苇.大学奥林匹克教育体系构建与实践途径[J].山西师大学报(社会科学版),2015,42(2):139-142.

产品和无形的体育公共服务。校外的各类型体育公共服务实现有效供给,需要确立一个明确目标,这是青少年校外体育公共服务有效实施的前提条件。

奥林匹克校外教育形式多样,强调积极参与而不是简单说教,以亲自参与、亲身实践的方式感受奥林匹克知识和精神的熏陶,并养成健康的生活方式。① 在冬奥会的赛场上,冰雪健儿在竞技场上努力拼搏,场内、场外观众声情并茂地积极声援,与运动员的精彩表现遥相呼应;在奥林匹克校外体育领域中,人们在积极参与中体验奥林匹克精神。奥林匹克教育是互动的、生动热烈的,让广大教师和青少年学生兴趣盎然,执行力、想象力和创造力在其中都得到充分发挥。在积极参与和体验中领悟,不仅使学习过程有趣,而且对青少年的长远运动习惯的养成也产生深远影响。②

我们既要充分传承学校奥林匹克教育过程中好的经验,也要充分吸收校外体育教育中大胆创新的因素,发挥两者的优势,互相补充,互相合作,形成以学校体育教育为基础,社区、家庭联合推进,将校内和校外体育教育资源一体化,共同促进世界体育文化的推广,共同提高青少年身体素质、参与各类体育运动的意识,促进青少年对各种运动项目兴趣的形成,养成其健康的生活方式。

2. 国内国际延续相联合

自改革开放以来,随着我国政治、经济、社会不断向前推进,我国学校体育教育的发展也发生越来越多的变化,越来越重视奥林匹克教育,越来越多的人关注体育教育,这是体育发展的进步。从体育教育的课程设置看,包括推进奥林匹克教育进学校、进课堂,取得了实质性进展;从奥林匹克教育的教学环节看,通过多元的教育方法,将奥林匹克运动的理论知识、实践技能技巧和价值观以学生喜闻乐见的方式传授给广大的青少年朋友;从学校奥林匹克的教育效果看,这样的教育方式不仅开阔了学生的体育视野,还提升了广大学生的奥林匹克文化素养。奥林匹克文化中含有的国际理念,不但彰显了受教育者的文化自信,也充实和丰富了当代中国的学校体育文化,增强了中国体育教育文化国际性、感染力、吸引力和亲和力,提高了我国体育教育文化的国际竞争力。

在冬奥会奥林匹克教育中,我们要用好网络教育和一些学校体育教育对外合作交流的平台,为奥林匹克的国际化教育发挥牵线搭桥的作用。体育教育交流合作作为国际文明间交往的一种重要形式和有效载体,是促进现代社会全面发展的纽带和

---

① 郭兆霞,郭冠伟.30 年来奥林匹克教育发展演变研究[J].教育科学研究,2008(Z1):27-30.
② 任海.奥林匹克运动的教育价值[J].教育科学研究,2006(12):15-18.

动力。各类国际体育大型赛事都可以成为传播先进体育理念和教育模式的载体,以提升全人类素养,造福世界人民,同时发挥它在人类命运共同体的构建中的重要作用。开展我国体育教育对外交流合作,可以向全世界展现一个自信的中国、开放的中国、改革的中国形象,我们可以用外国广大青少年学生听得到、听得懂、听得进的教育途径和教育方式进行,同时鼓励我国中小学校积极参与体育教育对外国际交流与合作,让世界更好地了解中国、理解中国,并支持中国。

我们要抓住国内、国际体育教育相联合双循环的教育契机,积极参与全世界范围的优秀文明之间的文明对话,推动不同优秀文明之间的接触和沟通。对于不同文明之间的差异,做到兼收并蓄、理性处理。这就需要我们从实际出发,从本国体育教育的国情出发,力争做到求同存异、取长补短。青少年既是每个国家的未来、民族的希望,也是中外友好事业的接班人,要做好各国青少年间的体育友好交流与合作,使他们了解中国的国情、历史和文化,做中外世代友好的维护者、传承者和促进者,努力倡导构建一个各国体育教育文化之间差异互补、多元竞争、交流互鉴、共同发展、合作共赢的国际教育模式,使不同体育文明在交流互鉴中紧密联系在一起,推动人类社会的整体共同进步,这也是这个时代赋予学校教育的重要使命,并为建立人类命运共同体而共同奋斗。

(六)应然路径探寻:冬奥会奥林匹克教育模式功能的科学保证

未来社会要求人类社会的教育要有指向,要为构建人类命运共同体服务,人类命运共同体对各行各业和整个教育行业都有更高要求。构建人类命运共同体的理念要求政治、经济、文化、教育,包括体育与之配合,冬奥会奥林匹克教育是在传统冬奥会奥林匹克教育的基础上兼顾人类命运共同体的需求。

1. 树立人类命运共同体意识,全新诠释冬奥会理念与精神

树立人类命运共同体意识,需要我们用更宽广的视野认识和把握命运共同体的丰富内涵,用教育、合作等人文交流形式将文明多样性转化为世界合作动力,面对复杂的国际和社会环境,努力倡导构建交流互鉴、差异互补、多元竞争、共同发展的合作共赢模式,努力建立国际教育合作共同体。2022年冬奥会给我们提供了教育契机,在国际、国内教育系统、体育系统、文化系统等领域诠释人文教育、生态教育、可持续发展、节俭教育理念,将奥林匹克运动的超越、合作、包容等精神体现在多个方面。不同国家在交流中推动人类社会进步。在冬奥会教育国际交流中,大力诠释和宣传冬

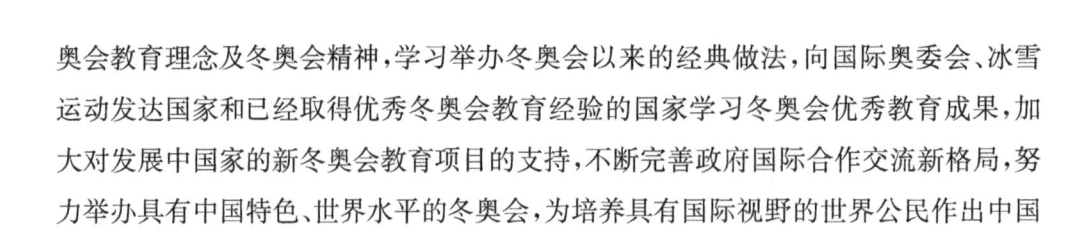

奥会教育理念及冬奥会精神,学习举办冬奥会以来的经典做法,向国际奥委会、冰雪运动发达国家和已经取得优秀冬奥会教育经验的国家学习冬奥会优秀教育成果,加大对发展中国家的新冬奥会教育项目的支持,不断完善政府国际合作交流新格局,努力举办具有中国特色、世界水平的冬奥会,为培养具有国际视野的世界公民作出中国贡献。①

2. 依托各级各类学校前沿阵地,全面完善冬奥会教育新使命

学校教育是国际文明交往的有效载体,是促进现代社会发展的动力和纽带,在构建人类命运共同体的过程中发挥重要作用。构建人类命运共同体,给我国大、中、小学校教育提供难得的机遇,同时提出更高要求。依托学校教育大平台,不断学习并传授传统、现代和未来冬奥会教育价值,从更广范围和更高水平层面推动世界范围内冬奥会学校教育。2022 年冬奥会教育不仅立足本国、本民族视角,且以全人类共同利益视角理性考虑冬奥会教育。转变传统竞争"你死我活"的观念,构建面向未来、合作共赢的全球教育共同体。自 2015 年申奥成功以来,中国学校教育从中央到地方,从课程、教学、价值观到方法论等,从冬奥会教育活动到冬奥会教育研究,从学校教育到家庭、社区的冬奥会教育辐射等多方面进行了许多新探索,并已取得以北京石景山区电厂路小学、羊坊店小学为突出代表的诸多学校冬奥会教育成果。学校教育以 2022 年冬奥会为契机,向世界传递追求卓越、友谊、尊重、和平、公平、公正、对话、超越、拼搏、合作、包容、互助等多元教育理念,通过没有歧视、注重友谊、团结与公平竞争的各类教育活动,教育广大世界青年为建立更加美好的世界而努力。

3. 大力培养冰雪运动人才,推动国内国际交流互鉴

冰雪运动人才是办好冬奥会,实现冬奥会教育实效的第一资源和战略要素。树立冬奥会"大人才观",引进国外优秀冰雪人才与培养自身冰雪人才相结合,以全球视野遴选冰雪人才,努力建成我国专业化、国际化的冰雪人才队伍,为冬奥会办赛和冰雪经济、教育、文化发展储备人才。2018 年 5 月,《北京 2022 年冬奥会和冬残奥会人才行动计划》发布,明确开发和培养 11 支人才队伍路线图及时间表。其中,青少年奥林匹克教育专项是计划之一,国际奥委会指导实施的奥运知识管理战略是引进学习资源的重要平台,引入优质教育人才是要务之一。国家欢迎海外本专业及相关专业留学生归国发展,同时,整合我国优质冰雪教育资源,大力培养冰雪运动人才,统筹好国内、国际两个大局,在构建人类命运共同体视域下,让冰雪人才因互相交流而大放

---

① 俞鹏飞,王庆军.新媒体时代中国冰雪运动文化传播的机遇、困境及路径[J].体育学刊,2020,27(1):19-24.

异彩,因互相借鉴而更有创新性和创造性,通过更高层次国际、国内冰雪人才互动和交流,为广大青年提供政府奖学金名额和更多留学机会,增进青年人的国际理解和认同,提升我国冬奥会教育的国际影响力和软实力,使全世界更多了解当代中国文化,引导人们做中外世代友好的传承者和促进者。

4. 采用大数据加新媒体聚焦,促进冬奥会教育智能化传播

冰雪文化传播包括在场的实践传播和媒介化传播两种类型。新媒体时代打破过去传统电视媒体传播冰雪运动的单一局面,改变长时间固化传播方式,形成以冬奥会各品牌赛事为核心,采用拼贴冰雪明星图片、剪辑冰雪运动小视频、制作冬季项目精彩搞笑小视频等各种传播方式,发挥微博、微信、微视频的优势,通过移动客户端、网络平台等新媒体终端,实现冬奥会冰雪运动教育文化和我国民族冰雪运动文化的传播,逐步改善我国冰雪文化宣传乏力的不良现象,为增强中国冰雪运动话语权提供技术支撑。中国需要主动构建自身冰雪运动话语体系,拓宽传播路径,延展传播渠道。针对冰雪运动潜在爱好者,做到精准传播和分众传播。当前,不同文化阶层的海量用户在各社交平台制作、转发、分享、再创作各种类型的冰雪运动内容,让冰雪信息传播更加泛化和多元,呈现"碎片化"特征。创新传播理念、内容、方法和形式,进一步提升冰雪运动教育价值的传播力和影响力。讲好中国冬奥会故事,向世界展示真实、立体的中国形象,不仅传递奥林匹克精神,还要凸显中华民族文化精髓,激发广大人民参与冬奥会的激情。

5. "请进来"与"走出去"相融合,大力提高冬奥会奥林匹克教育质量与规模

中国体育民间力量经过近40年的快速发展,已经成长为一支不可小觑的体育队伍,其包括体育类民办非企业单位、体育基金会、各体育社团、自发性群众体育组织等。其主要分布在各体育行业商会,各项目协会和社团,奥运和非奥运体育协会,运作、资助性体育基金会,民办体育学校、健身俱乐部、体育场馆等。与民间体育组织力量合作,鼓励民间体育组织和有冰雪基础的意向个人大胆"走出去",结合自己实际情况,学习和借鉴世界举办冬奥会的成功经验,扎根中国大地,办中国特色的冬奥会教育,实现冬奥会教育价值。同时,我们也邀请全球顶尖的冰雪行业的专家学者到中国传授行业前沿知识和经验。"走出去"与"请进来"相融合,互相学习、取长补短,培养双方合作的友好使者,提高冬奥会教育规模、效果、水平和影响力。《体育产业发展"十三五"规划》提出发展目标,2020年中国体育产业总体规模要超过3万亿,因而要善借外力,苦练内功,精准对接及施策,争取带来"引进一个,建好一个,带来一批"的

"葡萄串"效果,扩大冬奥会教育实效。在实践人类命运共同体过程中,引导民间体育组织、广大群众积极主动适应新时代冰雪体育需求,坚持交流、借鉴、创新、发展,将冰雪项目引入民间体育文化活动,通过丰富传播主体,特别是加入民间团体及个人,扩大公共外交交流平台,依靠他们非官方的表达方式和传播优势,形成容易被世界人民喜爱的话语优势,激发民间广大群众参与冬奥会的热情。

  2022年冬奥会对中国和世界意义重大。冬奥会作为国际顶级的冰雪体育文化盛会,亦是内涵丰富的"价值场",自然成为国际社会传播最广、影响最大的冰雪文化教育活动。冬奥会教育是开放、动态的世界性文化教育体系,冬奥会教育是冬奥会运动的内核,对冬奥会教育实践具有重要的导向意义。2022年冬奥会教育模式研究还在不断完善,当前研究可以帮助人们厘清认知层面的模糊和疑问地带,对冬奥会教育模式的趋向研究还需不断深入。在人类命运共同体的时代背景下,使全球化时代最为重要的国际奥林匹克运动,以其独特教育价值成为构建人类命运共同体重要展示平台。面对新时代和新变化,冬奥会奥林匹克教育需要不断适应新变化,不断扩展冬奥会奥林匹克教育的内涵和外延,与国际接轨,为培养新一代国际公民贡献中国力量。

【本章小结】

  1. 在人类命运共同体理念的指导下,明确了冬奥会奥林匹克教育模式的构建理念。从冬奥会的教育理念、教育内容、教育方法、教育要素、构建策略等方面阐述了冬奥会奥林匹克教育模式的构建逻辑。

  2. 在人类命运共同体视域下构建新型冬奥会奥林匹克教育模式。力图整合宏观层面的政府主导型教育模式、中观层面的系统型教育模式、微观层面的操作型教育模式,三位一体,构建新型立体的冬奥会教育模式体系。

  3. 冬奥会教育从宏观、中观、微观层面实现教育模式互补。宏观层面突出奥林匹克教育目标导向性和可持续发展性,从国际、国家、地区层面提出各自不同的教育模式;中观层面侧重政策导向性和参与性,随着受教育者群体的差异,分别建议素质教育模式、职业教育模式、综合教育模式;微观层面则从冬奥认知观、课程观、教学观、价值观、方法观教育模块五个方面给出操作性建议,更加注重冬奥教育有效互动交流,注重冬奥会教育的内化过程,实现冬奥会教育模式的内在构建。这种综合立体的教育模式,体现了多元、共享、互动、开放等特征,共同促进了2022年冬奥会教育模式的自主构建和发展。

4.奥林匹克教育理论和实践不断融合,构建教育模式的运行机制。构建内容包括冬奥会教育目标体系、教育内容体系、教育形式体系、教育实施体系。2022年冬奥会奥林匹克教育模式的实施体系由四个机制组成:动力机制、组织机制、传播机制、运行机制。各机制间互相联动、互相促进,在保障机制的加持下,共同推动冬奥会教育模式的良好运行,确保奥林匹克教育模式的实践效果。

5.人类命运共同体视域下2022年冬奥会奥林匹克教育模式的推广是一项系统工作,包括推广主体、推广客体、推广内容、技术保障、策略要求、应然路径等方面。

主要参考文献

[1] 吴婧姗.基于集成的工程教育模式研究[D].杭州:浙江大学,2014:15-67.

[2] 耿申.国际视野中的奥林匹克教育"北京模式"[J].教育科学研究,2007(12):8-12.

[3] 张月恒."出发"与"归宿"——2022年冬奥会奥林匹克教育模式构建着力点[J].体育科技,2018,39(5):3-4.

[4] 罗雪."互联网+"与北京2022年冬奥会知识管理初探[J].成都师范学院学报,2017,33(5):79-83.

[5] 闫雨,田园,曲扶摇,等.中国发展道路与人类命运共同体建设研究——基于文明演进的视角[J].技术经济与管理研究,2019(12):105-109.

[6] 郭明俊."以道观之"与构建人类命运共同体[J].中国延安干部学院学报,2019,12(6):29-36.

[7] 王仁周.冬季奥林匹克(1924—1994)[M].哈尔滨:黑龙江人民出版社,1996:268.

[8] [澳]K·吐依,[澳]A·J·维尔.真实的奥运会[M].北京:清华大学出版社,2004:73-77.

[9] 王润斌,贺冬婉.国际奥林匹克教育的理念发微与实践达成——康斯坦丁诺斯·乔治亚迪斯教授学术访谈录[J].体育与科学,2016,37(2):7-12.

[10] 余莉萍,任海.北京冬奥会环境教育研究[J].体育文化导刊,2018(3):13-17,33.

[11] 耿申,张蕾,任海,等.国际奥林匹克教育中的"北京模式"研究[M].北京:北京体育大学出版社,2009:17-64.

[12] 张岩."都灵2006奥林匹克教育计划"的目的和主题[J].中国学校体育,

2003(2):78-79.

[13] 王润斌,李慧林,贺冬婉.2010年温哥华冬奥会背景下加拿大奥委会的奥林匹克教育实践及启示[J].首都体育学院学报,2020,32(3):214-220.

[14] 孙葆丽,宋晨翔,杜颖,等.温哥华冬奥会遗产工作研究及启示[J].北京体育大学学报,2017,40(10):1-8.

[15] 汪流.写好北京冬奥范本,厚植冰雪运动文化——索契冬奥会奥林匹克教育的回顾与启示[J].体育教学,2020,40(9):63-66.

[16] 刘正,曹宇,孙宇辰.2018平昌冬奥会奥林匹克教育研究[J].北京体育大学学报,2019,42(2):115-125.

[17] 《体育大国向体育强国迈进的理论与实践研究》课题组编.体育强国的战略研究[M].北京:人民体育出版社,2010:27.

[18] 张伟,单琛蕾."冬奥会"背景下体育特色小镇建设路径研究——以张家口为例[J].安徽体育科技,2018,39(4):6-8.

[19] 贾春佳,李双玲,朱宝峰,等.我国冰雪体育文化的本源、特征与发展对策[J].哈尔滨体育学院学报,2017,35(3):51-56.

[20] 费郁红,张稼旭,姚小林,等.文化自觉与我国冬季体育文化的传承与发展[J].沈阳体育学院学报,2016,35(1):55-58.

[21] 彭赛桥.冬奥会背景下北京高校大学生冰雪体育文化素养的研究[D].北京:首都体育学院,2020:4.

[22] 杨树人,朱志强.纵论中国冬季运动与冬季奥林匹克运动的历史渊源、融合和演化(一)[J].哈尔滨体育学院学报,2019,37(1):1-11.

[23] 郭兆霞.奥林匹克教育历史演变研究[D].北京:北京体育大学,2010:72-83.

[24] 朱嘉诚.2022年冬奥会在自媒体时代下的传播推广研究[D].石家庄:河北师范大学,2019:1-4.

[25] 高铁刚.基于系统理论的教育技术本体研究[J].中国电化教育,2011(5):7-14.

[26] 余清臣.何谓教育实践[J].教育研究,2014,35(3):11-18.

[27] 郝庆升,陈楠,李锐,等.动力机制理论及其方法论构想[J].中国科技论文在线精品论文,2015,8(8):839-844.

[28] 李国强,王若楠,徐浩然,等.我国马拉松赛事发展动力机制模型构建与实证研究[J].沈阳体育学院学报,2021,40(2):67-76.

[29] 王名扬.美国公立研究型大学内部质量改进的组织机制与特征分析——以威斯康星大学麦迪逊分校为例[J].国家教育行政学院学报,2020(8):86-95.

[30] 冯雅男,孙葆丽.变迁的解构:后奥林匹克主义下四个议题的思考[J].武汉体育学院学报,2017,51(7):26-31.

[31] 隋岩.群体传播时代:信息生产方式的变革与影响[J].中国社会科学,2018(11):114-134,204-205.

[32] 李小勇.监察机关调查权内外制约机制研究[J].四川师范大学学报(社会科学版),2019,46(6):46-52.

[33] 王科飞,王宏江.我国体育支援运行机制现状与治理对策研究[J].沈阳体育学院学报,2021,40(2):59-66.

[34] 刘润珍,孙海泉.借冬奥契机推动张家口市冬季体育运动的发展研究[J].科技经济市场,2015(3):146.

[35] 陈晓桐.平昌冬奥会视角下的奥林匹克价值研究[J].体育成人教育学刊,2018,34(4):30-33.

[36] 王润斌.当代奥林匹克核心价值观的多维审视[J].武汉体育学院学报,2015,49(2):5-11.

[37] 孙科.全民健身与冰雪运动发展[J].体育文化导刊,2017(3):1-4,15.

[38] 修月,宗克强,张良祥,等.新时期背景下黑龙江省"区域高校联盟"冰雪人才培养可行性研究和展望[J].青少年体育,2019(2):136-138.

[39] 马毅,吕晶红.我国备战2022年冬奥会重点项目后备人才培养问题探究[J].体育科学,2016,36(4):3-10.

[40] 教育部,国家体育总局,北京冬奥组委.教育部国家体育总局北京冬奥组委共同制订《北京2022年冬奥会和冬残奥会中小学生奥林匹克教育计划》[J].青少年体育,2018(2):8-11.

[41] 薛东."自主·探索·体验·力行"之冬奥教育[J].中国教育学刊,2019(5):106.

[42] 郑秋荣.奥林匹克运动的文化教育[M].汕头:汕头大学出版社,2008:107-109.

[43] 张蕾.奥林匹克教育与中小学发展——以北京奥林匹克教育实践为视域[D].北京:北京体育大学,2008:43-45.

[44] 陈晓桐.后北京奥运时期羊坊店中心小学奥林匹克教育研究[D].北京:首都体育学院,2019:36-63.

［45］东芬.北京奥运会教育价值的开发与实现［D］.苏州：苏州大学，2009：60-155.

［46］丁兆熊，陶小娟，潘绍伟，等.南京青奥会与江苏学校体育的互动研究［J］.南京体育学院学报（社会科学版），2010，24（6）：27-32.

［47］王嵬，谢臻.长篇通讯如何"融"出精彩——从一次令人回味的新闻实践看《南京日报》青奥会"融合传播"思路［J］.中国记者，2014（10）：27-29.

［48］翟元，杜长亮.南京青奥会文化教育运行机制探析［J］.体育与科学，2014，35（1）：73-76.

［49］任哲.对体育院校开展奥林匹克教育的研究［D］.长春：吉林体育学院，2010：23.

［50］李彤.我国冬奥会优势项目关键人才培养理论与实践探索——以哈尔滨体育学院为例［D］.哈尔滨：哈尔滨体育学院，2018：1-3.

［51］茹秀英.北京中小学奥林匹克教育遗产研究［J］.西安体育学院学报，2012，29（1）：107-111.

［52］温搏.当代武术传承中华传统文化的历史使命［D］.福州：福建师范大学，2009：73.

［53］马连鹏.北京奥运会的文化战略选择研究［D］.西安：陕西师范大学，2008：37-70.

［54］王蕾，赵新民.北京市中小学开展奥林匹克教育的途径与对策研究［J］.辽宁体育科技，2007（1）：87-88.

［55］孙承华.冰雪蓝皮书 中国冬季奥运会发展报告（2017）［M］.北京：社会科学文献出版社，2017：124.

［56］程鹏.北京奥运会对大中小学生体育观念和行为的影响研究［J］.北京体育大学学报，2009，32（4）：88-90，107.

［57］孙卫华，黄丽娜，刘娓楠，等.北京市朝阳区奥林匹克教育的实践与反思［J］.体育教学，2021，41（1）：63-64.

［58］耿申，张蕾，吕晓丽.北京奥林匹克教育遗产的整理和利用——基于2010年度北京奥林匹克教育的调查研究［J］.北京体育大学学报，2011，34（12）：75-78.

［59］刘艳芹.山东冰雪产业发展问题与对策［J］.冰雪运动，2020，42（4）：93-96.

［60］桂豪.大庆市高校奥林匹克教育现状及对策研究［D］.大庆：东北石油大学，2019：11-32.

[61] 关北光.《教师教育课程标准》背景下高校体育教育专业与基础教育对接的策略[J].体育学刊,2013,20(3):75-77.

[62] 祖苇.大学奥林匹克教育体系构建与实践途径[J].山西师大学报(社会科学版),2015,42(2):139-142.

[63] 朱玮琳.奥林匹克教育在张家口市高中的开展现状及对策[D].石家庄:河北师范大学,2017:12-13.

[64] 罗家弘.江苏省部分城市中小学奥林匹克教育开展现状及对策研究[D].福州:福建师范大学,2018:13-24.

[65] 郭兆霞,郭冠伟.30年来奥林匹克教育发展演变研究[J].教育科学研究,2008(Z1):27-30.

[66] 任海.奥林匹克运动的教育价值[J].教育科学研究,2006(12):15-18.

附件一　中小学冬奥会奥林匹克教育调查问卷(学生版)

亲爱的同学：

你好！为高质量完成2017年国家社科基金项目"2022年冬奥会奥林匹克教育模式的构建研究"工作，课题组根据项目研究的需要设计了一份关于"中小学冬奥会奥林匹克教育现状"的调查问卷，非常感谢你对本次调查工作的支持，你客观的回答对我们的研究有极大的帮助。本问卷采用匿名调查，请你放心填写真实情况和看法。

由衷地感谢你的支持与帮助！

课题组
2020年12月

填表说明：以下题目为学校冬奥会奥林匹克教育的相关描述，请根据你的了解，在选项中画"√"，选出你认为最符合你个人意见的一个或多个选项。或者如实填写相关信息。

一、单项选择题：

1. 你的性别：① 男　　　② 女
2. 你所在_____ ① 小学　② 初中　③ 高中
3. 你所在城市：_____省_____市_____县(区)
4. 你体验过的冰雪活动？(可填多个，没有填无)_____
5. 你熟悉的冰雪项目？(可填多个，没有填无)_____
6. 你喜欢的冰雪技能是？(没有填无)_____
7. 你学习过的冰雪知识？(可填多个，没有填无)_____

8. 你所在的学校是否开设了冬季奥林匹克课程？① 是_____ ② 否_____

9. 你所在的学校是否开设了冬季奥林匹克冰雪项目？① 是_____ ② 否_____

10. 奥林匹克的格言：① 友谊第一，比赛第二 ② 更快、更高、更强 ③ 团结友谊，公平竞争 ④ 和平、友谊、进步

    奥林匹克的精神：① 友谊第一，比赛第二 ② 更快、更高、更强 ③ 团结友谊，公平竞争 ④ 和平、友谊、进步

    奥林匹克运动的实质：① 运动 ② 教育 ③ 奥运会 ④ 拿金牌

11. 体育课中，体育教师传授过有关冬奥会奥林匹克方面的知识吗？
    ① 经常传授 ② 有时传授 ③ 从未传授

12. 你对学校是否开设冬奥会奥林匹克教育课程的态度：

    ① 应该开，能满足我们对奥运会相关知识的了解

    ② 无所谓，开了课就上，不开课也没事

    ③ 没必要开，占用我们学习时间，升学考试要紧

二、多项选择题

1. 你所在的学校举办过下列哪些与冬奥会奥林匹克相关的活动？
   ① 奥林匹克讲座 ② 冰雪知识竞赛 ③ 奥林匹克演讲 ④ 奥林匹克辩论会 ⑤ 奥林匹克报告 ⑥ 冰雪体育竞赛 ⑦ 奥运冠军进校园 ⑧ 冰雪画报展 ⑨ 以上都没有 ⑩ 其他（或者其他，请写明）_____
   一周参加_____次冬奥活动；一学期参加_____次冬奥活动；一年_____次活动。

2. 你主要通过下列哪些途径获得冬奥会冰雪知识的？
   ① 电视 ② 互联网 ③ 报纸杂志 ④ 广播 ⑤ 书籍 ⑥ 奥林匹克课程 ⑦ 体育课 ⑧ 同学 ⑨ 家人、朋友 ⑩ 知识竞赛 ⑪ 讲座 ⑫ 墙报宣传 ⑬ 社区宣传 ⑭ 画报 ⑮ 其他（请说明）_____

3. 冬奥会奥林匹克教育会带来积极作用吗？
   ① 会带来 ② 无所谓 ③ 没有
   如果有，有哪些？（可多选）
   A. 美；B. 竞争；C. 自由；D. 公平竞争；E. 知名度；F. 赚钱；G. 权力；H. 文化理解；I. 职业化；J. 乐观；K. 高贵；L. 狡猾；M. 互相尊重；N. 荣耀；O. 包容；P. 道德观念；Q. 诚实；R. 绅士风度；S. 合作。

4. 冬奥会奥林匹克教育的内容有哪些?

① 奥林匹克明星故事　② 古代奥运历史　③ 近代奥运历史　④ 奥运人文知识　⑤ 奥林匹克理想　⑥ 奥林匹克精神教育等

5. 你认为开展冬奥会奥林匹克教育能给你带来什么收获?

① 提高自己对奥林匹克知识的了解

② 形成乐观积极的生活态度

③ 增强自信心

④ 树立不畏困难、不怕挫折的顽强精神

⑤ 增进同学之间的相互了解

⑥ 增强团结协作的集体主义精神

⑦ 加强道德修养

⑧ 规范了社会行为

⑨ 扩大视野,丰富人的情感

⑩ 培养竞争意识

⑪ 其他

6. 你在校内还有其他获得冬奥会奥林匹克教育的途径吗?

① 体育理论课

② 体育实践课

③ 班会

④ 德育课

⑤ 板报、宣传册、课间

⑥ 5—10分钟广播

⑦ 其他

7. 假如学校开设专门的奥林匹克教育课,你最希望在课上获得哪个方面的内容?

① 增加冰雪活动知识为主

② 以提高考试成绩为主

③ 以启迪人生为主

④ 以日常体育康复为主

⑤ 提高冰雪运动技能为主

⑥ 价值观教育为主

或者你有建议的内容:_____

8. 阻碍你学习冬奥会冰雪知识的因素是什么?

① 文化课学习负担重,没精力学习冬奥会冰雪知识

② 对冬奥会冰雪知识和运动项目不感兴趣

③ 对冬奥会冰雪知识毫无了解,不知道从何学起

④ 学校反对体育学习占用过多的时间

⑤ 家长反对体育学习占用过多的时间

⑥ 教学趣味性差

⑦ 教学方法不当

⑧ 冰雪运动本身易造成身体伤害

9. 你最希望在学校开设怎样的冰雪项目课程?

① 理论类冰雪项目课程

② 技能类冰雪项目课程

③ 组织活动类冰雪项目课程

10. 你最希望在学校学会的冰雪项目是:

① 滑冰项目

② 滑雪项目

③ 地板冰壶

④ 桌面冰球

⑤ 其他_____

附件二　冬奥会奥林匹克教育调查问卷(教师版)

尊敬的老师:

您好!为高质量完成2017年国家社科基金项目"2022年冬奥会奥林匹克教育模式的构建研究"工作,课题组根据项目研究的需要设计了一份关于"中小学冬奥会奥林匹克教育现状"的调查问卷,非常感谢您对本次调查工作的支持,您客观的回答对我们的研究有极大的帮助。本问卷采用匿名调查,请您放心填写真实情况和看法。

由衷地感谢您的支持与帮助!

课题组
2021年2月

填表说明:以下题目为学校冬奥会奥林匹克教育的相关描述,请根据您的了解,在选项中画"√",选出您认为最符合您个人意见的一个或多个选项。或者如实填写相关信息。

1. 您的性别:
   ① 男　② 女
2. 您的职称:① 正高级　② 高级　③ 一级　④ 二级　⑤ 三级
3. 您的学历:
   ① 博士　② 硕士　③ 本科　④ 本科以下
4. 您所在_____　① 小学　② 初中　③ 高中　④ 大学
5. 您所在城市:_____省_____市_____县
6. 您的年龄:

①20—30岁　②30—40岁　③30—40岁　④50岁以上　⑤60岁以上

7. 您是否体验过冰雪项目？①是_____　②否_____

8. 您是否熟悉冰雪项目？①是_____　②否_____

9. 您能教授的冰雪项目是_____

10. 您对冬奥会奥林匹克教育的了解程度：

①非常了解　②较了解　③一般　④不太了解

11. 您所在的学校是否开设了冬奥会奥林匹克课程？

①是　②否

如果开设,具体_____课程。

12. 冬奥会奥林匹克运动的实质是：

①运动　②教育　③奥运会　④拿金牌

13. 您认为学校体育教师有必要掌握一定的冬奥会奥林匹克知识吗？

①有必要　②无所谓　③没有必要

14. 您认为有必要在平常的体育教学中会向学生传播有关冬奥会奥林匹克方面的知识吗？

①有必要　②无所谓　③没有必要

15. 您在平常的体育教学中会向学生传播有关冬奥会奥林匹克方面的知识吗？

①经常会　②有时会　③不会

如果会向学生传播有关冬奥会奥林匹克方面的知识，

一周_____次；一学期_____次；一年_____次。

16. 您在学校课堂中向同学们讲授奥运明星吗？

①有　②无

17. 您认为有必要在学校中更广泛地开展传播冬奥会奥林匹克教育吗？

①有必要　②无所谓　③没有必要

18. 您以前参加过冬奥会奥林匹克知识的培训吗？

①参加过　②没有参加过

19. 您认为有必要对学校体育教师进行冬奥会奥林匹克知识的培训吗？

①有必要　②无所谓　③没有必要

20. 您认为学校有必要组织冬奥会奥林匹克知识的演讲、讲座、辩论、知识竞赛、学术报告、黑板报等活动吗？

①有必要　②无所谓　③没有必要

如果有组织活动,将学生喜欢的活动进行排序:＿＿＿＿＿＿＿＿

① 演讲　② 讲座　③ 辩论　④ 知识竞赛　⑤ 学术报告　⑥ 黑板报

21. 2008年夏奥会期间,您参加过奥林匹克知识或教练员、裁判员相关培训吗?

2008年后至今,参加过奥林匹克或冬奥会相关培训吗?

① 有,有　② 没有,没有　③ 有,没有　④ 没有,有

如果有,请写出时间(年份)及相关活动名称:＿＿＿＿＿＿＿

附件三　冬奥会奥林匹克教育调查问卷(教练员版)

尊敬的教练员:

您好!为高质量完成2017年国家社科基金项目"2022年冬奥会奥林匹克教育模式的构建研究"工作,课题组根据项目研究的需要设计了一份关于"中小学冬奥会奥林匹克教育现状"的调查问卷,非常感谢您对本次调查工作的支持,您客观的回答对我们的研究有极大的帮助。本问卷采用匿名调查,请您放心填写真实情况和看法。

由衷地感谢您的支持与帮助!

课题组

2020年12月

填表说明:以下题目为学校冬奥会奥林匹克教育的相关描述,请根据您的了解,在选项中画"√",选出您认为最符合您个人意见的一个或多个选项。或者如实填写相关信息。

1. 您的性别:
   ① 男　② 女

2. 您的职称:
   _____

3. 您的学历:
   ① 博士　② 硕士　③ 本科　④ 本科以下

4. 您所在单位_____　① 体校　② 俱乐部　③ 学校　④ 其他

5. 您所在城市:_____省_____市_____县(区)

6. 您的年龄：

　　① 20—30 岁　② 30—40 岁　③ 30—40 岁　④ 50 岁以上　⑤ 60 岁以上

7. 您从事什么专项的训练工作？_____

8. 您是否体验过冰雪项目？① 是_____　② 否_____

9. 您是否熟悉冰雪项目？① 是_____　② 否_____

10. 您教授的冰雪项目是：(没有填无)_____

11. 您对冬奥会奥林匹克教育的了解程度：

　　① 非常了解　② 较了解　③ 一般　④ 不太了解

12. 您所在的单位是否开设了冬奥会奥林匹克课程？

　　① 是　② 否

13. 冬奥会奥林匹克运动的实质是：

　　① 运动　② 教育　③ 奥运会　④ 拿金牌

14. 您认为体育教练员有必要掌握一定的冬奥会奥林匹克知识吗？

　　① 有必要　② 无所谓　③ 没有必要

15. 您认为有必要在平常的体育训练中会向学生传播有关冬奥会奥林匹克方面的知识吗？

　　① 有必要　② 无所谓　③ 没有必要

16. 您在平常的运动训练中会向学生传播有关冬奥会奥林匹克方面的知识吗？

　　① 经常会　② 有时会　③ 不会

17. 您认为有必要在训练中更广泛地开展传播冬奥会奥林匹克教育吗？

　　① 有必要　② 无所谓　③ 没有必要

18. 您以前参加过冬奥会奥林匹克知识的培训吗？

　　① 参加过　② 没有参加过

19. 您认为有必要对体育专业系统内教练员进行冬奥会奥林匹克知识的培训吗？

　　① 有必要　② 无所谓　③ 没有必要

20. 您认为单位有必要组织冬奥会奥林匹克知识的演讲、讲座、辩论、知识竞赛、学术报告、黑板报等活动吗？

　　① 有必要　② 无所谓　③ 没有必要

　　您单位为职工提供了冬奥会教育学习机会_____次；学习形式以_____为主。

21. 2008年夏奥会期间,您参加过奥林匹克知识或教练员、裁判员相关培训吗?
   2008年后至今,参加过奥林匹克或冬奥会的相关培训吗?
   ① 有,有   ② 没有,没有   ③ 有,没有   ④ 没有,有
   如果有,请写出时间(年份)及相关活动名称:_____
   共参加了_____次。

22. 当前为2022年冬奥会,您参加过_____次冬奥会教育专业培训。

23. 近5年,单位专门邀请奥林匹克专家进行传授课程或教学_____次。

24. 您对推进2022年冬奥会教育,促进冬季冰雪项目的开展有什么自己的想法或建议?
   _____
   _____
   _____
   _____

附件四　冬奥会奥林匹克教育调查问卷(大学生版)

亲爱的同学:

你好!为高质量完成2017年国家社科基金项目"2022年冬奥会奥林匹克教育模式的构建研究"工作,课题组根据项目研究的需要设计了一份关于"大学生冬奥会奥林匹克教育现状"的调查问卷,非常感谢你对本次调查工作的支持,你客观的回答对我们的研究有极大的帮助。本问卷采用匿名调查,请你放心填写真实情况和看法。

由衷地感谢你的支持与帮助!

课题组

2021年2月

填表说明:以下题目为学校冬奥会奥林匹克教育的相关描述,请根据你的了解,在选项中画"√",选出你认为最符合你个人意见的一个或多个选项。或者如实填写相关信息。

一、单项选择题

1. 你的性别:① 男　② 女
2. 你所在城市:_____省_____市_____县(区)
4. 你体验过的冰雪活动?(可填多个,没有填无)_____
5. 你熟悉的冰雪项目?(可填多个,没有填无)_____
6. 你喜欢的冰雪技能是?(没有填无)_____
7. 你学习过的冰雪知识?(可填多个,没有填无)_____
8. 你所在的学校是否开设了冬季奥林匹克课程?① 是_____　② 否_____

9. 奥林匹克的格言:① 友谊第一,比赛第二   ② 更快、更高、更强   ③ 团结友谊,公平竞争   ④ 和平、友谊、进步

奥林匹克的精神:① 友谊第一,比赛第二   ② 更快、更高、更强   ③ 团结友谊,公平竞争   ④ 和平、友谊、进步

奥林匹克运动的实质:① 运动   ② 教育   ③ 奥运会   ④ 拿金牌

10. 体育课中,体育教师传授过有关冬奥会奥林匹克方面的知识吗?

① 经常传授   ② 有时传授   ③ 从未传授

如果有,一周_____次;一学期_____次;一年_____次。

11. 对学校是否开设冬奥会奥林匹克教育课程,你所持的态度:

① 应该开,能满足我们对奥运会相关知识的了解。

② 无所谓,开了课就上,不开课也没事。

③ 没必要开,占用我们学习时间,升学考试要紧。

二、多项选择题

1. 你所在的学校举办过下列哪些与冬奥会奥林匹克相关的活动?

① 讲座 ② 知识竞赛 ③ 演讲 ④ 辩论会 ⑤ 报告 ⑥ 体育竞赛 ⑦ 奥运冠军进校园 ⑧ 画报展 ⑨ 以上都没有 ⑩ 其他(请写明)_____

2. 你主要通过下列哪些途径获得冬奥会冰雪知识的?

① 电视 ② 互联网 ③ 报纸杂志 ④ 广播 ⑤ 书籍 ⑥ 奥林匹克课程 ⑦ 体育课 ⑧ 同学 ⑨ 家人、朋友 ⑩ 知识竞赛 ⑪ 讲座 ⑫ 墙报宣传 ⑬ 社区宣传 ⑭ 画报 ⑮ 其他(请说明)_____

3. 冬奥会奥林匹克教育会带来积极作用吗,如果有,有哪些?

A. 美;B 竞争;C. 自由;D. 公平竞争;E. 知名度;F. 赚钱;G. 权力;H. 文化理解;I. 职业化;J. 乐观;K. 高贵;L. 狡猾;M. 互相尊重;N. 荣耀;O. 包容;P. 道德观念;Q. 诚实;R. 绅士风度;S. 合作。

4. 你认为开展冬奥会奥林匹克教育能给你带来收获吗?

① 能带来收获   ② 不能带来收获

如果有收获,具体会带来什么收获?

① 提高自己对奥林匹克知识的了解

② 形成乐观积极的生活态度

③ 增强自信心

④ 树立不畏困难、不怕挫折的顽强精神

⑤ 增进同学之间的相互了解

⑥ 增强团结协作的集体主义精神

⑦ 加强道德修养

⑧ 规范了社会行为

⑨ 扩大视野,丰富人的情感

⑩ 培养竞争意识

⑪ 其他

5. 冬奥会奥林匹克教育的内容有哪些?
① 奥林匹克明星故事 ② 古代奥运历史 ③ 近代奥运历史 ④ 奥运人文知识 ⑤ 奥林匹克理想 ⑥ 奥林匹克精神教育等等

6. 你在校内还有其他获得冬奥会冰雪教育的途径吗?
① 有 ② 没有

如果有,有什么途径?

① 体育理论课

② 体育实践课

③ 班会

④ 德育课

⑤ 板报、宣传册、课间

⑥ 5—10分钟校内广播

⑦ 其他课

⑧ 同学、同伴的影响

⑨ 传统媒体

⑩ 新媒体

⑪ 网络平台

7. 对于冬奥会奥林匹克教育的效用,请你排序_____

① 自媒体

② 网络平台

③ 国际社交平台

④ 冬奥会官方网站

获取冬奥会教育信息的倾向性,有哪些?

① 微信

② QQ

③ 微博

8. 假如学校开设专门的奥林匹克教育课,你最希望在课上获得哪些方面的内容?

① 增加体育活动知识为主

② 以提高考试成绩为主

③ 以启迪人生为主

④ 以日常体育康复为主

⑤ 提高冰雪运动技能为主

⑥ 价值观教育为主

或者你有建议的内容:_____

9. 阻碍你学习冬奥会奥林匹克知识的因素是什么?

① 文化课学习负担重,没精力学习冬奥会奥林匹克知识

② 对冬奥会奥林匹克知识和运动项目不感兴趣

③ 对冬奥会奥林匹克基本知识毫无了解,不知道从何学起

④ 学校反对体育学习占用过多的时间

⑤ 家长反对体育学习占用过多的时间

⑥ 教学趣味性差

⑦ 教学方法单一

⑧ 冰雪项目的危险性大,安全性低

⑨ 其他

10. 你最希望在学校开设怎样的冰雪项目课程?

① 理论类冰雪项目课程

② 技能类冰雪项目课程

③ 组织活动类冰雪项目课程

11. 你最希望在学校学会的冰雪项目是:

① 滑冰项目

② 滑雪项目

③ 地板冰壶

④ 桌面冰球

⑤ 其他_____

12. 你对推进2022年冬奥会教育,促进冬季冰雪项目的开展有什么自己的想法或建议?

13. 你想通过冬奥会冰雪教育、奥林匹克教育学到什么?

附件五　冬奥会奥林匹克教育调查问卷(公职人员版)

敬爱的领导:

您好!为高质量完成2017年国家社科基金项目"2022年冬奥会奥林匹克教育模式的构建研究"工作,课题组根据项目研究的需要设计了一份关于"冬奥会奥林匹克教育现状"的调查问卷,非常感谢您对本次调查工作的支持,您客观的回答对我们的研究有极大的帮助。请您放心填写真实情况和看法。

由衷地感谢您的支持与帮助!

课题组

2021年12月

填表说明:以下题目均为冬奥会奥林匹克教育的相关描述,请根据您的了解,填写相关信息。

填空题

1. 教育部正式公布全国青少年校园冰雪运动特色学校和北京2022年冬奥会和冬残奥会奥林匹克教育示范学校名单。教育部认定并命名北京市东城区前门小学等_____所中小学校为北京2022年冬奥会和冬残奥会奥林匹克教育示范学校;北京市广渠门中学等_____所中小学校为全国青少年校园冰雪运动特色学校。

2. 我国共有旱冰场_____个,滑雪场_____个,冬季项目训练基地_____个。

3. 我国参与冬季项目人的规模_____人,其中冬季竞技体育项目参赛人数规模_____人,冬季竞技体育优秀运动员规模_____人。

4. 依托有条件的学校、体校、体育场馆、社区及基层体育项目协会等,创建_____ _____个冰雪运动社会组织。

5. 2015以来,可以统计的参与冬季项目的体育人口是_____人。

6. 我国举办了哪些类型的冬奥会奥林匹克教育活动?
   _____
   _____
   _____

7. 影响冬奥会奥林匹克教育的主要原因有哪些?
   _____
   _____
   _____

8. 您对推进2022年冬奥会奥林匹克教育,促进冬季冰雪项目的开展方面有什么想法和宝贵的建议?
   _____
   _____
   _____

9. 目前,冬奥会奥林匹克教育的推进中的政府政策有哪些?
   _____
   _____

10. 当前,冬奥会奥林匹克教育平台有哪些?冬奥会奥林匹克教育的网上情况如何?有什么好的教育策略和建议?
    _____
    _____
    _____

非常感谢您的参与!

附件六　冬奥会奥林匹克教育模式的构建访谈提纲

一、冬奥会奥林匹克教育的历史情况

1. 您认为冬奥会教育的前世今生是怎样的？近5届冬奥会国家的教育情况是怎样的？其后续的教育状况如何？

2. 您认为2018刚结束的平昌冬奥会的奥林匹克教育做得怎么样？

3. 您认为当前经典奥运教育模式有哪些值得认真思考的地方？哪些方面可以超越？哪些方面可以突破？哪些方面可以做得更好？

4. 您认为有哪些特别经典的教育模式？通常以国别分，还是以项目类别分？有哪些？或者还有其他更好的分类方式？

二、我国奥林匹克经典教育模式情况

1. 我们认为2008年夏奥会教育当时做得非常成功，您认为哪些教育体系、教育形式值得2022年冬奥会借鉴？

2. 您认为与2008年夏奥会相比，2022年冬奥会教育有哪些特殊性？与2008年夏奥会有哪些区别？

3. 2014南京青奥会也有其优秀的青奥会教育，您印象最深刻有哪些优秀的值得传承的教育模式？

4. 政府在我国经典奥林匹克教育过程中发挥了什么积极作用？

三、冬奥会奥林匹克教育的现状情况

1. 当前，就全国范围来说，您认为冬奥会教育缺位吗？我们该怎样做，才能改变当前现状？

2. 您认为冬奥会的精神内核是什么？与夏奥会的"更快、更高、更强、更团结"是否有区别？其宗旨、精神、格言与夏奥会是一致，还是有所区别？还是有些一致，有部分有区别？

3. 您认为国际上的最新的冬奥会教育进展到了什么程度？总体来说优点有哪些？不足又有哪些？

4. 您认为南方如何参与冬奥会教育？怎样参加冬奥会教育，以何种教育形式？教育内容以什么为主比较合适？

5. 您认为和国际上一些冰雪强国相比，我们冬奥会教育欠缺在哪里？而有哪些短板要弥补的？

6. 您认为在新时代，我们应用哪些方式实现冬奥会教育的优化、补充、再升级等？

7. 造成冬奥会教育现状的原因是什么？在以后的实践中要尽量避免什么情况？

8. 学校中有哪些奥林匹克冰雪教育联盟？您对此有什么建议？

9. 针对2022年冬奥会奥林匹克教育模式的构建研究，您觉得本书应选择哪些区域进行调研？A. 典型性区域的调研（北京、张家口等北方地区）B. 全国范围内（东部、南部、西部、北部地区）。

每类调研要调查多少份问卷属于合理？关于调研方面，您有哪些好的建议？

四、2022年冬奥会奥林匹克教育模式的畅想

1. 您认为需要冬奥会奥林匹克教育吗？例如关于教育对象、教育内容、教育手段、最后达到什么样的教育效果、最后我们该怎样评价冬奥会教育效果等等。有哪些特别重要的指标，比如……

2. 您认为2022年冬奥会教育的创新理念是什么？您能描绘或者您心中最希望的冬奥会教育、教育模式是什么样的吗？

3. 从教育学视角看，教育模式的分类有哪些？当前教育学术界，对教育模式有哪些最新的观点？从教育学视角，谈谈您对2022年冬奥会奥林匹克教育模式构建的想法和建议。

4. 从教育学视角看教育模式。譬如学科课程教育模式、传播知识教育模式、项目技能教育模式、主题活动教育模式、国际理解教育模式等，您对这些教育模式怎么看？其是否合理？

5. 您认为冬奥会教育中，体育明星应发挥什么样的作用？

6. 您认为冬奥会奥林匹克教育需要模式化吗？如果需要归类、归纳，您觉得需要怎样的教育模式？涉及怎样的结构、要素、功能？教育模式应如何践行使用？各要素互相之间的关系？

7. 您认为应以何种方式使冬奥会教育实现可持续发展？

8. 您认为针对冬奥会教育模式，我们该怎么构建它？

9. 冬奥会教育模式可以有哪些实践机制？或者说有哪些实践方式、方法？有哪些途径可以实现它？

10. 对于普通大众而言，怎样参加冬奥会教育，才算积极参与冬奥会教育？对于专业院校而言，应以怎样的姿态积极参与冬奥会教育？普通学生与大众、专业类院校冬奥会教育的联系与区别是什么？社会团体应发挥什么样的积极作用？

11. 冰雪项目教育发展的现实考量，您觉得如何将冬奥会的教育落到实处，落实到现实教育中来，实现某区域和全国的冬奥会教育？大概有怎样的实现框架和实现机制？

附件七　2022年冬奥会奥林匹克教育优秀案例

【案例一[①]】　北京市海淀区羊坊店中心小学,是全国首批"奥林匹克教育示范校",早在2001年,学校就开始了奥林匹克教育的探索,带领全校学生从模拟奥运项目开始,体验奥运魅力,将奥林匹克精神内化为教育理念,再外显为教育行为方式,初步形成独具特色的奥林匹克教育模式,带领全校学生从模拟奥运项目开始,体验奥运魅力。

2015年,羊坊店中心小学体育老师周晨光为孩子们举办了"模拟冬奥会",提出"冬奥未至我先行"的口号。如今,羊坊店中心小学的孩子们,已训练冰雪项目三年之久。在学校的大力支持下,在老师的全心教导下,孩子们都成了冰雪运动项目的专业小队员。在学中玩,在玩中学,孩子们的冰雪课程,已融入了冰雪项目的专业知识。

"冰雪教室"中的学习场景

[①]　关于北京市海淀区羊坊店中心小学的案例资料参见:董兆瑞.我和冬奥零距离 海淀首个小学"冰雪教室"长啥样? 铺有仿真冰 可进行短道速滑等项目[EB/OL].(2022-01-12)[2023-02-19].http://bj.people.com.cn/n2/2022/0112/c233088-35091893.html.

"冰雪教室"是学生们最喜欢的课堂,在室内,孩子们可以学习冰壶、冰球、滑冰以及其他趣味冰雪项目,还可以通过教室周边的陈列了解奥运知识。这也是海淀区首个小学"冰雪教室"。2022年1月11日下午,羊坊店中心小学内一堂妙趣横生的体育课正在进行。在"冰雪教室"内,体育教师正在为同学们讲解冰壶运动的技巧和规则,带领同学们体验冰雪运动的乐趣。据介绍,这间"冰雪教室"长度为22.15米、宽度为8.5米,总面积188余平方米。教室地面全部是仿真冰面,完全可以进行短道速滑、冰壶、冰球等冬奥比赛项目。作为双奥特色校,羊坊店中心小学以"冰情雪趣多彩冬奥"为口号,因地制宜开展特色冬奥教育,开发冰壶、冰球、滑冰等系列冬奥课程,大力宣传冬奥文化,传递冬奥理想和精神。在"冰雪教室"的周边,井然有序地陈列有各种奖杯、2008年奥运会相关的文件、学校奥林匹克活动的宝贵资料,甚至还有当年同学们为迎接2008年夏奥会自制的"奥运火炬"。"通过带领孩子们自制奥运火炬,来让他们体验作为奥运火炬手的自豪与荣誉感。"周晨光说,"在羊坊店中心小学,奥林匹克是孩子们可以实实在在地触摸到的、拥抱到的。"

此外,该校还把奥运精神渗透到日常体育课程中。在校园里,"体育课联排"正成为新时尚。所谓联排,即同一个年级的体育课排在一个时间段,这样既便于开展集体性的教学,也便于年级间开展比赛,以赛促练,提高学生上体育课的积极性。

周晨光老师说:"虽然在校园里开展的冰雪运动与冬奥标准有差别,但更重要的是把冰雪运动的种子种到孩子心里去。现在让孩子们爱上体育,了解冬奥,未来才能在真正的赛场上发力。"

弘扬奥林匹克运动精神

【案例二①】 北京市石景山区电厂路小学位于石景山区西部,校门口矗立着冬奥会倒计时牌,校园西侧设置了50米长的学生冬奥活动照片展示墙,每间教室后面都绘有冬奥主题板报……走进北京市石景山区电厂路小学,随处都能感受到浓浓的冬奥气息。

2018年1月,教育部、国家体育总局、北京冬奥组委颁布《北京2022年冬奥会和冬残奥会中小学生奥林匹克教育计划》,提出"弘扬奥林匹克精神,推动冰雪运动普及,推动学校体育科学发展,全面实施素质教育,促进学生全面发展"。

北京市石景山区电厂路小学从2015年起确立了冬奥教

---

① 关于北京市石景山区电厂路小学的案例资料参见:焦以璇.冬奥教育让冰雪梦融入师生生活[N/OL].中国教育报,2021-02-20[2022-01-24]. https://www.sohu.com/a/518780203_243614.

育育人的目标,积极开展奥林匹克教育,探索"冰雪运动旱地化"的实施模式,对全校300多名学生全覆盖,使每一名学生都能体验冰雪运动,实现自己的"冰雪梦"。冰球、冰壶、短道速滑……在电厂路小学,每名学生都有机会学习多项冰雪运动技能。学校经过多方论证和探索,开设和打造多门冰雪运动校本课程体系,构建了"2+8+5"冰雪课程教育模式:"2"代表全体学生每学年参加一次上冰或者上雪训练;"8"代表越野滑轮、旱地冰壶、旱地冰球等8个冰雪项目的训练;"5"代表越野滑雪、冰壶、冰球等5个真冰、真雪项目。"冰雪运动旱地化的实施,打破了季节限制,降低了小学生参加冰雪运动技术方面的难度,能让学生熟练掌握基本功,为日后真正在冰雪上运动打下基础。"该校校长薛东告诉记者。

不仅如此,在电厂路小学,各学科以及综合实践活动课积极向冬奥教育课堂靠拢和结合。语文课上,学生通过实地采访、交流、练习书写冬奥新闻稿,提升字、词、句、段的运用能力;美术课上,教师带领学生设计冬奥吉祥物,了解冬奥会吉祥物的历史,提升学生美术素养;在科学课上,教师将冰壶运动引入教学中,让学生更加直观和深入地了解摩擦力的原理和变化……

随着2022北京冬奥会脚步的临近,学校邀请冬奥运动员、冬奥金牌讲解员等名人走进学校,组织学生参观冬奥组委"冰雪展示中心"、北京奥运博物馆、崇礼冰雪博物馆,在一件件展品、一个个故事中体验冬奥文化内涵。不仅如此,学校还组织开展了"中国传统冰雪文化"的系列主题研究,如"传统冰雪体育游戏""冰嬉图",使学生切身感受中国传统冰雪文化的魅力,增强学生的中国文化自信。

学校冬奥会奥林匹克教育的一大特色是"小小冬奥博物馆"。60平方米的博物馆展厅,有非遗作品、微缩景观、手工创意等6个展区,摄影、衍纸、泥塑等9大类210件藏品,不仅表达了学生对奥林匹克知识和冰雪运动的理解,也展示了学生的艺术素养和文化创新能力。电厂路小学的冰雪特色活动不仅局限在校内,近几年,孩子们走出校园、走出北京,在全国冰雪赛事的舞台上崭露头角。2019年,在吉林长春举行的全国冰雪运动竞赛越野滑轮比赛上,学校夺得了女子组3×100米接力赛冠军。"冬奥教育对于学生的发展虽然主要体现在运动方面,但实质上促进了学生全面发展。学生在冬奥教育过程中锻炼了意志力,学会了规则、尊重、合作,不断超越自我,很大程度上促进了学生品格的发展。"在薛东看来,坚持6年的冬奥教育已经让奥林匹克精神融入师生的生命中。

【案例三①②】 北京市延庆区姚家营中心小学坐落于海坨山脚下,紧紧抓住2022年冬奥会教育契机,围绕"规则、礼仪、技能、精神"等方面为全校师生量身定制了"奥林匹克课程"。依据全校小学生各年龄段的不同学习特点,分学段编写奥林匹克校本化教材。大力普及学生上冰、上雪训练,以旱地化的冬奥项目为切入点,如旱地冰球、地壶球等,引领师生了解冬奥会项目规则、体验冬奥项目技能、感悟奥林匹克精神。

姚家营中心小学是延庆区第一个将地壶球运动引进该区域的学校,用了六个月的时间,全覆盖全校240多名小学生,以及60多名老师,地壶球运动在体育课上受到了学生追捧,老师们在课余时间里也爱打上一局放松身心。学校还重点打造出了一支由老师和学生共同组成的"海坨之星"地壶球队,这支师生队伍在云南取得了全国地壶球锦标赛冠军的好成绩。

如何将这种优势转化成走近学生身边、深入学生心中的活动?学校想出了各种切实有效的办法,比如借用评剧宣传冬奥会。姚家营中心小学党支部副书记张晓波说:"我们不搞冰雪运动,不搞奥林匹克教育,这肯定是不行的。所以我们就考虑冰雪运动跟评剧相结合,用评剧来培养学生的艺术气息,然后用奥林匹克教育来培养学生的那种宽广的视野和自信阳光的精神。"

学生活动场景

---

① 关于北京市延庆区姚家营中心小学的案例资料参见:鲸泽."送冬奥祝福 带吉祥回家"系列人物之姚家营中心小学:开展冬奥教育有得天独厚的优势[EB/OL].(2020-01-24)[2023-01-24].https://m.sohu.com/a/368737179_612293?_trans_=010004_pcwzy.

② 关于北京市延庆区姚家营中心小学的案例资料参见:黄业.冬奥在身边 探索冬奥教育新模式 奥林匹克教育国际论坛在京召开[EB/OL].(2018-06-13)[2023-01-24].https://m.sohu.com/a/235467485_161623?_trans_=010004_pcwzy.

2012年，一个机缘巧合的机会，姚家营中心小学和中国评剧院建立了联系，成立了评剧社团。通过评剧和古诗词、书法、表演融合在一起，孩子们在唱评剧的同时了解更多中国传统文化内容，丰富了内心世界。2018年，姚家营中心小学的"评剧＋"课程正式与冬奥相结合，介绍延庆赛区的基本情况，了解冬奥知识，《延庆成就冰雪的辉煌》这一评剧已经成为姚家营中心小学的闪亮名片。

除了让冬奥和评剧相结合，地壶球同样是姚家营中心小学的特色。地壶球也叫旱地冰壶，是冬季奥运会项目冰壶的普及版，装备和规则与冰壶相似，球体更轻，下方增设了3个滑轮用于地面滑行。地壶球最大的特点便是突破了场地限制，还能让学生学习团队配合的重要性。

"下雪的时候我们可以在教室里面打，夏天的时候我们也可以搞冰雪运动。就根据这个思路，我们又引进了在桌面上可以打的地壶球，叫迷你地壶球，我们还引进了旱地冰球，在操场上，在篮球场上，都可以打。我们就以这个旱地冰球和地壶球为抓手，开展奥林匹克教育。"

目前姚家营中心小学和其余9所分别来自北京和张家口地区的学校成立了奥林匹克教育联盟，不仅让学生在学校学习冰雪知识，更带领学生"走出去"，去崇礼赛区看赛区建设情况、去联盟的其他学校进行冰雪课程培训，让山区的孩子，也能见多识广。姚家营中心小学党支部副书记张晓波一直坚信："我们的孩子，我们农村的孩子一点都不比城市的孩子差，一看他们在台上那种气质，那种自信，那种阳光，我们农村的孩子跟城里的孩子一样。"

姚家营中心小学已将冬奥理念融入校园文化建设，充分利用墙饰进行奥运文化宣传，广泛开展旱地冰球、地壶球等项目，并将冬奥元素与学校教育结合，设计五环币、奖牌、小雪花评价手册、贴纸等。此外，学校充分利用当地资源，引导学生使用各类豆子制作奥运工艺品，创造性地开发出"豆塑冬奥"。

首都体育学院奥林匹克原研究中心主任裴东光在观摩、体验了姚家营中心小学的旱地冰雪项目后，为该校的奥林匹克教育作出全新定义，称其为"冰雪运动旱地化——姚家营小学奥林匹克教育模式"。

北京体育大学原奥林匹克研究中心主任任海认为，"依托北京冬奥会开展的奥林匹克运动不能只是一个知识性传播，一定要深入生活。小学是教育的根本，也是体育教育的重要起点，要让孩子更多地参与到运动中，将体育活动生活化。在新的冬奥周期，要将奥林匹克教育和生活、科研结合，发挥旱地化项目的优势，并将其在校园推广"。

【案例四①】 安徽省望江县杨林中心学校,位于安庆市望江县长岭镇。这里的冬天很少下雪,更不常有冰,可冰雪运动和冬奥文化,却伴随着这里每一个孩子的童年成长。

"我们是一所乡村学校,但我们想让孩子们与世界'接轨',接触到更多新鲜事。"2018年,学校以这一理念开始定位新的办学特色,2022年在北京举行的冬奥会"走进"校方的视野。校长刘爱东说,"更快、更高、更强、更团结……奥林匹克运动所蕴含的许多精神,也正是我们想培养孩子们所拥有的精神。虽然我们地处南方,但国家提出了'3亿人参与冰雪运动'的发展目标,我们也能积极践行"。

此后,该校将校园奥林匹克教育创建纳入学校发展规划和年度工作计划,并由校长牵头,成立了奥林匹克教育特色学校创建工作领导小组。同时,组织人员到北京参观学习旱地冰壶、旱地冰球的课程教学,并加入了奥林匹克教育联盟。冬奥的"雪",开始"下"了。

学校聘请了中国奥林匹克教育执行团队宣讲团核心成员施洪源作为特聘辅导员带领师生们一同开展奥运教育。从认识奥运五环开始,师生们就地取材,利用五个大型的轮胎和颜料,开始制作奥运五环。边制作,老师们边告诉孩子们五环的寓意等奥运知识。"这个'五环'现在就摆放在我们学校大门口,成了一个艺术装置。"同时,学校还打造了"冬奥长廊"和"夏奥回廊",绘制冬奥、夏奥运动项目宣传挂画。在学校国旗台旁边,还设有北京冬奥会倒计时牌。此外,校内还有北京2022年冬奥会和冬残奥会吉祥物的立体塑像……而这所有的装置,全部由师生一同搜集身边的材料并亲手制作,"变废为宝"。

仅有校园文化的布置还远远不够,让孩子们亲身体验冰雪运动,锻炼身体才是关键。但没有冰、暂时没器材的现实条件摆在眼前,怎么办?擅长木艺的施洪源带着师生们利用木头做出了"冰壶""冰球""冰球棍"。冰雪运动"旱地化",学校拥有平坦地面,设置装置,开辟出了"冰壶道"和"冰球场"。每次的体育课,每月的冰球比赛,这片场地从开辟至今,一直热火朝天。"后来,通过受捐赠和购买等形式,我们拥有了专业的旱地冰球设备,孩子们可高兴了。"

---

① 关于安徽省望江县杨林中心学校的案例资料参见:刘畅司晨.我省一乡村学校入选北京冬奥会遗产宣传片案例[EB/OL].(2021-12-15)[2023-02-19].http://www.hf365.com/2021/1215/1379300.shtml.

孩子们离奥运更近了

为让孩子们充分感受奥运,该校还和五所村校联合举行"模拟奥运会"。在"模拟奥运会"中,孩子们会在村子里、学校里进行火源采集、火炬传递、开幕式走方阵、比赛、颁奖等一整套活动。"学生们在村里传火炬,村民们都在路旁一起看,给孩子们鼓掌呢。"

在学校开展的冬奥课堂上,孩子们离奥运更近了!课堂上曾远程连线冬奥会冠军大杨扬,中国冰壶队女队前队长王冰玉。2019年下半年,2008年北京奥运会火炬手刘超英也来到学校进行冬奥宣讲,为全体师生普及奥林匹克知识、传播奥林匹克精神。"我们开展奥运教育,从未想过要培养出一个冬奥冠军甚至体育运动员,我们就是想搭个'舞台',让孩子'看见'世界,让他们有机会走得更远。"奥运教育开展以来,孩子们的改变巨大,他们的精神面貌焕然一新,更自信、更团结、更有想法、更敢表达,也更坚强。

"我想当短道速滑的运动员!""我想当一名飞行员!""我想去看看外面的世界!""我将来想当一名舞蹈家!""我长大想当画家!""我以后想做宇航员!""我想当一名生物学家!""我长大以后想当老师,让很多很多的人学到更多知识!"……

奥运为我们带来了什么?这些孩子的笑脸,也许给了我们其中一个最好的答案。

后 记

冬季奥林匹克教育在不同历史时期呈现不同状态。为促进冬奥会奥林匹克教育的自身发展,冬奥会奥林匹克教育在与国际社会的良性互动中获得源源不断的发展动力。21世纪国际冰雪运动的迅猛发展对冰雪人才培养提出了更高要求,奥林匹克教育体验在冰雪运动人才培养中发挥着无可替代的作用。从奥林匹克教育发展和冰雪运动人才培养的迫切需求看,冬奥会奥林匹克教育模式的发展有其重要的现实意义。

人类命运共同体的理念是在当今时代的大背景下,兼顾了个体的自由全面发展,遵循人类社会发展的客观规律,从更高的视域考虑符合人类社会发展的共同利益,国家利益的共同追求,以及世界不同文明间的共同价值。其提倡互相尊重、和而不同、合作共赢的国际交往新范式,实现了对西方现代化理论的超越。2008年北京夏奥会教育模式和2014年南京青奥会教育模式,两者在教育理念、教育模式方面都各有特色。2008年北京夏奥会教育模式和2014年南京青奥会教育模式在理念创新、内容创新和形式创新方面都为世界作出了中国贡献。

本书结合教育学的知识背景,从冬奥会奥林匹克教育模式的构建理念与内在逻辑出发,力图整合宏观层面的政府主导型教育模式、中观层面的系统型教育模式、微观层面的操作型教育模式,三位一体,构建新型立体的冬奥会教育模式体系,厘清奥林匹克教育模式的运行体系,阐述教育模式的教育目标体系、教育内容体系、教育形式体系、教育实施体系。冬奥会奥林匹克教育模式实践体系包括四大部分,即动力机制、组织机制、传播机制、运行机制,各机制间互相联动、互相促进,有利于提升奥林匹克教育的实践效果。

如何将理论性成果转化为教学实践,这是教育学永恒不变的话题。尽管读了一些书,也进行了一些调研和思考,但是对此领域的研究还只是皮毛。所以本书的探索只是对冬奥会奥林匹克教育模式的初步探索，只是一种尝试，还有很大的研究空间，这也是我继续探索的方向。

我由衷感谢我的导师——南京师范大学田雨普教授。我追随老师学术的脚步已有六年。田老师令人敬佩的人品，渊博的知识，严谨的学术精神，不屈不挠、不畏艰难的精神，深深感染了我、鼓舞了我、激励了我。虽然毕业多年，课题的框架设计、问卷调查、论文的动笔撰写，仍时时牵挂在老师的心间，我感恩浓浓的师生情。虽然一年前老师因病痛永远离开了我们，但是我永远怀念他，师恩难忘！

感谢南京师范大学王庆军教授！得到王教授的指导，是人生一大幸事。王教授敏锐的思维，独到的视角，深厚的理论功底，不断地拓宽着我的理论世界，让我有幸能在教育学、传播学的世界中畅游。老师总是娓娓道来，胜似闲庭信步，给了我很多有意义的学术指引，在我的学术研究中留下了不可磨灭的印记。

感谢南京师范大学体育科学学院程传银教授、孙庆祝教授、周学荣教授、陈培友教授，南通大学夏成前教授，上海大学杨小明教授，哈尔滨体育学院王韶峰教授、冉令华教授，河南大学刘梅英教授，吉林体育学院邵桂华教授。为了本书的研究，他们都给出了很多真知灼见。他们正直、谦逊和宽厚，从他们身上我学到了独立思考、求真务实、批判质疑的研究精神。他们的细心教导和无私帮助使我铭记于心，永生难忘。

感谢北京体育大学任海教授、首都体育学院裴东光教授。两位先生德高望重，工作繁忙，但对于我这个远道而来的研究者，两位先生还是抽出时间给予我无私的帮助，提出了许多宝贵的建议，我内心深怀敬意。

感谢南京财经大学赵峰老师，南京师范大学李春阳博士、郑卫平老师、牟向前博士，盐城工学院罗郁然老师，安徽师范大学余鹏飞老师以及诸多师弟师妹们，感谢南京审计大学张正老师、童晨老师。与他们进行的学术思想碰撞，使我的学术研究思考日臻成熟。多少次的长谈与交流，将成为我研究过程中美好的记忆。

感谢本书写作中曾引用过文献的作者们，他们的思想观点是本书研究的基础。虽然尽力想把所参考的理论成果和资料的作者在参考文献中全部列出，但难免有疏漏，对此深表歉意！

囿于笔者学识有限，对书中阐述的一些问题，调查不够深入，阐述不够深刻，不足之处在所难免，还请读者多多海涵！

周丽萍

2024 年 6 月 8 日于南京老山脚下